伊藤 聡

神道の中世

伊勢神宮・吉田神道・中世日本紀

中公選書

序章——中世神道の世界

本書は、日本中世における「神道」をテーマに、その全体像を俯瞰しようとするものである。中世神道は、現在の神道とは多くの点で異質な存在である。儀礼と教理において仏教と密接に結びついており、その担い手も神主・神官より僧侶が中心であることが多かった。経典に当たる典籍は、『日本書紀』や『古事記』ばかりではなく、『麗気記』、『山家要略記』、神道五部書といった数多くの、今日の人々にとってはあまりなじみのない「神道書」である。それらは記紀に匹敵する古籍と主張されてはいたが、そのすべてが同時代に作られた仮託書（偽書）であった。それゆえ、近世に入ると激しく批判され、権威を失墜させていった。近世の神道、あるいは国学は、中世神道の否定の上に成り立っている。

しかしながら、太古から連綿と伝えられたと考えられている神道を構成するさまざまな要素の多くは、実は中世神道のなかで作られたものである。第一、「神道」という語が、現在と同じような、日本の神についての教え・信仰の全体的呼称として定着したのは、他ならぬ中世だった。また、神（カミ）が人間の道徳心に深く関わると考えられるようになるのも、自然環境と親和した関係に神道の本質を見ようとするのも、中世神道のなかで生まれ、後世に引き継がれていった思考であって、古代には見られなかった特徴なのである。

このように中世神道は、現在「神道」とよばれているものを考えるときに不可欠な存在なのだが、その研究は神道研究全体のなかでも遅れ気味であった。その大きな理由は、「神道」研究者の大半を占める神職及び神道関係者にとって、現代の神道と直接つながらない中世神道は二次的存在に過ぎなかったし、またその顕著な仏教との融合的性格こそ、近世・近代神道が全力で否定しようとしたものだったから、研究自体も消極的にならざるを得なかったのである。

したがって、中世神道の研究は長い間、限られた一部の神道学者と仏教関係の研究者によって担われてきた。[*1] ところが、一九七〇年代ころより、思想史学・歴史学・文学研究のなかから、中世神道への関心が起こってくる。日本思想史学の石田一良や大隅和雄[*2]が、〈オルタナティブ神道〉としての中世神道の可能性を追究し出したのを皮切りに、歴史学の黒田俊雄による「神道」論[*3]、日本文学の伊藤正義の「中世日本紀」論[*4]が現れた。なかでも大きな影響を与えたのが「中世日本紀」論である。伊藤は、中世の文学作品はいずれも宗教と切り離せないものだが、それらに見られる神話に関する事柄について、従来は漠然と記紀との関係で考えられてきたが、実は中世独自の神話記述が多く流通しており、むしろそれらが参照されていることに注目、これらを「中世日本紀」と命名したのである。相前後して「中世神話」という類似の呼称も登場し[*5]、両者はほぼ同義のものとして用いられるようになった[*6]。かくして文学研究においては、中世神道も広義の意味において「中世日本紀」「中世神話」の範疇に入れられて研究対象に入るようになる。

八〇年代に入ると日本文学のみならず、日本史学、日本思想史の分野において、それぞれの関心から中世の神道説、神話記述、『日本書紀』注釈についての研究が盛んに行われるようになった。それに伴い、未翻刻・未紹介のまま各地の図書館に所蔵され、あるいは寺院・神社などに伝えられてきた神道書や関連する資料の影印や翻刻が多数出たことも、研究の進展に大きく貢献した[*7]。さらに国内の研究機関や図書館等が所蔵する資料画像を積極的に公開し始めたことにより、国内はもちろん海外の研究者も、貴重な一次資料を簡単に閲覧できるようになった。その結果、九〇年代から二一世紀にかけて、次々と大部の研究書が刊行され、新しい中世神道像が描かれつつある。

本書は、それらの研究成果を踏まえて、中世神道の世界を概観しようとするものである。全体は八つの章と二つの附論から成る。第一章・第二章は総論的内容である。第一章「中世神道の歴史」では、本書で扱う鎌倉・室町時代における神道の流れを辿る。第二章「中世の神観念」では、本書を貫く重要なテーマである中世における神観念の特質を総括的に述べる。続く附論Ⅰ「漂着する土地・人――中世・近世神話における自国意識の屈折」は、中世神話にあらわれる自国意識について、特に中国に対する意識と神国思想とのねじれを中心に、関連する幾つかの説話を紹介しながら考察する。

以下は各論に入る。まず第三章から第五章は、中世の伊勢神宮に関する神道説と習合の問題を述べる。第三章「中世の天照大神信仰――太陽神イメージの変容」では、天照大神と大日如来・観音・愛染明王との習合について、太陽信仰との関連を軸に論ずる。第四章「空海と中世神道――両部神道との関わりを中心に」は、空海と天照大神の同体説、空海の外宮入定説など、空海と中世の伊勢神宮との関わりについて、第五章「夢告と観想――僧たちの伊勢参宮」は、伊勢神宮に参詣した僧侶が神との意思疎通を図るための方法として用いた、夢想と託宣について考察する。以上の三章の内容に関わって、その後に中臣祓信仰の中世における変容を紹介した附論Ⅱ「神祇信仰の場と「文」――中臣祓の変容」を載せる。

続く第六章「吉田兼倶の「神道」論」では、神道を仏教からテイクオフさせた吉田兼倶の教理について、特にその「神道」観念を中心に述べる。第七章・第八章は、中世日本紀（中世神話）としての中世神道の世界を、文芸との関わりを軸に述べる。第七章「秘儀としての注釈」では、『古今和歌集』注釈とその秘密儀礼（灌頂）と中世日本紀・中世神道との関係を、第八章「能と中世神道」では、中世神道の説が直接の素材となって作られた能作品を採り上げ、両者の密接な結びつきを考える。

中世神道の世界は豊穣であり、これらのみで十分に説き尽くせたわけではないが、本書をきっかけとして、生真面目でしゃちこばった近世以後の神道とは一味違った中世神道の世界に、よりいっそうの関心を持ってもらえればと願っている。

各章は、もともと別箇に書かれたものであり、一部に内容上の重複もある。一書にまとめるに際して大幅な加除修正を施したが、各章ごとに読んでも理解できるように、敢えて残したところもあるので、その点ご海容願いたい。

＊1　詳しくは、伊藤聡『神道の形成と中世神話』（吉川弘文館、二〇一六年）第一章参照。
＊2　石田一良『神道の思想（日本の思想14）』（筑摩書房、一九七〇年）、大隅和雄『中世神道論（日本思想大系）』（岩波書店、一九七七年）
＊3　黒田俊雄「中世宗教史における神道の位置」（家永三郎教授東京教育大学退官記念論集刊行委員会編『古代・中世の社会と思想』三省堂、一九七九年）、同「日本宗教史上の「神道」」（同『王法と仏法』法藏館、一九八三年）等。
＊4　伊藤正義「中世日本紀の輪郭」（『文学』四〇‐一〇、一九七二年）
＊5　藤井貞和「御伽草子における物語の問題——中世神話と語りと」（『国文学解釈と鑑賞』三九‐一、一九七四年）、長谷川政春「性と僧房——稚児への祈り」（同上）、徳田和夫「日本神話論の展望——「中世神話」論の可能性」（別冊国文学『日本神話必携』学燈社、一九八二年）
＊6　この二つを区別する研究者もいる。詳しくは徳田和夫編『お伽草子事典』（東京堂出版、二〇〇二年）「中世神話」「中世日本紀」項参照。
＊7　神道大系、続天台宗全書、真福寺善本叢刊等。

目次

神道の中世——伊勢神宮・吉田神道・中世日本紀

第一章　中世神道の歴史

はじめに

この章では、平安後期から室町にかけての神道の流れを概観しておきたい。

六世紀の仏教伝来以来、徐々に進展していった神仏習合信仰は、神を仏の化身とみなす本地《ほんじ》垂迹《すいじゃく》説によって新たな段階に入った。そして院政・鎌倉期に至り、神々についての教理・神学ともいうべき中世神道説を生み出すのである。この教理化の発火点が、天皇家の祖神たる天《あま》照大神《てらすおおかみ》を祀る伊勢神宮だった。

天皇家の祖神としては、ほかに八幡神《はちまんしん》があるが、両者は仏教との関わりにおいて、著しい対照を成す。八幡神は、聖武天皇の東大寺大仏造営とともに登場した神で、奈良末期には既に菩薩の称号でよばれるなど、まさに神仏習合を体現する存在だった。それに対して、伊勢神宮では、忌詞《いみことば》（神前で使用を避け、別の語で言い換えること）に仏教用語が多く含まれることが示すように、仏教を忌避し、距離を取ろうとする傾向があった。[*1] ただ、ここで注意すべきは、神宮の仏教忌避は、江戸時代に見られたような排仏思想の類とはおよそ性格を異にするもので、禰《ね》宜《ぎ》神官等の個人的信仰は、当時の多くの僧俗と同じく仏教であった。神官の多くは、官を辞した後、あるいは末期《まつご》において出家遁世を遂げていたし、神官一族の菩提寺も存在した。[*2] 仏教忌避はあくまで仏事と神事の混淆《こんこう》を避けるために過ぎなかった。

したがって、他社と同じく伊勢神宮においても、本地垂迹説の影響を被《こうむ》るようになる。最初に現れたのは、大神の本地を観世音菩薩《かんぜおんぼさつ》とする信仰である（一一世紀初頭）。両者が結びつく背景には、ともに太陽の化身と観念されていたこと（観音は日天子《にってんし》とも称される）、伊勢神宮が大和より伊勢・近江・若狭へと拡がる十一面観音信仰圏内に位置したことがあったと考えられる。複数の神官の菩提寺（蓮華寺・田宮寺）の本尊が十一面観音だったことや、神宮と長谷寺（本尊が十一面観音）の習合信仰が早くから存在したことはそのあらわれである。さらに、宮中でも、天皇の念持仏たる二間観音《ふたまかんのん》と内侍所《ないしどころ》の神鏡（三種神器のひとつ、天照大神の形代《かたしろ》）とを結びつける説が、一二世紀ころより起こっている（以上について、詳しくは第三章参照）。

これに続くのが大日如来（摩訶毘盧遮那仏陀《まかびるしゃなぶっだ》）との習合だった。これは一一世紀中期に著された成尊《せいぞん》*3（一〇一一～一〇七四）の『真言付法纂要抄《しんごんふほうさんようしょう》』において、初めて両者の関係が説かれ、さらに一二世紀初期には、大日如来または毘盧遮那如来と同体であることを示す説話があらわれる（『東大寺要録』『太神宮諸雑事記《だいじんぐうしょぞうじき》』）。それによれば、聖武《しょうむ》天皇（七〇一～七五六）が御願寺建立を思い立ったとき、天皇に夢告があり、天照大神と大日如来（盧舎那仏）が同体なることが明かされた、その結果建立されたのが東大寺である、という（詳しくは第五章参照）。

ここにおいて、伊勢神宮という神祇の聖地と東大寺という日本仏教の中心とが重なりあうことになった。さらに鎌倉初期までには、行基《ぎょうき》（六六八～七四九）が神宮に参籠《さんろう》して、東大寺建立の夢告を得たとの説話も加わる。このようななかから、僧侶による伊勢神宮への参詣の機運が起こってくる。特にその画期となったのが、平家によって焼失した東大寺再建を祈願して挙行された、俊乗房重源《しゅんじょうぼうちょうげん》（一一二一～一二〇六）と東大寺衆徒による神宮での大般若経供養であった（一一八六年）。この時期には歌人として知られる西行（一一一八～一一九〇）や、興福寺出身の著名な学僧だった笠置上人貞慶《かさぎしょうにんじょうけい》（一一五五～一二一三）なども参詣している。これ以降僧侶の参宮は次第に盛んになり、伊勢神宮は中世を通じて日本仏教の聖地のひとつとなった。

しかしながら、前述のごとく神宮には仏教忌避の伝統があり、僧侶は社殿に近づくことが叶わなかった（伊藤二〇一七）。したがって、他の神社のごとく単なる本地垂迹説では神仏関係を説明できない。しかしそのような矛盾こそが、〈神道書〉という神と仏の結びつきをより詳しく説く形式の伝書群を生み出す要因となった。

1　両部・伊勢・山王神道説の形成と拡散

伊勢神宮周辺において最初に起こった中世神道説は、内外両宮＝胎金両部《たいこんりょうぶ》説を中核とする両部神道である。伊勢神宮は、天照大神を祭神とする皇大神宮《こうたいじんぐう》（内宮《ないくう》）と豊受大神《とゆけのおおかみ》を祭神とする豊受大神宮（外宮《げくう》）の二つから成る神社である。両宮は距離にして四キロほども離れており、各々独自の神職組織と領地（神領）を有する独自な神社であるが、同時に一体のものとして観

図１－１　内宮

図１－２　外宮（ともに『伊勢参宮名所図会』巻四）

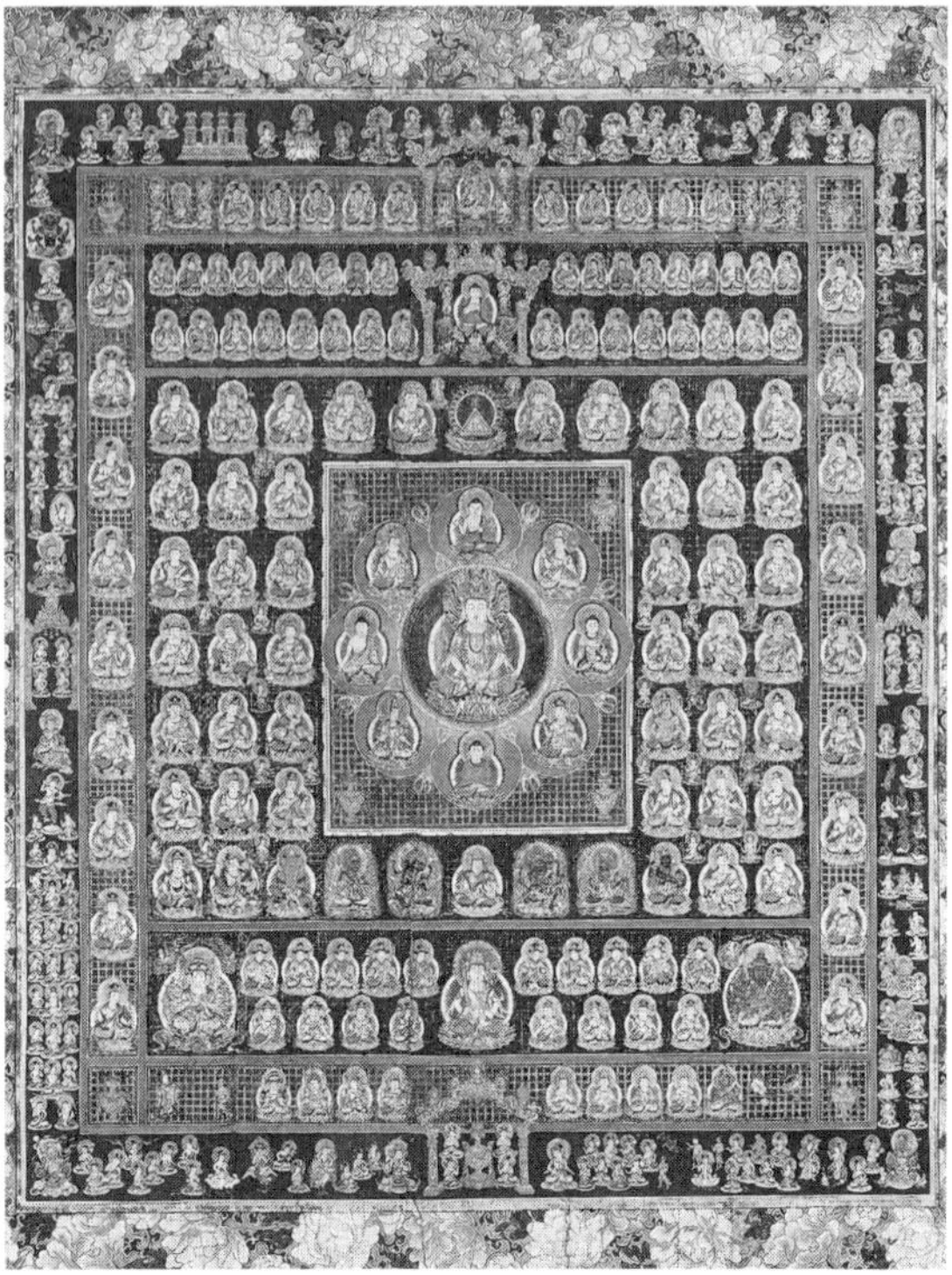

図1－3　胎蔵界曼荼羅（室町時代、金剛峯寺蔵）

念される。両部神道とは、この内外両宮の構成を密教の胎蔵界・金剛界両曼荼羅と結びつけた神道説である。胎蔵界は『大日経』（大毘《だいび》盧遮那成仏神変加持経《るしゃなじょうぶつじんべんかじきょう》）、金剛界は『金剛頂経《こんごうちょうきょう》』に基づく宇宙観・真理世界を図示したものである。本来この二つは別の体系であるのだが、空海の師だった恵《けい》果《か》（七四六～八〇五）は胎蔵界と金剛界とを理と智に配当し、二にして一、一にして二の存在と位置づけ、「胎金理智不二」と説いた。空海によって日本にこの理解がもたらされ、特に東密（空海の法流を引く密教。天台系の台密に対する）のスタンダードとなる。これを伊勢両宮に重ねることで、社域・社殿、付属施設・神社・神宝等を密教的に説明したのが両部神道なのである。

　両部神道の揺籃の地は、志摩国吉津（現在の三重県度会《わたらい》郡南伊勢町吉津）にあった仙宮院《せんぐういん》という寺院（現存せず）だったと推測される（詳しくは第四章参照）。ここで『中臣祓訓解《なかとみのはらえくんげ》』『三角柏伝記《みつのかしわでんき》』『天地霊覚秘書』『仙宮院秘文』といった最初期の両部神道書が述作された。

　ただ、近年の研究によって分かってきたことだが、両部神道書の内容は、単にこれまでの本地垂迹説や密教教理の応用ばかりではなかった。これらの世界や神の起源に関する記述の多くは、禅宗の渡来とともにもたらされた新来の禅文献や、禅僧がもたらした宋代の新

図１－４　金剛界曼荼羅（室町時代、金剛峯寺蔵）

しい『老子』注釈書に基づいて書かれていたのである。つまり、中世神道説の発生に当たっては、日宋交流の結果、大陸より到来した新しい思想が決定的な影響を与えていたのである（小川二〇一四、伊藤二〇一六c）。

その後、他の神宮周辺の寺院でも幾多の書が作られるが、これらの特徴は、撰者を空海・最澄などの先徳祖師に仮託していることであった。なかでも後世への影響も含めて、最も重要な書物が『麗気記《れいきき》』である。本巻十四巻、図巻四巻から成る同書は、醍醐天皇が神泉苑より出現した龍女より伝授されたと由緒づけられているが、実際には鎌倉後期に製作されたもので、伊勢神宮をめぐる密教的秘伝の集大成的な著作となっている（一部に後述の伊勢神道の影響も見える）。『麗気記』はその伝授に際して、独特な灌頂《かんじょう》作法が行われた。それを「麗気灌頂」という（後述）。両部神道諸流派において本書は、『日本書紀』に次ぐ神書として、長く重んぜられることになる（神仏習合研究会二〇〇一、伊藤二〇一一）。

両部神道書述作の動きに大きく刺激されたのが、伊勢外宮の神官だった度会氏である。内宮の祭神が天照大神であるのに対して、外宮のそれは豊受大神である。いうまでもなく天照大神は皇祖神であるが、豊受はその供膳《ぐぜん》神と位置づけられている。その起源は『太神宮諸雑事記』などでは、雄略天皇の時代に丹後より遷座したことになっているが、実は神宮のある宇治山田の地の土着神であり、奉仕する度会氏は伊勢国造の系譜を引く一族であった（岡田一九七〇）。独自の歴史的正統性や当地性を有しているにもかかわらず、外宮は常に内宮の下位に置かれる存在だった。だから、内宮の権威に対して如何に対抗していくかが、度会氏の長年の課題であった。その彼らにとって、内外両宮＝胎金両部説は、両宮の対等を主張するための格好な根拠を与えるものとなったのである。仙宮院は外宮の御厨《みくりや》だったこともあり、早くから両部神道書に関心を向けていたと考えられる。

こうした背景のもと、伊勢神道書が撰述される（度会神道、外宮神道ともいう）。最初期に現れたのが『宝基本記《ほうきほんぎ》』、次いで『倭姫命世記《やまとひめのみことせいき》』『神祇譜伝図記』、さらに神宮三部書と称される『御鎮座次第記』『御鎮座本紀』『御鎮座伝記（一名、太田命訓伝《おおたのみことくんでん》）』が書かれる。これらも両部神道書と同様、古人に仮託して古伝たることを装った。

これらの述作に主導的役割を果たしたと目されるのが度会行忠《ゆきただ》（一二三六～一三〇六）である。彼は『中臣祓訓解』『三角柏伝記』『天地霊覚秘書』等を参照し、そこから仏教色を抜き、度会氏伝来の由緒を混ぜあわせて、複数の伊勢神道書の製作に関与した。このことに関連して、名古屋大須にある真福寺所蔵の『太田命訓伝』の綿密な調査が近年行われ、その結果、本の軸木に「行忠」と墨書してあることが発見された。このことにより、神宮三部書が行忠の製作だったことがほぼ確実となったのである（岡田二〇一二）。

このようにして伊勢周辺で述作された両部・伊勢神道書を整理類聚したのが、度会家行《いえゆき》（一二五六～一三五一）だった。彼は『瑚璉集《これんしゅう》』『類聚神祇本源《るいじゅうじんぎほんげん》』を著して、諸書の内容を天地開《かい》闢《びゃく》、国土の創成、天神地神の出現、伊勢神宮遷座等の内容ごとに分類・抄出してみせた。特に

『神祇本源』は朝廷に献上され、これらの諸説は伊勢神宮の外へも拡がっていくことになった。[*4]

鎌倉後期になると、伊勢神宮以外でも、同種の神道書が作られるようになる。その拠点のひとつが比叡山周辺である。延暦寺の守護神である日吉山王《ひえさんのう》(今の日吉《ひよし》大社)は、最澄(七六七〜八二二)の延暦寺開山以来、同寺とともに発展してきた。鎌倉時代に入ると、伊勢神宮と同様の教理化への指向が現れ、後期に至り義源なる人物を中心に、山王神道説が形成された(菅原一九九二)。その根本テキストが『山家要略記《さんけようりゃくき》』である。同書は、日吉山王に関する最澄『三宝住持集』・円仁《えんにん》『三宝輔行記』・円珍『顕密内証義』・安然『四明安全義』などの著作からの引用で構成されているが、これらは現実には存在せず、文言を権威化するために付された架空の書名である。山王神道形成の動きは、伊勢神宮の両部・伊勢神道とは関係ないようにも見えるが、実はこれらの刺激を受けてできたものである(久保田一九五九)。[*5]

両部神道の思想的影響は鎌倉後期以降各地に及んでいく。なかでも独特の説やテキストが作られたのが、三輪山、室生山《むろうさん》、長谷寺である。三輪山は奈良盆地の南東部にある標高四六七メートルの小山である。大和国の国魂神大物主神《くにたまのかみおおものぬしのかみ》が宿る霊山として信仰され、麓には山全体を神体と仰ぐ大神《おおみわ》神社がある。このように古い宗教伝統を持つ霊地であるので、神仏習合が進む平安中期以降、周辺に多くの聖《ひじり》(遁世僧)たちが集まるようになった。その中心が三輪別所とよばれた平等寺である。ここを拠点に平安末期から鎌倉前期に活躍した聖が、三輪上人と称された慶円《きょうえん》(一一四〇〜一二二三)である。彼はその伝記『三輪上人行状』が記すように、各所からよばれて天狗や神を調伏《ちょうぶく》したり慰撫したりすることを得意とした験者だった。[*6] 彼の法流は、その死後三輪流とよばれるようになった。また、鎌倉後期には叡尊《えいぞん》（一二〇一～九〇）とその門流が進出した。その拠点となったのが大御輪寺《だいごりんじ》である。叡尊教団は伊勢神宮にも進出し

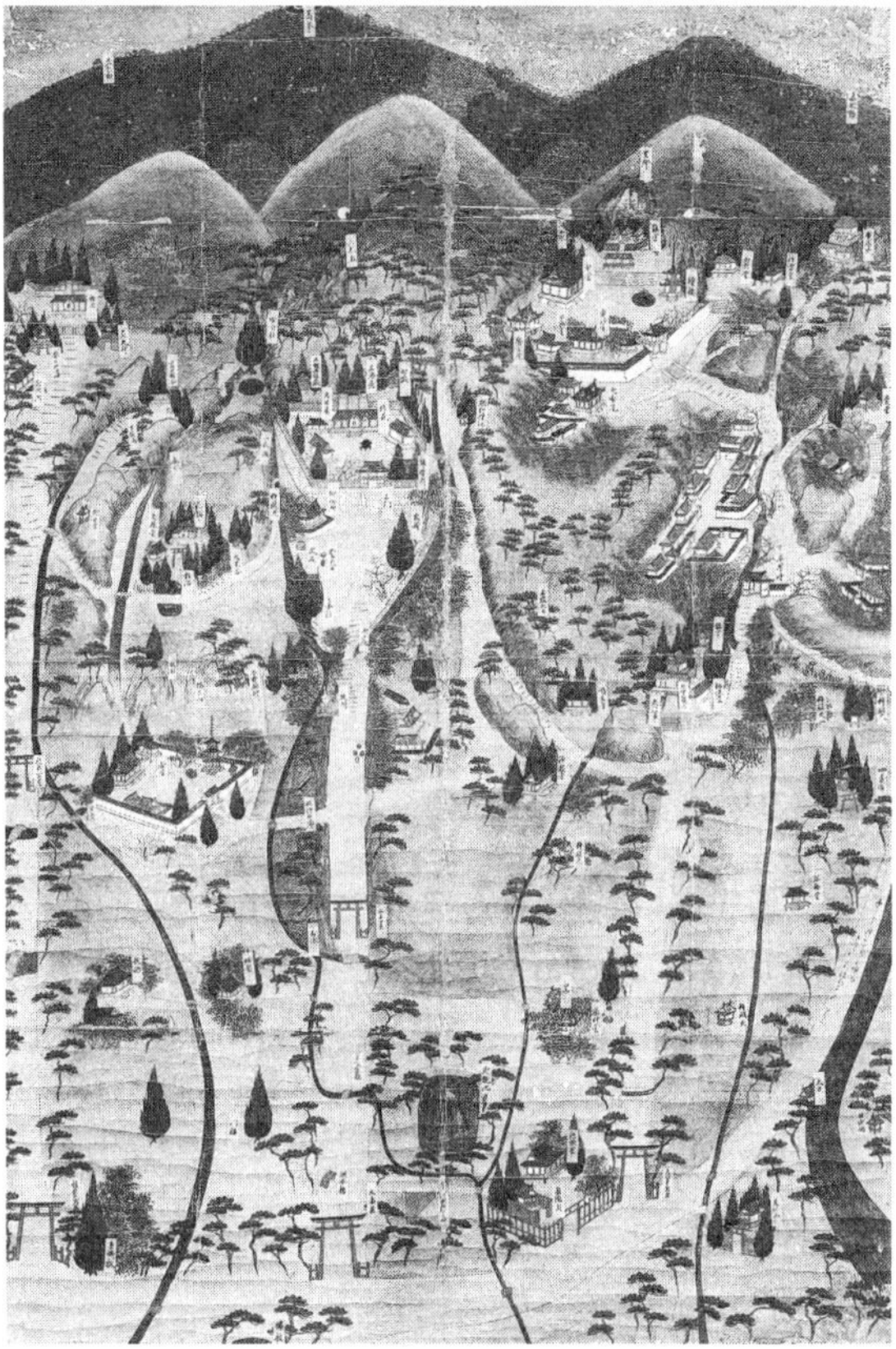

図１－５　三輪山絵図（室町時代、大神神社蔵）

図1－6　如意宝珠（『麗気記』南北朝時代写、真福寺宝生院蔵）

て、そこで両部神道と接触していたから、三輪の地にも両部神道の説が持ち込まれ、それをもとに三輪神と天照大神との同体が説かれる。このことを説くのが、『三輪大明神縁起』である（伊藤二〇一六b）。

室生山は、奈良盆地の東方にあって奈良時代以来の山岳信仰・龍蛇信仰の地である。そこに建立された室生寺は、当初は興福寺支配であったが、平安中期以降、真言宗の影響が強くなる。そのなかで、空海が唐からもたらした如意宝珠《にょいほうじゅ》（図1－6）を室生山に埋納したとの伝承が生まれた（藤巻二〇一七）。鎌倉時代に入ると、その宝珠信仰が両部神道と結びつき、宝珠＝天照大神説が生まれ、伊勢神宮と室生山が同一視されるようになった。それを説いた根本テキストが仁海《にんがい》（九五一～一〇四六）に仮託された『宀一山《べんいちさん》秘密記』である（伊藤二〇一一、藤巻二〇一七）。

大和国初瀬の地にある長谷寺は古来、女人参詣できる寺、夢告を行う寺として、多くの参詣者を引きつけてきた。平安末期より、本尊の十一面観音について、天照大神との同体説が説かれるようになる。菅原道真に仮託された『長谷寺密奏記《はせでらみっそうき》』がその中核的秘伝書である。その後、鎌倉後期に入ると、伊勢神宮・室生山・長谷寺を一体とする説なども登場するようになった（伊藤二〇一一）。

以上のように、両部神道の教説は、幾つかの聖地に伝播し、当地の信仰と結びついて、新たな言説を生み出していく。後述するように、そのなかから新しい神道流派が形成されるのである。

2　神道灌頂の成立

両部・伊勢・山王神道の言説は、鎌倉末から南北朝時代になると、各地の密教・天台・律系の寺院に伝播するようになる。その際、重要な書物や関連する秘説は、多くの場合「灌頂《かんじょう》」法式で伝えられた。「灌頂」とは、元来はインドの王公の継承儀礼の作法で、新王の頭に水を注ぐことを意味する。密教はその伝法・秘説伝授の作法に、この灌頂法式を取り入れて権威化したが、日本では鎌倉時代以降、密教・仏教の範囲を超えたさまざまな芸能・技芸の伝授の際に、そのような灌頂法式が採用されるようになった（第七章で詳述する）。特に、仏教の秘説の一部である神道の秘説伝授においては、この法式が発展した。これを「神道灌頂」あるいは「神祇灌頂」という。

神道灌頂の最初期の形態は、一種の社参作法として現れる。神社に参詣する僧侶たち（特に密教系の行者）は、神前において拍手・礼拝するのではなく、印契を結んで真言（マントラ）を唱えていた。伊勢神宮におけるその作法マニュアルとして製作されたのが『天照太神儀軌』

で、神宮内の別宮・摂社それぞれの前で結び唱える印明とその利益が列記されている（第五章参照）。また、社殿を前にして、神体を観想する作法が行われた。それが「諸社大事《しょしゃのだいじ》」あるいは「伊勢灌頂」とよばれる作法である。これらの作法では神宮の社域が一種の曼荼羅《まんだら》に見立てられる。つまり神宮の空間は地上に出現した仏（大日如来）の内証《ないしょう》（覚り）の世界そのものとなる。そして、参詣する僧徒は、覚りの世界を身を以て体験できることになるのである（詳しくは第二章、第五章参照）。伊勢神宮のほか日吉山王でも「運心灌頂」という社参における観想作法が作られている（舩田二〇一一）。

このような社参作法に続いて、伝法・伝書に伴った「灌頂」が行われるようになる。年次がはっきりした初めての例は『天地霊覚秘書』で、弘安九年（一二八六）、この書の伝授に伴って灌頂が行われた。五宝・五薬・五香・錦綾鏡《きんりょうきょう》が壇に置かれ、五味を供進したことが、識語に見える。[*7] ただ、作法の詳細については分からない。

灌頂が神道にとって重要な作法となり、細かい次第や作法も確立したものが、『麗気記』の伝授の際に行う麗気灌頂である。前にも名前が出た真福寺は鎌倉・南北朝時代の両部・伊勢神道書を数多く伝える寺院だが、そのなかに『麗気記』の伝授にまつわる灌頂関係の資料が残っている。すなわち、『麗気記』本文と図、印信《いんじん》（伝授の正統性を示す書状）、血脈（伝授の系統を示す書状）等で、これらは観応元年（一三五〇）に、武蔵国の高幡不動において儀海（一二七九〜?）が、宥恵（真福寺開山である能信の弟子。生没年不詳）に対して行った麗気灌頂のときのもの（及びその写し）である。図巻のなかには、本尊として掲げる三種神器の図像も収められており、それは後世の図とほぼ同じであることから見て、既にこのころに作法の形式は完成していたと考えられる（伊藤二〇一一、鈴木二〇一二）。

麗気灌頂に次いで、『日本書紀』の伝授においても灌頂が行われるようになった。日本紀灌頂という。日本紀灌頂はいつから始まったのか。応永三一年（一四二四）に『日本書紀』と『麗気記』の講義を行った良遍《りょうへん》は、同時に麗気灌頂を行っているが、日本紀灌頂は行っていない。[*8]おそらく応永段階では、まだなかったのであろう。しかし、永正一〇年（一五一三）には仁和寺において大規模な日本紀灌頂が行われているから、一五世紀中葉〜一六世紀初頭に成ったと考えられる。ただ、永正一〇年の日本紀灌頂では、作法の一部として麗気灌頂も組み込まれており、またかつては麗気灌頂の本尊だった三種神器が、ここでは日本紀灌頂の本尊となり、麗気灌頂の本尊には蛇形神が宛てられている。[*9]つまり、時代が進むにつれて、神道灌頂の中心が『麗気記』から『日本書紀』に移っていったのである（以上については第七章で詳述する）。

一五世紀後半以後になると、またあらたな灌頂が現れる。父母代《おやしろ》灌頂である。これは、父母を神と見立て、自分を生んだ男女の営みを象徴的に再現し、その恩徳を謝するというものである。親に対する孝を目的とする灌頂で、近世の孝思想と通ずるものであるが、その作法が性愛を主題としている点は、まさに中世的である。父母代灌頂は、僧俗・男女を問わず受けられたようで、しかもその受者の属性によって本尊（三種神器）が立てられた。たとえば、武士の場合は弓・太刀・刀、女性ではベニ・おしろい・鏡、農民は鋤・鎌・鍋、といった具合である。また、父母代灌頂では道場において、作法や本尊、道具等の意味を説明することを行っており、そのときの談義本及び聞書が多く残っている（伊藤二〇一六c）。

このほか、即位灌頂、和歌灌頂、稚児灌頂、弓方灌頂など、元来は神道の外で行われていた各種の灌頂作法が、神道のなかにも取り入れられていく。たとえば和歌灌頂は、和歌の流派である為顕《ためあき》流などで作り出された秘伝だが、一六世紀になると、多くの神道書のなかに、改変を加えながら記され、神道説の一部となっていくのである（詳しくは第七章参照）。

3 神道流派の形成

鎌倉時代に起こった両部神道書や諸説（伊勢神道書も含む）は、真言密教や天台、律の既存の法流に乗って相承されていったのであり、「神道」としての特別の流派のようなものは、当初は存在していなかった。ところが、室町時代に入ると、神道独自の流派が形成されてくるようになる。その代表的存在は三輪流神道と御流神道《ごりゅうしんとう》である。

三輪流神道は、前述したように元々は慶円上人を始祖とする密教の一流派だった。三輪流が根本秘伝としたのが『即身成仏印言《いんごん》』（若凡若聖偈、即身成仏義言、瑜祇切文）とよばれる偈頌《げじゅ》（仏菩薩や高僧を称えるための韻文の句）である。慶円はこれを神や魔に伝授することで関係を構築したと、彼の伝記『三輪上人行状』には書かれている。

そのなかの一挿話として、慶円が室生山の龍女に即身成仏印言を授けたところ、龍女はかつて自分が拘留孫仏《くるそんぶつ》（過去に地上に出現した「過去七仏」〔七番目が釈迦〕のひとり）から受けた印言と同じだと述べたという話がある。これは三輪流の重要秘伝として、独立した印信として伝授されるようになる。そして室町時代に入ると、龍女が三輪神に置き換えられ、慶円と三輪神とが相互に伝授しあったという互為灌頂《ごいかんじょう》という秘伝となり、これをきっかけに三輪流は神道流派に変化していった（伊藤二〇一六b、c）。その成立時期はおよそ一五世紀中葉と考えられる。その根拠は、そのころの人である金春禅竹《こんぱるぜんちく》（一四〇五〜七一ごろ）の作とされる能の『三輪』が、明らかに互為灌頂を素材としているからである（詳しくは第八章参照）。三輪流神道の拠点となったのは、中世には三輪山の平等寺、大御輪寺だったが、近世に入ると、長谷寺（新義真言宗豊山《ぶざん》派の中心）にも伝わった。

御流神道は、もとは、前々節で述べた室生山周辺の両部神道の系譜を引くと考えられる。一五世紀の前半までに『日本書紀』『麗気記』を根本聖典として、神道流派化した。「御流」の名の由来は、元来は密教としてのこの流派が、三宝院御流[*10]の法脈を引くことに因むと思われるが、神道流派化する際に、嵯峨天皇が始祖の天照大神以来連綿と伝えられた秘説を空海に伝授したとの由緒を創作して、「御流」と名乗る根拠とした。御流神道はその後も大きく拡がり、中近世を通じて最大の神道流派となった（伊藤二〇一六c）。灌頂についても発達し、前節で触れた日本紀灌頂や父母代灌頂も御流神道系のものであった。印信についても「竪印信《たていんじん》」六〇余通、「横印信《よこいんじん》」七五通、「八十通印信」などにまとめられた（大東二〇一〇）。

御流神道の法流は、中世末期には東大寺や高野山にも拡がった。近世高野山では、享保年中に英仙（一六六六〜一七四五）という人物が出て、御流神道に吉田神道の要素を加えて高野山流の神道を大成した（大山一九四四、久保田一九五九）。また奈良周辺では、南山城にある西福寺《さいふくじ》（綴喜郡玉水宿〔現在の井手町〕）の僧侶だった活済（一七〇八〜七七）が、東大寺系と高野山系の双方の御流神道を受け、玉水《たまみず》流という新しい流派を作り上げた。この法流は、のちに新義真言宗智山派の本山である智積《ちしゃく》院の鑁啓《ばんけい》（一七一八〜九四）に伝えられ、智山派の神道の中核となった（伊藤二〇一六a、八幡二〇一七）。

以上の三輪・御流の両神道が、両部神道系の二大流派だが、中世にはほかに、関白流、筑波流、諏訪流、素戔嗚《すさのお》流といった神道流派があった。このうち、関白流は「二条関白」（具体的に誰を指すのか不明）を始祖と仰ぐという特異な系譜を持つが、同流に関係する神道書を見る限り、御流神道のものと大差なく、御流神道の亜流と考えられる（伊藤一九九九）。そのほかについてもおおむね同様である。

4　吉田神道の登場

以上の三輪・御流神道は密教系神道流派であり、山王神道も天台宗のなかの神道である。つまり、これらの神道は仏教の内部に包摂されているものであって、そこから独立して存在しているのではなかった。そのなかにあって一五世紀後半、仏教より自立した神道流派が現れる。それが、吉田兼倶《かねとも》（一四三五〜一五一一）が創祀した吉田神道（別名唯一神道、宗源《そうげん》神道）である。吉田兼倶は、神祇官の次官（神祇大副《だいふ》）を世襲し、吉田・平野神社の社家を兼帯する卜部《うらべ》氏の出身であった。卜部氏は、伊豆国の人、平麻呂《ひらまろ》（八〇七〜八八一）を始祖とする亀卜《きぼく》を以て宮廷に仕える一族であったが、鎌倉期以後、『日本書紀』その他の古典を相伝し、その知識を担う「日本紀の家」「神道の家」として宮廷に仕えた（久保田一九五九、萩原一九六二）。

兼倶はその家職の伝統を受け継ぎ、さらに鎌倉期以降の中世神道説を吸収することで独自の神道説を樹立したのであった。彼が新たな神道説を唱えたのは応仁の乱（一四六七〜七八）後のことで、この混乱期に乗じて、公家・武家・僧侶のなかに信奉者を集め、一四八四年、日野《ひの》富子《とみこ》の援助を受けて、吉田山上に大元宮斎場《だいげんぐうさいじょうしょ》所なる施設を建立し、そこに伊勢両宮以下全国の諸神を勧請して、これこそ神武天皇以来の全国神社の根元であると称した（伊藤二〇一二a）。

彼の神道説については、彼が先祖の兼延《かねのぶ》に仮託して著した『唯一神道名法要集《ゆいいつしんとうみょうほうようしゅう》』に詳しい。同書によれば、これまで知られていた神道は各神社の縁起譚である「本迹縁起《ほんじゃくえんぎ》神道」と、空海・最澄等の祖師が説いた「両部習合《りょうぶしゅうごう》神道」であるのに対して、自分たちの神道は、国常立尊《くにのとこたちのみこと》（大元尊神）を主神として、天照大神以来、代々の天皇と天児屋根尊《あめのこやねのみこと》の子孫たる卜部一族に連綿として伝えられてきた[*11]、唯一無二の「元本宗源神道《げんぽんそうげん》」だとする。

さらに神道の教説を、神道一般に共通する顕露教と、元本宗源神道（吉田神道）独自の隠幽教とに分かち、顕露教が『古事記』『日本書紀』『先代旧事本紀』を経典として天地の開闢、神代の由来、王・臣の系譜を明らかにするのに対して、一方、隠幽教とは『天元神変神妙経』『地元神通神妙経』『人元神力神妙経』に拠り三才之霊応・三妙之加持・三種之霊宝を説くとする。ただし、この三経は全くの架空のものである。

次いで「神道」を解説して、「神」とは万物の本質、「道」とは万物の起源と定義し、さらに「神道」を体（本来のすがた）・用（はたらき）・相（外面に現れたすがた）の側面より考察する。まず体を三元、用を三妙、相を三行に分かち、三元を天・地・人、三妙はさらに各々を神変・神通・神力に分けて三才九部妙壇を立て、三行は天の六神道、地の六道、人の六神道に分け、合して十八神道を立てる。兼倶の「神道」とは、天上と地上と身中とに遍在・遍満し、そのすべてを成り立たせているものなのである（詳しくは第六章で述べる）。

これらの教説に基づき吉田神道ではさまざまな修法が行われる。その中心が神道護摩・宗源行事・十八神道行事の三壇行事とよばれるものである。兼倶は自家の神道の独自性を強調するが、大元尊神の観念は鎌倉期の両部・伊勢神道の教説に由来するものであり、三元・三妙九部妙壇・十八神道説は陰陽五行説及び道教思想の借用であり、三壇行事その他の修法及び伝授作法には密教や陰陽道の影響が著しく、当時流布していた諸思想・行法を混交して作り上げられたものであった。

このような習合的性格だったがゆえ、吉田神道の教理は近世以降激しい非難に晒されることとなるのだが、内容的にはともかく、形式上は仏教から独立した神道の体系を確立した点において、後の神道思想に決定的な影響を与えた。理当心地《りとうしんち》神道・吉川《よしかわ》神道・垂加《すいか》神道等の近世の神道説のほとんどは、吉田神道の教説より出発したものであって、吉田神道は中世神道説の集大成であると同時に、近世神道説の始源というべき存在であった（伊藤二〇一二a）。

兼倶の死後、一時的な混乱はあったが、吉田神道はその影響力を強めていく。子の清原宣賢《のぶかた》（一四七五〜一五五〇）や孫の兼右《かねみぎ》（一五一六〜七三）はしばしば地方に下向して、その地の大名や社家等に吉田神道の教理を弘め（伊藤二〇一二b）、曽孫の兼見《かねみ》（一五三五〜一六一〇）・梵舜《ぼんしゅん》（一五五三〜一六三二）兄弟は豊臣秀吉や徳川家康に接近して、その祭神化に関与した（井上二〇一三）。

近世以降も、寛文五年（一六六五）に江戸幕府が発布した『諸社禰宜神主法度』（神社条目）において神職に対する官位の執奏権や神道裁許状の交付が認められることで、神道界の権威たる地位を保つこととなった。ただし、吉田神道の習合的特徴や、兼倶の行った数々のフェイクは、純粋化を指向する近世の神道家や国学者の糾弾・非難にさらされることになるのである（井上二〇〇七、同二〇一三、幡鎌二〇〇八）。

5　仏教宗派における神道説の享受

いうまでもなく中世神道は、密教や天台宗との関わりが深いが、いわゆる「鎌倉仏教」諸宗派はこれとどのような関係があったかを、室町時代を中心として見ておこう。

まず禅宗である。臨済宗は、栄西《ようさい》や円爾《えんに》の時代には禅密兼修の傾向があったが、中国僧が来朝するようになった鎌倉中期以降、兼修の風が薄れ、次第に純粋禅に向かっていった。そのため神仏習合や中世神道説との関係は相対的に低くなる傾向を示すが、しかし、室町時代の禅林を覆った諸教一致的風潮（仏教・儒教・道教などの諸教は究極的に同じものだとする思想）は、神道への関心を惹起し、特に室町後期に吉田神道が登場すると、それを学ぶ禅僧たちが多く出た。横川景三《おうせんけいさん》（一四二九～九三）・景徐周麟《けいじょしゅうりん》（一四四〇～一五一八）等の禅僧は、兼倶の『日本書紀』『中臣祓《なかとみのはらえ》』の講義に参加し、その聞書を残している（岡田一九八四、原二〇一二）。

臨済宗が京都や鎌倉を拠点として発展したのに対し、日本での最初の道場が越前の永平寺だった曹洞宗は、北陸から東北・関東と、中央を迂回するように地方で教線を拡げていった。曹洞禅僧の伝記には、彼らが在地の神々を化度《けど》・帰伏させていくという説話が多く伝えられており、在地の神祇信仰を取り込んで定着した様子が窺われる。これらの伝記のなかでも、下野那須《しもつけなす》の殺生石《せっしょうせき》（九尾狐《きゅうびきつね》）を教化した源翁心昭《げんのうしんしょう》（一三二九～一四〇〇）の話が特に有名である。[*12]

浄土系諸宗は、宗祖の法然や親鸞においては神祇信仰と距離を保っていたが、その後継者たちによって、神祇への接近が図られる。親鸞の曽孫覚如《かくにょ》（一二七〇～一三五一）がつくった『親鸞伝絵』では、親鸞が箱根山で箱根権現の帰依を受けたとか、弟子に熊野信仰を勧めた（熊野本宮の本地は阿弥陀如来）といった逸話を載せ、本地垂迹信仰を受け入れている（伊藤二〇一六c）。

さらに、その子存覚《ぞんかく》（一二九〇～一三七三）は『諸神本懐集』を著し、本地垂迹説を理論的に導入した（一三二四）。本書は一般門徒の唱導教化のために作られた談義本である。そのなかで存覚は、「権社ノ霊神」と「実社ノ邪神」に分かち、前者は仏菩薩の垂迹なる神、後者は本地を持たない生霊・死霊・畜類の類で、祟りを恐れるがゆえに神として祀られている存在と規定し、権社神の信仰を認め、実社神を否定する。このことで、本地垂迹の信仰を全面的に導入する一方、実社神によって神祇不拝（神々を崇拝しない）の態度を温存するという折衷的な神祇観を唱えた。蓮如になると、基本的に存覚の見解を引き継ぎつつ、権社・実社を区別することなく、皆阿弥陀の垂迹として認めていく。これは真宗教団が、世俗の共同体全体を包摂しつつ勢力を拡大していく際に、神祇祭祀を権実の区別なく受け入れることを目指したためで、親鸞の神祇不拝の理念からは大きく隔たったものになった（林二〇一五）。

浄土宗は、派によって濃淡はあるが、真宗に増して神祇信仰を許容する傾向を示した。室町時代においては、それがさらに進展し、中世神道の教えを受ける者も出た。その代表的存在が聖冏《しょうげい》（一三四一～一四二〇）である。彼は後に浄土宗の正系となる鎮西派の第七祖とされる。関東を中心に浄土宗の振興に努め、浄土教学に関する多くの著作がある。と同時に彼は、神道についても本格的に学び、それらに関する著作も著した。そのひとつ『鹿島《かしま》問答』は、生国常陸《ひたち》の代表的神である鹿島大神宮の社頭における老人と女との問答に託して、浄土宗と諸信仰との関係を説いたもので、神祇信仰についても、すべての神が阿弥陀仏の垂迹であるとの特殊な本地垂迹説が展開されている。本書は彼の三十七歳のときの著作であるが、その後晩年近くになって、本格的に御流神道系の神道説の教えを受けた。その成果として著されたのが『日本書紀私抄』『麗気記私抄』『麗気記神図画私抄』『麗気記拾遺抄』である。『日本書紀』『麗気記』についての本格的注釈書であり、正式に神道灌頂を受けたものと思しい。浄土宗学の碩学であることもあって、その学殖を背景とする独自な解釈なども行っている。彼はそのほかに『古今和歌集』に関する注釈書（『古今序註』）も残しており、中世の学問世界の体現者のひとりでもあった（鈴木二〇一二）。

日蓮宗の神祇信仰の中心は三十番神信仰である。これは三十の神々が一ヶ月三十日の間、交替で『法華経』護持に当たるという信仰である。日蓮宗では日蓮自身の創始したものと主張していたが、本来天台宗で始まったものである。この信仰が日蓮宗に導入されたのは、京都における日蓮宗の基盤を築いた日像《にちぞう》（一二六九～一三四二）の時代との説が有力である（宮崎一九五八、園田一九六七）。

明応一〇年（一四九七）、吉田兼倶は論争を仕掛け、三十番神名を日蓮に伝授したのは兼倶の先祖の卜部兼益《かねます》であると主張した。このことが日蓮宗内で問題となったのは、三十番神を日蓮が始めたといいながら、（当然のごとく）全く同じものが天台宗にあることで、その矛盾を突かれたのだった。兼倶は証拠として「兼益記」なる一書を偽作し、日蓮宗内に吉田神道の影響力を及ぼそうと図ったのである。この論争は結局決着がつかなかったが、これがきっかけとなって日蓮宗の神祇をめぐる言説は吉田神道の影響を受けるようになった（廣野一九二四、園田一九六七）。

以降日蓮教団内においては、三十番神信仰・神天上法門を中核にして吉田神道の要素を加味した神道説が形成された。これを「法華神道」という。最初期の著作は、兼倶との論争をまとめた『番神問答記』と円明日澄（一四四一～一五一〇）撰とされる『法華神道秘決』である。後者はおそらく偽撰で、その成立はさらに下ると考えられる。そのほか清原宣賢に学んだ日修（一五三二～九四）の『鎮守勧請覚悟要』、その子吉田兼右の教えを受けた日珖《にっこう》（一五三二～九八）『神道同一鹹味抄』等がある（伊藤二〇一二a）。

おわりに

「神道」が宗教として自立的に動き出すのは室町時代である。「神道」という語が、〈神々〉あるいは〈神祇祭祀〉という意味に加えて、神に関する思惟、あるいは教理という意味を帯びるようになるのは鎌倉時代のことだが、南北朝・室町時代に入ると、明確に宗教としての形式を整えてくる。その第一段階が3節で述べたような流派の成立である。ただ、御流・三輪流、あるいは山王神道のような流派は、あくまで仏教内部における神道の専家であるに過ぎなかった。仏教とは全く別個の存在として活動し始めるのは、やはり吉田神道の成立からである。

中世末期の「神道」観を知るのに恰好の情報を提供してくれるのが、一六世紀に日本に入ってきたキリシタンの神道観である。キリシタン、特にイエズス会はザビエルの来日（一五四九年）以来、日本の諸宗教の研究を行い、その知見をもとに宗教・思想批判を行った。その内容は『イエズス会士日本通信』等にあらわれているが、仏教や儒学に比べて、神道への関心は低い。神信仰自体の存在は理解していたが、仏教のような論争すべき相手とはみなしていなかったからである。

ハビアンの『妙貞問答』（一六〇五）では、仏教（法相宗・三論宗・華厳宗・天台宗・日蓮宗・真言宗・禅宗・浄土宗・一向宗）・儒道と並んで「神道」を採り上げ、独立した宗教として「神道」を扱っている。この対話形式の書では、一方（妙秀）が「神道」の思想内容について説明を行っているが、それは全く吉田神道に基づくものである。それに対してもう一方（幽貞）が、吉田神道の「元本宗源神道」の説は儒学の陰陽説や仏教の模倣であり、神道とはそれを男女交接に当てはめて語る皮相な言説に過ぎないと看破している[*13]（海老沢一九六六）。男女和合の理で万物を説明するのは、中世神道全体に見られる特徴である。仏教から自立したように見える吉田神道も、その教理や祭式は基本的に仏教からの借用であった。

近世神道は、そのような中世神道を批判するとともに、儒教との習合を通じて倫理主義的傾向を強め、さらに加えて天皇教に変換することで、近代の国家神道を準備していくことになったのである。

＊1　延暦二三年（八〇四）成立の『皇太神宮儀式帳』では、仏→中子、経→志目加弥（染紙）、塔→阿良々支、法師→髪長、優婆塞→角波須、寺→瓦葺、斎食→片食と言い換えている。仏については後世「立強（たちすくみ、たちこはり）」とも言った（『沙石集』一 - 一等）。

＊2　大中臣氏（祭主・大宮司）の蓮華寺・釈尊寺・蓮台寺、荒木田氏（内宮）の法泉寺・田宮寺・天覚寺、度会氏（外宮）の常明寺が神宮周辺に建立された（その多くは今はない）。

＊3　小野流の仁海の正嫡の弟子。後に東寺三〇世となる。後三条天皇の護持僧を務める。後三条即位のために前帝後冷泉を、愛染法を以て呪詛・調伏したとの逸話がある（『阿娑縛抄』等）。

＊4　伊勢神道説の流布に大きく貢献したのが、家行に教えを受けた北畠親房（一二九三〜一三五四）で、彼の著作である『神皇正統記』『元元集』（特に後者）を通じて、伊勢神道の所説が広まっていく。その一例として、親房の著作を通じて能の作品（『逆矛』『龍田』）に伊勢神道説が取り入れられたことは第八章で述べた。

＊5　山王神道の形成に伊勢神道書が大きな影響を与えていることは、久保田の指摘を踏まえて佐藤眞人が、神道大系『天台神道（下）』解題において、『山家要略記』の複数の箇所が、『倭姫命世記』『御鎮座本紀』『御鎮座伝記』に基づいていることを詳しく解説している（同書二一〜二七頁）。

＊6　『三輪上人行状』の内容については、第八章第三節で詳しく述べる。

＊7　真福寺蔵『天地霊覚秘書』に以下のようにある。

本記云、弘安九年（一二八六）二月十五日、奉レ遇二明師於神祇官一、学レ之後、四月八日行法。七月七日灌頂已畢。写二大日印即神祇冥道廿八宿召請印咒一。口伝

五宝　五薬　五香　錦綾鏡　置レ壇也。以二五味一供二進之一。

天童降臨者也。

弥重　在判

弟子　判

同十一年四月廿七日、自二外宮三禰宜行忠神主之許一申二請之一。

同日終写功了。

権禰宜度会神主雅見　判

（真福寺善本叢刊『両部神道集』）

＊8　良遍の講義と灌頂の聞書は、神道大系『天台神道（上）』『真言神道（上）』に収められる。

＊9　このときの資料は、阿部泰郎編〈名古屋大学比較人文学研究年報第二集〉『仁和寺資料【神道篇】神道灌頂印信』（名古屋大学文学部比較人文学研究室、二〇〇〇年）に影印・翻刻が収められている。

＊10　三宝院御流とは、三宝院流の勝賢（一一三八〜九六）が仁和寺御流の守覚法親王（一一五〇〜一二〇二）に三宝院流を伝授したことより始まる流派。

＊11　卜部氏は、中臣氏の始祖神たる天児屋根命と系譜的に結びつくものではないが、吉田卜部氏は兼倶以前より系譜を捏造して、中臣氏の祖のひとり智治麻呂の子孫と主張することで、宮廷における神祇祭祀の正統な担い手であることを強調した。兼倶もその主張を踏襲しているのである。この問題については、西田長男「吉田神道の成立――第二稿」（『日本神道史研究』五、講談社、一九七九年）、岡田莊司「吉田卜部氏の成立」（『國學院雑誌』八四‐九、一九八三年）参照。

＊12　中国では周幽王を破滅に導いた褒姒として、インドでは班足太子に千人の王を殺させた塚の神として悪行を行った妖狐が日本に渡り、鳥羽院の宮廷で玉藻前と称する女官として寵愛を受け、この世を傾けようとしたが、陰陽師の安倍泰親に正体を見破られて那須ヶ原に逃亡するも、三浦介・上総介に討

ち取られる。ところが亡魂が殺生石として瘴気を発して、なおも人や鳥獣を死なせていたのを、通りかかった源翁に引導を渡されて得脱したという。能『殺生石』や室町物語『玉藻草子』として広がったこの説話は、近世になって殷の紂王と妲己のエピソードが加わり、実録物『三国悪狐伝』、読本『三国妖婦伝』として著名になる。この説話については、後藤丹治「三国妖婦伝について」（『学大国文』六、一九六二年）、美濃部重克「解説『たまも』」（伝承文学資料集一二『室町物語 二』三弥井書店、一九八五年）、堀誠「『三国悪狐伝』と玉藻前説話の変容」（和漢比較文学叢書七『近世文学と漢文学』汲古書院、一九八八年）、山下琢巳「実録的写本『三国悪狐伝』の成立について」（『読本研究』四、一九九〇年）、永吉雅夫「三国伝来の狐――玉藻前説話の変容」（追手門学院大学アジア文化研究会編『他文化を受容するアジア』和泉書院、二〇〇〇年）等参照。

＊13 日本思想大系『キリシタン書 排耶書』一三一～一三三頁。

【参考文献】
伊藤聡「中世後期御流神道道場における談義について（上）」（『國學院大學日本文化研究所紀要』八一、一九九八年）
同「関白流神道について」（『金澤文庫研究』三〇三、一九九九年）
同『中世天照大神信仰の研究』（法藏館、二〇一一年）
同『神道とは何か――神と仏の日本史』（中央公論新社、二〇一二年a）
同「天文年間における吉田兼右の山口下向をめぐって」（『文学』一三‐五、二〇一二年b）
同「西福寺の神道灌頂」（『仏教文学』四一、二〇一六年a）
同「三輪流神道と天照大神」（『大美和』一三一、二〇一六年b）
同『神道の形成と中世神話』（吉川弘文館、二〇一六年c）
同「鎌倉時代における僧徒の参宮と仏教忌避」（原克昭編『日本文学の展望を拓く③ 宗教文芸の言説と環

境』笠間書院、二〇一七年）
井上智勝『近世の神社と朝廷権威』（吉川弘文館、二〇〇七年）
同『吉田神道の四百年――神と葵の近世史』（講談社、二〇一三年）
海老沢有道『日本キリシタン史』（塙書房　一九六六年）
大山公淳『神仏交渉史』（高野山大学、一九四四年）
岡田精司『古代王権の祭祀と神話』（塙書房、一九七〇年）
岡田莊司『兼倶本 宣賢本　日本書紀神代巻抄』（続群書類従完成会、一九八四年）
同「度会行忠自筆本の発見」（名古屋市博物館、真福寺大須文庫調査研究会編『大須観音――いま開かれる、奇跡の文庫』大須観音宝生院、二〇一二年）
小川豊生『中世日本の神話・文字・身体』（森話社、二〇一四年）
元興寺文化財研究所編『神道灌頂――忘れられた神仏習合の世界』（元興寺文化財研究所、一九九九年）
久保田収『中世神道の研究』（神道史学会、一九五九年）
神仏習合研究会（大正大学綜合佛教研究所）『校註解説現代語訳麗気記　上』（法藏館、二〇〇一年）
菅原信海『山王神道の研究』（春秋社、一九九二年）
鈴木英之『中世学僧と神道――了誉聖冏の学問と思想』（勉誠出版、二〇一二年）
園田健「吉田神道と日蓮宗との交渉――法華三十番神説をめぐって」（『神道宗教』四五、一九六七年）
大東敬明「「八十通印信」と南都」（『巡礼記研究』七、二〇一〇年）
萩原龍夫『中世祭祀組織の研究』（吉川弘文館、一九六二年）
幡鎌一弘「十七世紀中葉における吉田家の活動――確立期としての寛文期」（『国立歴史民俗博物館研究報告』一四八、二〇〇八年）
葉貫磨哉『中世禅林成立史の研究』（吉川弘文館、一九九三年）
舩田淳一『神仏と儀礼の中世』（法藏館、二〇一一年）
林智康「真宗における神祇観――覚如・存覚・蓮如を中心として」（林智康編『存覚教学の研究』永田文昌

堂、二〇一五年）
原克昭『中世日本紀論考——註釈の思想史』（法藏館、二〇一二年）
廣野三郎「唯一神道と三十番神」（『國學院雑誌』三〇 - 九・一〇、一九二四年）
藤巻和宏『聖なる珠の物語——空海・聖地・如意宝珠』（平凡社、二〇一七年）
宮崎英修『日蓮宗の守護神——鬼子母神と大黒天』（平楽寺書店、一九五八年）
八幡尭文『御流神道玉水流と活済上人』（『智山ジャーナル』七七、二〇一七年）

第二章　中世の神観念

はじめに

中世における神観念の基底を成しているのは、神を仏の化身とみなす本地垂迹《ほんじすいじゃく》思想であるが、そのことをめぐって生ずる疑問は、仏菩薩は既に自身の姿で衆生《しゅじょう》にさまざまな利益を施しているにもかかわらず、その上であえて神として顕現するのはなぜかということである。最初に結論めいたことを言ってしまえば、中世の神観念の特質は、仏が神に化身することが、仏による衆生の救済（利益衆生）の究極的表現とみなされた点にこそあった。そしてこのことは、ひいては利生《りしょう》における仏の優越性を揺るがし、さらに神道の独立をも促す要因となったのである。以下、その様相を見ていきたい。

1　権神と実神

神仏習合は、通説的な理解においては、奈良時代の苦しむ一衆生としての神が仏法に帰依するという神身離脱の信仰よりはじまり、平安前期の菩薩として仏と人との中間的存在とみなされる時期を経て、平安後期以降、神を仏の化身とみなす本地垂迹説へと発展していったとされる（辻一九〇七）。

しかしながら、実際には、本地垂迹説が全国に広まったと考えられている鎌倉時代以降においても、神々のすべてが仏菩薩の垂迹とみなされていたのではなかった。苦しむ衆生のひとつとしての神という観念は、中世を通じて存続し、両者は並存していた。それが権神《ごんしん》と実神《じっしん》である。権神とは垂迹神（化身、権現）としての神のことであり、実神とは実類神、すなわち本地を持たない衆生のひとつ（鬼神・龍蛇神の類）としての神を指す。仏の化身である神がいる一方、本地を持たない生け贄を求めるような、まさにモノとかオニとかに近いような神もいるというのが僧侶たちの一般的な常識だったのである。

では、神に対してどのような態度をとるべきか、このことについて詳しく検討しているのが前章でも採り上げた『諸神本懐集』である（今堀一九九〇、普賢一九七七）。著者は親鸞の玄孫《やしゃご》に当たる存覚《ぞんかく》である。浄土宗や浄土真宗では、宗祖の法然、親鸞以来、専修主義の立場から神祇不拝ということがいわれた。とはいうものの、実際の布教の現場で、神信心と無縁であることは難しかったものと思われる。浄土真宗において神にどのように相対するべきかを解説したのが、この『諸神本懐集』なのである。

ここでは、まず権社の霊神と実社の邪神というものを分けて、「権社の霊神」というのは「往古の如来、深位の菩薩」であるとする。「往古の如来」とは、釈迦をはじめとする過去に覚りに至った仏たちのことで、「深位の菩薩」とは、観音や地蔵のように、仏に限りなく近い菩薩のことである。そのような彼らが衆生を利益するために仮に神と現じたものだから、拝んでもよい。それに対して拝まなくていいのは実社の邪神である。これらは「生霊、死霊等の神」で、如来の垂迹ではない。素性は人間だったり動物だったりさまざまだが、いずれにせよ祟《たた》りをなし、人を悩ますものであって、これをなだめるために神と崇《あが》めているに過ぎない、というのである。具体的にいうと、怨霊とか狐狸《こり》妖怪とかを指し、これらは拝まなくてよいという。非常にすっきりした分かりやすい説明である。

ところが、民間における神祇信仰の実態はもう少し複雑で、権神と実神の区別は存覚のいうように截然と分けられない場合もあった。その一例として鎌倉前期に作られた説話集『古事談』に収められた「範兼《のりかね》、賀茂明神の本地は等身正聖観音と夢に見る事」（巻五―一四話）という説話を挙げておこう。本話の筋は以下のごとくである。

藤原範兼（一一〇七～六五）は賀茂の神に崇拝篤《あつ》い人で、参詣するたびに『般若心経』を書いて捧げていた。すると、納経の功徳によって神が自分の苦しみから逃れられたというお告げがあった。しかも、金泥で書かれた返書までもが来た（もちろん夢中で）。そこで、賀茂神に願いごとをするべく、再び参籠した。祈りを捧げて眠ると、夢のなかに綺麗な女房が出現した（これは賀茂神の使者か化身）。範兼はまず「公卿にならせて下さい」と願った。すると女房は頷く。さらに、「母親より先に死ぬことがないようにして下さい」と申すと、首を横に振られた（お前は母より先に死んでしまうということ）。そして最後に「あなたのご本地は何ですか」と訊ねると、いったん観音の姿に変身するも、次の瞬間に火が燃えて黒焦げになっていった。この夢告の通り、範兼は三位に上がって公卿となったが、母より先にみまかった。

この話で注目すべきは、範兼が夢で見た光景である。観音に変身したことは、賀茂神の本地が観音であることを示す。それが黒焦げになって焼けるのは、神が三熱の苦しみのなかにある衆生のひとつであることを示す。つまり、このヴィジョンでは、神が自らの存在は苦しんでいて、仏に救済を願っているという古代以来の神身離脱的理解と、仏菩薩の化身であるという本地垂迹的理解が組み合わされているのである（伊藤二〇一六）。

これをどう解釈するかだが、私は次のように解する。すなわち苦しむ神というあり方自体も衆生済度《しゅじょうさいど》の方便である。仏菩薩が神として娑婆世界に垂迹するのは、衆生に代わってその苦しみを引き受けるためであり（代受苦）、火に燃える観音のヴィジョンとは、その真意を明かすものだったのだ（もっとも、範兼自身は自分の運命の方に、より関心があったようではあるが）。

2　蛇身としての神

以上のように、実のところ権実は分かちがたいことが多い。鎌倉末期になると、これをさらに推し進め、実神的な性格こそが、すべての神の本質であり、それがそのまま仏菩薩の利生を示すという、権実二分法を無化するような主張も現れるに至った。具体的には、神は仏菩薩の化身であるが、同時に煩悩の化身である蛇だというのである。

蛇と神との結びつきは古い。蛇を祭神あるいは神の使者とする神社は多い。一方、仏教における解釈では、蛇とは三熱に苦しむ存在であり、さらには煩悩を生み出す三毒（貪欲＝むさぼり・瞋恚《しんい》＝いかり・愚痴《ぐち》＝〔真理への〕無知）の象徴でもある。このような蛇に対する仏教と神祇信仰との認識のずれが、中世の神観念に新しい要素を加えることになった（中村一九九四）。

たとえば、南北朝期に成立した天台宗系の『渓嵐拾葉集《けいらんしゅうようしゅう》』というテキストには、神が蛇身であることについて、神とは仏が「和《わ》光同塵《こうどうじん》」（この語については後述）した姿であるから、我々凡夫《ぼんぷ》衆生《しゅじょう》の似姿としてあらわれる。凡夫とは煩悩の源泉である三毒で構成されている。この三毒を結晶化した姿が蛇だから神は蛇身なのだ、と説明している（巻六「山王御事」）。

右の解釈を信仰の現場で実践しているのが、「伊勢灌頂」（諸社大事）という、僧侶が神前に参ったときの秘密法である（伊藤二〇一一）。この作法で最も重要なのは神前における観想で、神とは我々の心のことであり、その姿は蛇身であることを思い描くというものである。我等人間は三毒にまみれた存在であるから、蛇こそ我等の本性の姿を示すというのだ。神の本身が蛇であるということは、仏が煩悩にまみれた我々の本源的姿をとって現れたことを意味する。蛇身たる神とは、あえて人と同じ姿に身を変えることで、その苦を引き受け、我々を救済しようとする仏の究極的な姿なのである。ここにおいて、権神と実神とは対立した概念ではなくなる。すべての神は権神として実神的性格を具有することになるのである。[*1]

3 〈内なる神〉

「伊勢灌頂」や『渓嵐拾葉集』で示される解釈において特に注目されるのが、仏と神と我等の心との関係である。仏は（我等の）心の似姿たる神として垂迹するという考え方が成り立つのは、神が心のなかに宿る、あるいは心・神を一体のものとする考え方が現れたからである。つまり神が心中に宿るというのは新しい神観念なのである。

元々日本在来の神というのは、外界にいて自分が気に入らないと罰を加えるような存在であって、人間の内面性には関わってこない。ところが、神仏習合が進んでいって、神は仏の化身であるという考え方が一般化すると、「仏性《ぶっしょう》」（自分の内に成仏するための因子が備わっているという考え方）に影響されて、神は我々の心内にいると考えるようになった。たとえば、鎌倉初期の両部神道書『中臣祓訓解《なかとみのはらえくんげ》』には、「念心は神明の主なり、人は乃ち天下の神物なり、心は乃ち神明の主たり」といっている。つまり、〈内なる神〉である。

ただ付言すると、神が心中にあるというとき、精神的存在として宿っていると理解していたのではなく、生殖の問題と絡めて肉体的な実体として考えていた。そのことを示すのが『伊勢《いせ》物語髄脳《ものがたりずいのう》』という『伊勢物語』の注釈である。これは『伊勢物語』を宗教的に読み解くまさに中世的なテキストで、そのなかで我々は母の胎内にいるときは仏としてあり、十月十日《とつきとおか》経って神として出胎する、だからこそ神（カミ）を「タマシイ」というのだと述べ、これこそが「和光同塵」なのだという。*2

本来人間の外にいた神が仏のなかに入り込んでくる〈内なる神〉というのは、神観念の一大変革であった。このような内なる神の発見、あるいは心・神一体の思想が、その後の日本人の神信仰の重要な部分を占め、「神道」という言葉が「神の教え」という意味を帯びるようになるのも、このような神観念の変容を経た以後のことである。神が外にしかいないのであれば、形式さえきちんとしていれば良いわけだが、内にいるとなると、心こそ清浄に保たなくてはならない。まさに内面が問題となってくるのである。「神道」に道徳的規範の意味が付与されていくのは、このことが背景となっているのだ。

「正直」という徳目が神に相対したときの最も重要な態度として浮上してくるのも、この神観念の変容が関係している。心の清浄性を保つには、何にも増して「正直」であることが求められたのである。鎌倉中期より広まった「正直の頭《こうべ》に神宿る」という俚諺《りげん》は、その端的な表現である（鍛代二〇〇二）。

〈内なる神〉の観念は、仏教とだんだん縁が切れていくような中世後期以降の神道説にも見られる。たとえば『神道大意《しんとうたいい》』という吉田兼倶の著作では「天地に在りては神と云ひ、万物に在りては霊と云ひ、人に在りては心《しん》と云ふ」という言い方をしており、確実に受け継がれている（第六章参照）。さらに排仏的・反中世神道的傾向の強い近世以降の儒家神道や国学にも引き継がれる。山崎闇斎《やまざきあんさい》の『会津神社志《あいづじんじゃし》序』にも「これ神は天地の心、これ人は天地の神物にして、その心は則ち神明の舎なればなり」というように出てくる（谷二〇〇一）。また本居宣長《もとおりのりなが》は「真心」という言い方をして、「産巣日神《むすひのかみ》の御霊《みたま》によりて、備へ持て生れつるまゝの心」（『くず花』）と定義している（渡辺二〇一一）。

このような考え方は、古代の神信仰から生まれてくることはなく、中世の神観念の大きな変革を経なければありえない。近世において「神道」といわれるものは、中世神道を母胎として生み出されたものだったのである。

4　和光同塵

実神にせよ権神にせよ、仏が神の姿を借りて衆生救済に赴くことを「和光同塵」という（柴田一九六六）。この語は『老子』無源第四の「和其光、同其塵。（其の光を和し、其の塵《ちり》に同ず）」を典拠とする語だが、仏教との関わりで使用されるようになるのは、この『老子』の言葉を使って、天台宗の創始者智顗《ちぎ》（五三八～五九七）が、その著『摩訶止観《まかしかん》』巻六下のなかで「和光同塵は結縁の初め、八相成道は以て其の終を論ず。亦は名づけて化（化身）と為し、亦は名づけて応（応身）と為す」と説いたことに由来する。これは『法華経』如来寿量品《にょらいじゅりょうほん》における釈迦の二つの身体をめぐる議論である。すなわち、目の前で法を説いている釈迦如来は、永劫の昔に成道《じょうどう》して娑婆世界から去った仏が衆生を済度《さいど》すべく化身（あるいは応身）して出現した存在であるというのである。「和光同塵」とは、仏が光を和らげて俗世の塵にまみれた姿となって顕現するという意味である。*3

以上で分かるように、「和光同塵」とは本来、天台宗の仏身論で使われた用語で、*4 日本の神仏論とは関係がない。しかし日本では、本来の意味と離れて使われるようになったのである。その理由は、おそらく「本地垂迹」の使用法から起こったのであろう。「本地・垂迹」の語も、天台の報身と応身との関係を示す語であるにもかかわらず、仏・神の本体・化身として当初から使われた。「和光同塵」は本地垂迹を言い換えた表現として登場したものと考えられる。

ただ、なぜこの語がかくも広く流布したのかというと、仏が神としてこの世に出現することの救済論的な意義を強く実感させるものだったからであろう。そのことを『沙石集《しゃせきしゅう》』巻一「出離《しゅつり》を神明に祈る事」の次の話によって示しておこう。

すなわち、平安末期に生きた天台寺門派の僧に公顕《こうけん》（一一一〇～九三）という人がいる。天台座主になったこともある（山門派との抗争ですぐやめた）名高い学僧だが、あるとき彼の自坊へ高野山からある僧が訪ねてきて一晩宿泊した。翌朝起きると、公顕が室内に壇を作って御幣《ごへい》を立てて神々に祈りを捧げている。なぜ僧たるあなたがこのようなことをするのかと客人に問われると、彼は次のように答える。

我身には顕密の聖教をまなびて、出離の要道を思ひはからふに、自力よわく智品《ちほん》あさし。

勝縁の力をはなれては、出離の望とげがたし。仍《よ》つて都の中の大小の神祇は申すにおよばず、辺地辺国までも、聞及ぶにしたがひて、日本国中の大小の諸神の御名をかきたてまつりて、此一間なる所に請じ置き奉りて、心経三十巻、神呪なんど誦して、法楽に備へて、出離の道偏に和光の御方便を仰ぐ外、別の行業なし。[*5]

自分はさまざまな仏典を学ぶことで、「出離の要道」（成仏にせよ往生にせよ、現世を離れるための方途）を模索していたが、成し遂げる能力もなく知力も浅い。すぐれた縁に頼ることなしにはこの出離の望みはかなえがたい。だから、都をはじめ日本国中の大小の神々をここによび集めて祀り、『般若心経』やマントラを唱えながら、「法楽《ほうらく》」（神々のために読経・写経等をすること）を行うことで、「和光の御方便」（神として現世に化身してきた仏）にすがる以外に、出離の道はないのだ、というのである。

右の説話のミソは、語り手の公顕がただの凡僧ではなく、学問修行に秀でた高僧として知られた人だということにある。かかる人物にかような言を吐かせるのは、この日本においては、どんなに学徳を積もうと、自力での出離は困難であり「和光の御方便」のみが唯一の道なのだという認識からである。このことは、続く公顕の次の言葉にも端的に現れている。

我国は粟散辺地《ぞくさんへんち》也。剛強《がうぐ》の衆生因果をしらず、仏法を信ぜぬたぐひには、同体無縁の慈悲によりて、等流法身《とうるほっしん》の応用《おうゆう》をたれ、悪鬼邪神の形を現じ、毒蛇猛獣の身をしめし、暴悪のやからを調伏して仏道に入れ給ふ。されば他国有縁の身をのみ重くして、本朝相応の形をかろしむべからず。我朝は神国として大権迹《だいごん》をたれ給ふ。又我等みなかの孫裔也。気を同じくする因縁あさからず。この外の本尊をたづねば、還つて感応へだたりぬべし。仍つて機感相応の和光の方便を仰いで、出離生死の要道を祈り申さんにはしかじ。*6

粟散辺地たる日本の衆生は、「因果」（世界の真実）もそれを説き明かす「仏法」をも理解することができない。しかし仏の慈悲は偉大で、そのような者に対しても、等流法身、すなわち悪鬼邪神や毒蛇猛獣のような仏とは全く別の姿となって、無理にでも仏道に導いてくれる。日本の神もそのような存在のひとつであって、辺地の住人の身の丈に合った（機感相応《きかんそうおう》）姿であり、これが「和光の方便」だというのだ。*7

このように「和光同塵」とは、神という存在を、仏が日本の民を救おうとする際の究極的な形態であることを示す語として流通したのである。

おわりに

中世の神観念は、基本的には古代以来の本地垂迹説の延長線上にあった。本地＝仏、垂迹＝神とする以上、あくまで仏が主で神は従属的な存在である。このことは明白であって、基本的に神祇信仰は仏教のなかに包摂されていたのが中世（特に鎌倉時代まで）の神仏関係の実情であった。

ところが一方で、この垂迹するということ自体が、神仏関係にある種の逆転をもたらすことになった。神とは元来現世的存在であって、来世への救済とは全く縁を持たない。そのような存在だからこそ神信仰は、来世での救済を指向する仏教との棲み分けが可能だった。それが本地垂迹の信仰が広がり、神々の多くが現世における仏の化身とみなされることになった結果、それらは救済者としての性格を帯び始める。もちろん、化身＝垂迹である以上、媒介者的・代理人的な存在であるわけで、あくまで本地たる仏に従属する。

ただ、中世という時代には、この種の衆生救済の局面において主客の転倒が起こった。阿弥陀如来そのものより「南無阿弥陀仏」の方が前景化した浄土真宗の六字名号《ろくじみょうごう》の信仰や、『法華経』や釈迦如来より「南無妙法蓮華経」の題目が際立つ日蓮宗の題目信仰がその典型だが、神仏関係においても似たような現象が起こったのである。先に引いた『沙石集』の「他国有縁の身をのみ重くして、本朝相応の形をかろしむべからず。……この外の本尊をたづねば、還つて感応へだたりぬべし」という表現などは、その好例だろう。他国（インドや中国）に相応した姿の仏菩薩を祈るより、我国相応の神々にすがる方が効果が高いのだという主張である。

もちろん、これは神々が仏の垂迹であることを前提としたものであって、仏菩薩を否定したものではない。しかし、日本という空間において仏より神が優先されるという主張は、一四世紀以降には神本仏迹説、つまり神が本地であって仏が垂迹であるとの説を生み出す（西田一九六三）。ここではその例として、幸若舞《こうわかまい》『百合若大臣《ゆりわかだいじん》』の次の一節を挙げておこう（傍線部）。

そも我が朝は、国常よりも始めて、さて伊弉諾《いざなぎ》と伊弉冉《いざなみ》は、彼国《かのくに》に天降《あまくだ》り、二柱《ふたはしら》の神と成て、第一に日を産み給ふ。伊勢の神明にて御座ある。その次に月を産む。高野の丹生《にう》の明神月読《みやうじんつくよみ》の御子《みこ》、これなり。その次に海を産む。摂津の国に御立ちある蛭子《ひるこ》の宮、夷《えびす》三郎殿にておはします。その次に神を産む。出雲の国素戔嗚《すさのお》は、大社《おおやしろ》にておはします。その外、末社の部類等は、皆此神の総社たり。神の本地を仏とは、よくも知らざる言葉かな。根本地の神こそ、仏とならせ給ひつゝ、衆生を化度《けど》し給ふなれ。*8

かかる主張は、神道を仏教から独立した存在へと導いていく。その具体的な現れが吉田神道であり、そこにおいて神道中心の諸教一致説たる根本枝葉花実説として高唱されるに至る（第六章参照）。

さらに、「和光同塵」の思想が持っていた日本という場へのこだわりは、中世から近世への移行期において仏教が神道や儒教などと相対的にとらえられるなかで、その外来宗教としての性格が問題化し、ひいては排仏論を引きおこすことになるのである。

---

*1　なお、権神・実神のカテゴリーに加えて、「法性神」の観念が立てられることがある。これは密教における法身をそのまま神観念にスライドさせたもので、両部神道書に登場する。伊勢神宮の祭神たる天照大神・豊受大神が大日如来と一体である（垂迹ではない）ことを強調するために、権神とは別のものとして括り出されたカテゴリーである。この観念については伊藤聡『中世天照大神信仰の研究』で解説した。専論に鏡島寛之「神仏関係における法性神の問題」（『宗教研究』三－三、一九四一年）

がある。

＊2　『伊勢物語髄脳』の本文は以下の通りである（鉄心斎文庫『伊勢物語古注釈叢刊』第二巻、二〇七～二〇八頁）

千葉破と云事、人の五体内にはらまれ、むまるゝとき、母の腹の内にむまれ出をいふ、母の五臓六腑のすがた、蓮の葉に似たり、蓮にはらまれて、十月に成て生る時、其子、千葉の血脈はたを破ていづる也、されば千葉破と書てちはやぶるとよむ、ちはやぶる神とは玉しゐ也、人の体と成て玉しゐ出来て生まる時、千葉の体をいづる也、それを破と云也、人の玉しゐを神と云也、神とて別におそろしき物の有にはあらず、和光同塵結縁と云も、無相無念にして、体もなく思ひもなかりし時を仏とする也、人をみちびかんとて塵にひかりをやはらげて、神とは云也、わが玉しゐの空中に体もなければ、何事に付ても物をしる心はなかりしを仏と云、人を導びかんとて人となる時、玉しゐ出づるを神と云也、されば、いかなる人も、母のはらの内にしばしやどらぬはなき也、一切の物、草木までも如レ此也、それをよそに神とておそろしき物ありと思ふは、迷ふ凡夫の心也、吾心こそやがて神よ、別に神と云物なしと知る、此心をやがて神と云也、かやうにしり悟えつれば、別に神なき故に、心がにごれどもばちをもあたらず、くるしき事なし、此悟をえずして、神といふは、ほかにおそろしき物ありと知ぬれば、すこしもとりはづせば、やがてばちをあたりてわろき也、それはよそに神と云物ありて、あつるばちにもあらず、心よりほかになき神を、おそろしき神別に有と思ふ、其玉しゐやがて神なれば、わが心のあつるばちにて有也、然共、悟をえざる人の前にては、外に有やにふるまうて、みせきかすべし、さとらぬものはそしりをいたせば、其つみうる也、……

＊3　この語と対句として出てくる「八相成道《はっそうじょうどう》」とは、降兜率《ごうとそつ》・託胎・降誕・出家・降魔《ごうま》・成道・転法輪《てんぼうりん》・入涅槃《にゅうねはん》の応身としての釈迦の一生を八段階で示すもので、誤解を恐れずに言えば、衆生を救うべく演じられた一種の演劇なのである。

＊4　本来の意味での「和光同塵」について詳しくは、渡部孝順「天台宗の和光同塵について」（『印度學佛

教學研究』四七、一九七五年）参照。

＊5　岩波文庫『沙石集』上、二四頁。

＊6　同、二五頁。

＊7　ここで「神国」という語が使われていることが興味深い。神国思想といえば、自民族中心主義的ナショナリズムの典型のようにみなされがちだが、少なくとも平安末期においては、自国に対する否定的感情こそが、神国思想の基礎となっていたのである。

＊8　新日本古典文学大系『舞の本』四四頁。

【参考文献】

伊藤聡『中世天照大神信仰の研究』（法藏館、二〇一一年）

同『神道の形成と中世神話』（吉川弘文館、二〇一六年）

今堀太逸『神祇信仰の展開と仏教』（吉川弘文館、一九九〇年）

鍛代敏雄「日本中世「正直」考――政治社会思想史の一齣」（『栃木史学』一五、二〇〇一年）

佐藤弘夫『神・仏・王権の中世』（法藏館、一九九八年）

柴田実「和光同塵――中世神道の基本観念」（『中世庶民信仰の研究』角川書店、一九六六年）

谷省吾『垂加神道の成立と展開』（国書刊行会、二〇〇一年）

辻善之助「本地垂迹説の起源について」（『史学雑誌』一八、一九〇八年）

中村生雄『日本の神と王権』（法藏館、一九九四年）

西田直二郎「神道に於ける反本地垂迹思想」（同『日本文化史論考』吉川弘文館、一九六三年）

普賢晃寿「中世真宗の神祇思想――『諸神本懐集』を中心として」（『龍谷大学仏教文化研究所紀要』一七、一九七八年）

渡辺清恵『不可解な思想家 本居宣長――その思想構造と「真心」』（岩田書院、二〇一一年）

附論I　漂着する土地・人——中世・近世神話における自国意識の屈折

はじめに

日本文化は、中国を中心とする大陸文化の多大な影響を受けて形成されてきた。中世以降、このような〈負債〉に抗して、〈神国思想〉のごとき、自国の他国に対する本来的な優越性を語る言説が起こってくる。しかし興味深いことに、往々にしてそのことは、外来的要素を〈密輸入〉することで証拠立てられていたのである。

ここではこの問題を、土地や人の漂着をめぐる中近世の神話・説話を素材に論ずる。採り上げるのは、日本（及び特定の土地）が、霊鷲山《りょうじゅせん》あるいは須弥山《しゅみせん》の一部が欠けて流れ着いたとする中世神話、日本＝蓬萊説の一展開としての楊貴妃の日本漂着の説話、呉太伯《ごたいはく》（あるいはその子孫）が日本に漂着して天皇家の始祖となったという説等である。中国文明の周辺地域で形作られたがゆえの、日本における自国意識の自尊と貶下《へんげ》の錯綜や、中国への屈折したまなざしの位相を、これらを通じて考えたい。

1　漂着する大地——出雲と日本国

中世社会の世界観・人間観・宗教観に相応するように、古代神話に新しい要素が附加、改変されたのが中世神話（中世日本紀《ちゅうせいにほんぎ》）である。[*1] 附加された要素のなかで最も重要だったのが、仏教に関するものである。仏教がインドに発し、中国を経て、日本に到達したこと、そして仏教の日本伝来が釈迦の入滅後一五〇〇年もかかったとされた〈事実〉は、日本が世界の辺境であり、そこにいる人民は仏法による救済から時間的・空間的に疎外されているという意識（粟散《ぞくさん》辺土観《へんどかん》）を生み出した。[*2] この意識は、古代以来の中国文明への劣等感と対抗意識とも混じり合い、中世神話の形成に大きな影響を与えることになる。

中世神話において、特別な聖地が外部からやってきたという由緒を記すものが幾つかある。金峯山《きんぷせん》や比叡山のように空中から飛来したとするものもあるが、[*3] 海上より漂着したとの説を立てるのが、出雲大社がある出雲半島に関する神話である。古代の『出雲国風土記』によると、八束水臣津野命《やつかみずおみつぬのみこと》という神が、出雲国を小さく作ってしまったとして、新羅、隠岐国、能登国の一部を綱にて引き寄せ、今の出雲半島ができたという。[*4]

これを「国引き神話」というが、中世にはこれが改変された新たな神話が作られた。たとえば、同じく出雲半島内にあり、出雲大社と密接な関係を有した鰐淵寺《がくえんじ》に残された文書には、「我が寺は最初、西天竺の霊鷲山の西北の隅が欠けて流れてきたのを、素戔嗚尊《すさのおのみこと》が留めなされたのである。故に山号を「浮浪山」と名づける。そして麓に大社を建てて諸神降臨の地とし、峯には社壇を構えて仏天影向《ぶってんようごう》の結界とした」と記している。[*5] 現在の出雲大社の祭神は大己貴《おおなむち》命《みこと》（大国主神《おおくにぬしのみこと》）であるが、中世では素戔嗚とするのが一般的であり、ここでも彼が土地をつなぎ止めたことになっている。
鰐淵寺のみならず、出雲大社を含む出雲周辺の寺社に残る文書類に、同様の神話が複数残されている。*6 インド、なかでも釈迦説法の霊鷲山の一部だったとすることによってこそ、日本全国の神々が集いきたる特別な場所である出雲の聖性が根拠づけられるのだという発想がここにはあるといえよう（井上一九九八、同二〇〇〇、出雲弥生の森博物館二〇一三）。

右は出雲という土地の話だったが、これを日本全土に及ぼす神話もある。日本国の開闢譚《かいびゃくたん》が、中世神話の世界で大きな転換を遂げたことはよく知られている。本来の伊弉諾《いざなぎ》・伊弉冉《いざなみの》尊《みこと》による国生み神話が、神仏習合思想や密教の影響を受けて、次のように作り替えられた。すなわち、日本開闢以前、大海の底に「大日印文《だいにちのいんもん》」があり、その上に天照大神（実は大日如来の化身）が矛を指し下ろし、したたる滴が固まって日本国ができる。それを見た第六天魔王は、この国が仏法流布の勝地となることを察知し、破壊せんと降りてくる。これに対し大神は三宝を身に近づけないことを誓約して魔王を追い返した。その結果日本国は無事になったが、その誓約を守って、伊勢神宮では仏法を忌むのである、と。

ここでいう「大日印文」とは、大日如来の種子である梵字のvamのことで、日本国（本州・九州・四国）の形とvam字の類似から発想されたものである（図附I-1）。この神話は、従来の日本辺境観を逆転させ、日本国が本来的に聖別された土地であることの根拠を起源論的に説明しようとしたもので、密教化された神国思想と評価し得るものである。ここではこれを

「大日本国」神話とよんでおこう（伊藤二〇一一）。

「大日本国」神話は多くの類話を持つが、そのなかに日本国をインドの一部が流れてきたと記すものがある。たとえば『塵滴問答《じんてきもんどう》』に記す次のような神話である。

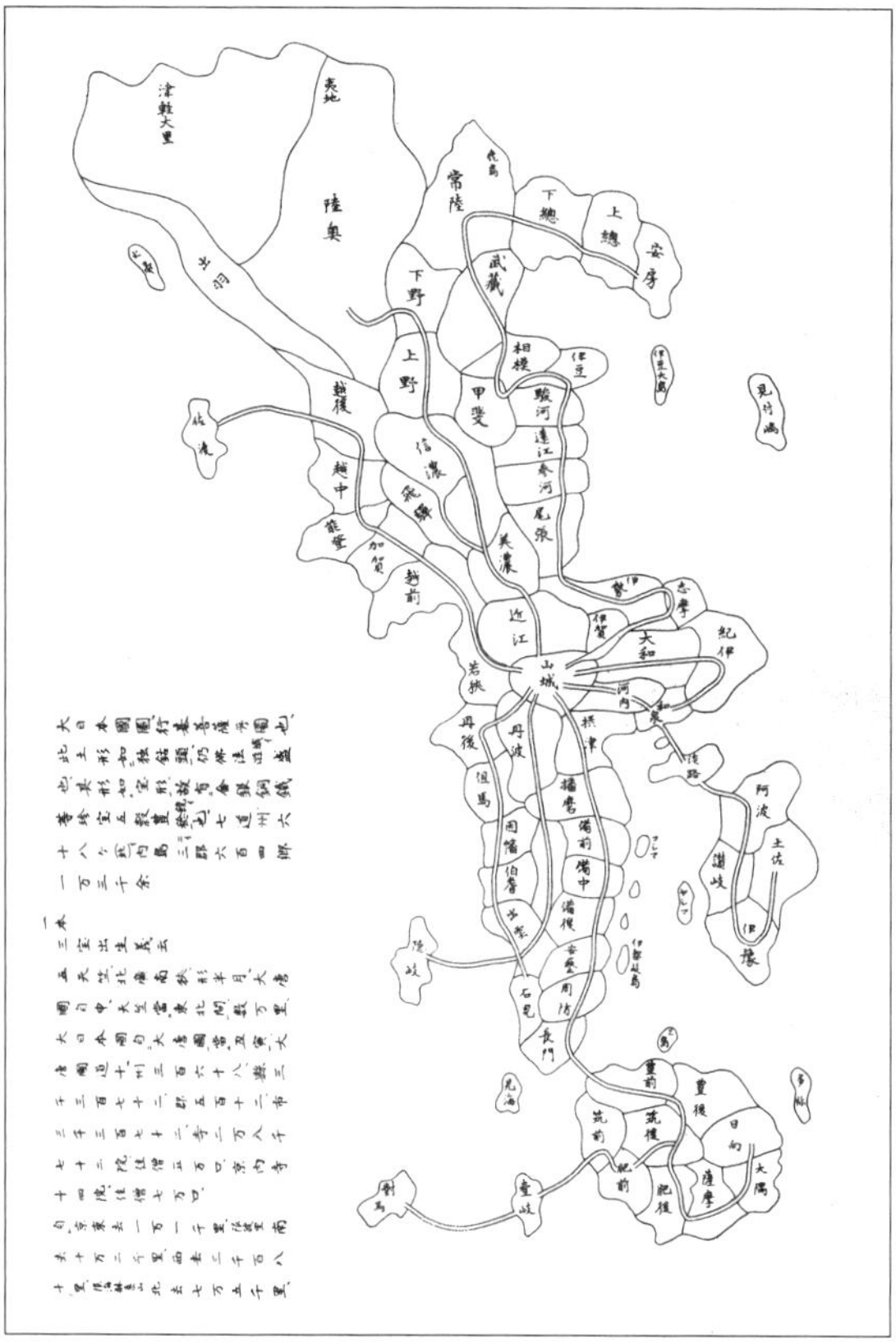

図附Ⅰ－1　日本図（『拾芥抄』）

図附Ⅰ－2　独鈷杵（唐時代、金剛峯寺蔵）

日本国は、もと天竺霊鷲山の東北の隅の密陀羅という山である。その形はvam字のようであり、また独鈷《とっこ》の形（図附Ⅰ－2）であった。まさに密教相応の地であった。太古の昔、大地大いに動き、山崩れ海を埋め、海は傾き山を浸した。樹は沈み石は浮かんで、人も家畜も住処を失い、太陽も月も光が定まらなかった。このようなことが七日七晩続いた。そのとき、密陀羅山が欠けて、海中に入った。このとき、両部大日の化身たる伊弉諾・伊弉冉の二神は、密陀羅山を我が国としたく思い、神力を以て押し動かし、ここにこぎ寄せたのである。[*7]

また、日蓮に仮託された『神祇門』には、須弥山の一部の金剛山という山を崩して、火の雨を七日降らして焼き固めたのが日本であるとの説を載せる[*8]（伊藤二〇一六）。「大日本国」神話は、中世社会における仏教の繁栄を背景として広まった仏国土＝日本という意識と、古代以来の神国思想とが結びついて生み出されたものであるが、一方、粟散辺土観（仏教的辺境意識）が払拭されたわけではなかった。そのことの影響が右のようなヴァリエーションを生み出したのである。ここでは、国土の聖性はインドの一部であることによって証明される。これは本地垂迹《ほんじすいじゃく》思想における仏―神の関係のインド―日本への応用ともいえよう。

2　日本＝蓬萊国説の変奏――徐福と楊貴妃の渡来譚

『史記』の始皇帝本紀や封禅書《ほうぜんしょ》が記すところ、不老不死の仙薬を求める始皇帝の意を受けて、斉人の徐市《じょいち》（徐福）なる者が、東の海上にある神仙の地に、童男童女数千とともに渡ろうとしたという。[*9] 後世、徐市は果たして渡航したのか、行ったのならどこに行ったのかについて、衆多の関心をよぶことになる。

諸説のなかに、日本こそが徐福が向かった蓬萊の地であるとする説が登場する（山本一九七五）。それを記すのが、九五八年に後周で成立した『義楚六帖《ぎそろくじょう》』である。その夷二一・城郭・日本国の条のなかに、日本が徐福の到達した地で、富士山こそが蓬萊山なのだと説明される。[*10] これに続くのが、欧陽脩《おうようしゅう》（一〇〇七〜七二）あるいは司馬光の作といわれる「日本刀歌」と題する七言二四句の詩である。このなかで、徐福が童子等を率いて日本に止まったこと、そのとき多くの職工を伴ったので、今に至るまで工芸技術が巧みであること、さらに徐福は幾多の書物も持ち込んだので、始皇帝の焚書坑儒によって中国では失われてしまった書物が今も多く伝えられると詠んでいる。[*11]

右のような中国における日本＝蓬萊（徐福の上陸地）説は、中国に対する文化的劣等感を抱える日本国住民の自尊心をくすぐったらしい。間もなく、その説に対応するように徐福の上陸地が日本各地に出現するのである。

そのなかでも最も早く現れるのは熊野で、鎌倉中期には徐福を祀った祠《ほこら》が建てられていたことが、弘安二年（一二七九）に来日した無学祖元（一二二六〜八六）の詩[*12]より確認できる。また、徐福の来訪は、日本の歴史叙述のなかに組み込まれる。南北朝期（一四世紀）にできた北畠《きたばたけ》親房《ちかふさ》の『神皇正統記《じんのうしょうとうき》』孝霊《こうれい》天皇四五年条には、大略次のようにある。

始皇帝は、長生不死の薬を日本に求めた。見返りに日本より五帝三皇の書物を求められたので、始皇は悉くそれを送った。その三十五年後、中国では焚書坑儒が起こり、多くの書物が失われたが、日本には、孔子のすべての聖典が残っているのである。[*13]

熊野と並んで、鎌倉時代に蓬萊に擬された地が熱田神宮である。熱田神宮は天皇位の象徴である天叢雲《あめのむらくものつるぎ》剣を祀る神社として、古代より王権との関係が深い。現在の熱田神宮は、名古屋市熱田区の市街地内にあるが、昔その地は海に突き出した台地であり、いわば海の神社であった（図附I－3）。

熱田神宮を蓬萊とする説は、鎌倉時代の縁起類に見えている。たとえば『熱田宮秘釈見聞《あつたぐうひしゃくけんもん》』には、神宮は地下に潜む金色の大亀の上に建立された蓬萊島であるとの記述がある。[*14]ただ、徐福上陸のことには触れられていない。その後の資料にも徐福について言及するものは少ない。代わって見出されるのは楊貴妃の名である（尾崎一九四四、福岡一九九二、渡瀬二〇〇五）。[*15]

楊貴妃とは唐の玄宗の妃として寵愛を受けた美女である。彼女への愛執が過ぎた玄宗は政治を怠り、それが原因で安禄山の変が起こる。衆の恨みを買った貴妃は逃避行中の馬塊で非業の死を遂げた。その彼女がここに出てくるのである。楊貴妃と熱田社とを結びつけた初見は南北朝期に編纂された天台宗の著作『渓嵐拾葉集《けいらんしゅうようしゅう》』である。同書巻六には、日本のことを「蓬莱」と呼ぶ由来について、楊貴妃とは熱田の神のことで、その墓も熱田神宮にあるとしている。[*16]

楊貴妃の名が蓬莱と結びつくのは、白居易《はくきょい》の長恨歌《ちょうごんか》を踏まえている。すなわち、楊貴妃の死を悲しんだ玄宗皇帝は、彼女の霊魂の行方を求めて、方士（呪術者）に世界中を探させた。その結果、彼女が太真という仙女に生まれ変わり、蓬莱に居住していることを知る。方士は蓬莱に至り、玄宗のメッセージを伝えるのである。

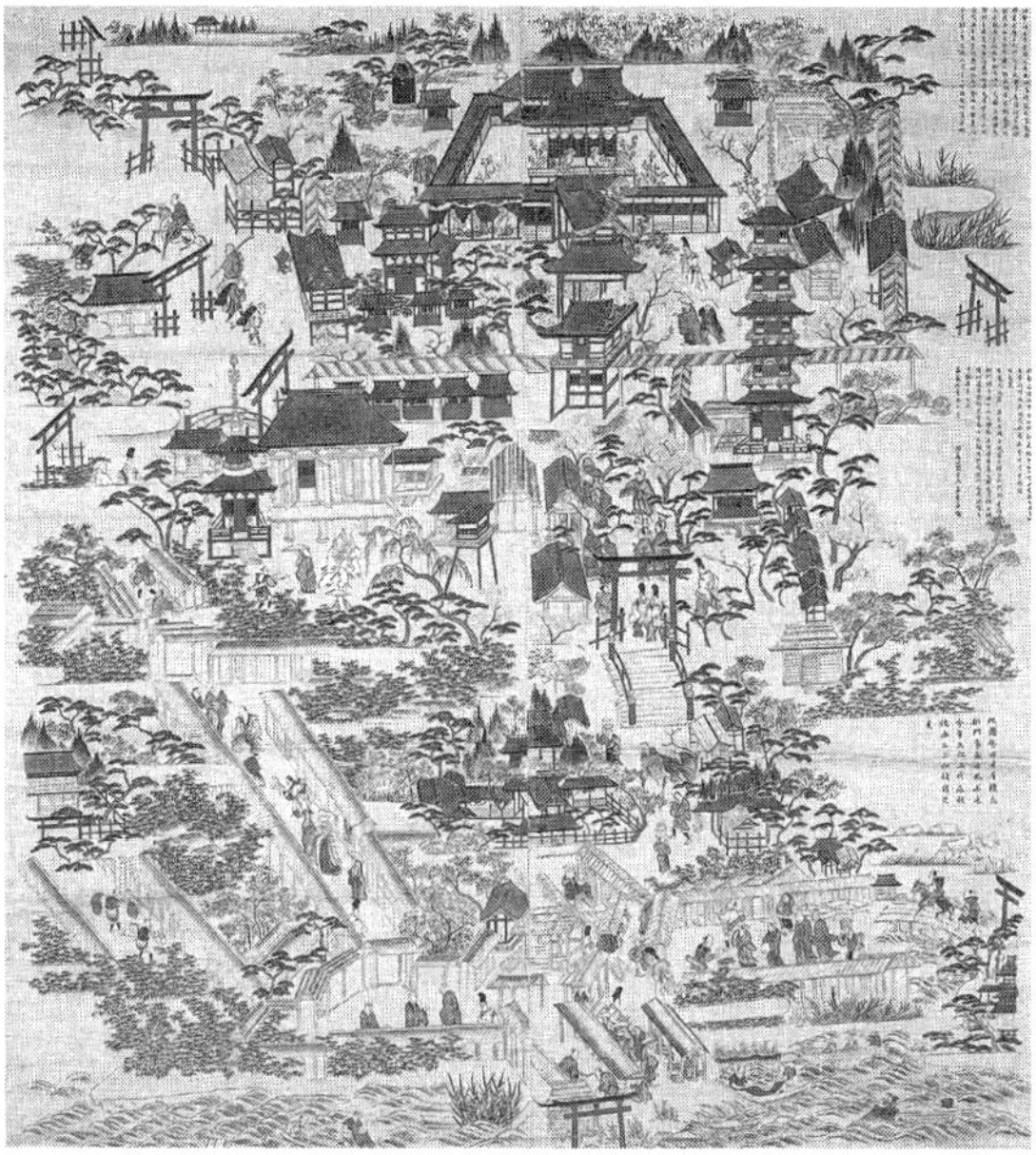

図附Ⅰ－3　熱田神宮古絵図（江戸時代、熱田神宮蔵）

この物語は白居易の詩を愛した日本の人々にもよく知られたものだったが、中世人の想像力は、楊貴妃の日本渡来譚を作り出すのである。楊貴妃の墓の存在は複数の中世の記録のなかに見出せ、[*17]少なくとも江戸時代の前期までは存在した。しかし、江戸時代の知識人はこのような中世の「虚妄」を許さず、撤去されてしまった。[*18]

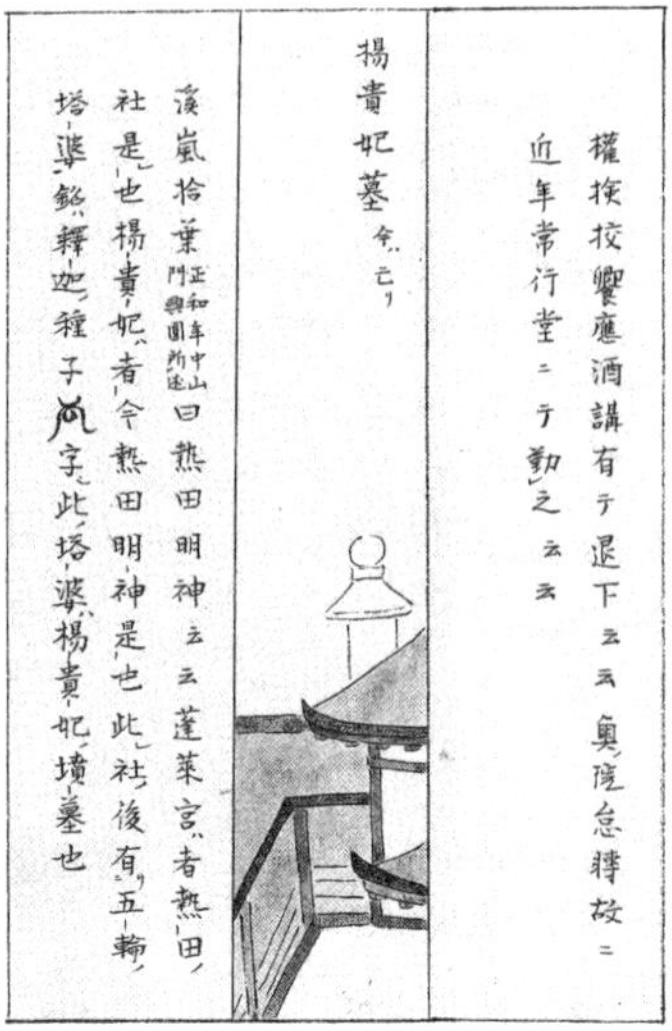

図附Ⅰ－4　楊貴妃の墓（『張州雑志』第三十九冊、蓬左文庫蔵）

熱田の神が楊貴妃へと化身した理由について、初期の文献では明確に語らないが、徐福上陸譚と同じく蓬萊＝日本譚が生み出したファンタジーとみなせよう。ところが、戦国時代以後の諸文献では、全く別の理由が掲げられる。すなわち、玄宗は日本を征服しようとの志があり、それを挫くために熱田の神が美女（楊貴妃）に化身して、玄宗の心を奪ったのである。そしてことが成就した後にまた本国へ帰還したのである、と。[*19]

かかる変化は、鎌倉時代に起こった蒙古襲来に始まる、新しい神国思想の展開と関連があろう。蒙古の襲来は、記紀の神功皇后《じんぐうこうごう》による朝鮮半島諸国の征服神話の記憶をよび覚ましたが、再生したこの神話は大幅に拡張されたものであった。[*20]『八幡愚童訓《はちまんぐどうくん》』などが記す再話では、過去に数十度もの外国の侵略があったが、そのつど神々の助力により日本は勝利を収めてきたとしている。[*21] 神功皇后の神話も蒙古襲来も、その歴史のなかに位置づけられたのである。

かくのごとき外国侵略譚は、日本の場合ほとんどが空想の産物に過ぎない。なぜなら日本は、その地理的環境ゆえに、外国からの侵略を受けることがほとんどない数少ない国のひとつなのである。しかし、そのような境遇のなかで翫《もてあそ》ばれる空想は、ある条件において、自らの侵略行為の駆動力になる。実際、一六世紀の末、豊臣秀吉は明国征服を企図して朝鮮半島を侵略する（壬辰戦争《じんしんせんそう》〔文禄・慶長の役、壬辰・丁酉倭乱〕）。このときに朝鮮に上陸した諸将が神功皇后の神話の再現として自分たちの行為を意識していたことを、彼らの当時の発言の記録より窺うことができる[*22]（伊藤二〇一六）。

楊貴妃の日本渡来譚も、このような時代意識のなかで、日本が神国たることを証明する一挿話として組み込まれることになったのである。

3　呉太伯の日本渡来譚

日本が大陸文化を移植しようとするとき、日本国の住民や風土はそれを受け入れる資質・条件を持ち合わせているかということは、常に付きまとう難問として、知識人を悩ませてきた。それに対して、古代及び中世前期の人士の多くは、本地垂迹説にその解答を求めた。劣った日本の気質に合わせて、仏菩薩がそのレベルに対応するように、神という形態を以て顕現したのだと[*23]（このことは第二章でも述べた）。また、それとは反対に、日本こそ仏法流布にふさわしい特別の土地であるという主張も、密教や天台、あるいは仏教系の神道のなかからあらわれた。このような主張は、神国思想と結びついて、中世後期に強まる。吉田神道のような、仏教から独立した神道が登場するのも、かかる趨勢の所産であった。

ところが江戸時代に入り、儒教が台頭すると、新しい問題が起こった。すなわち儒教の日本への適合性である。儒者は仏教を批判し、仏教が日本の風土民俗に合わないことを強調したが、この指摘は儒教にも当てはまるのである。

この難問を克服するものとして、注目されたのが神話である。元来儒者というものは、神話を独立したものとは認めず、史実が伝承化したものとして理解する傾向がある。そのことは江戸儒学者も同様で、『日本書紀』等が記す国生み、天孫降臨の神話の背後に歴史的事実を見ようとした。[*24] そこで注目されたのが、日本人が呉の太伯《たいはく》（周の文王の父の兄）の子孫だとする説である（村尾一九四〇、大森一九四四、同一九五五、宮崎一九六一、原二〇〇九）。

太伯（泰伯）は、父が末弟の季歴《きれき》（文王の父に当たる）に跡を継がせたがっていることを知り、ここにいては弟が承諾しないことを慮って、次弟の虞仲《ぐちゅう》とともに南の辺境へ逃げた。兄を迎えるべく使者を遣わした季歴に対し、太伯は顔に入れ墨を施して帰還を困難にしたという（『史記』周本紀、呉太伯世家）。彼は後に呉国の始祖とされるが、それとは別に太伯と日本を結びつける説があらわれる。三世紀の中国の史書『魏略』には、倭人に入れ墨の習俗があることを述べたあと、彼らが自らを太伯の子孫であると称していたと書きとどめている。[*25]

この記事はその後、複数の史書（『晋書』等）にも受け継がれるが、日本において平安・鎌倉時代までは特に注目された様子はない。初めてこれに肯定的反応を示したのは、南北朝期の禅僧、中巌円月《ちゅうがんえんげつ》（一三〇〇～七五）であった。彼は、日本の歴史を記した書を著し、そのなかで日本を太伯の後裔であると主張したが、朝廷の怒りに触れ、焼かれてしまったという（だから現存しない）。[*26] また、北畠親房は『神皇正統記』のなかで、この説に触れて「異朝の一書のなかに、「日本は呉の太伯《たいはく》が後也《のち》と云」といへり。返々《かへすがへす》あたらぬことなり。……天地神《あめつちのかみ》の御すえなれば、なにしにか代《よ》くだれる呉太伯が後にあるべき」と真っ向から否定している。[*27]

近世に入り、太伯の日本渡来譚を再び採り上げたのが、日本近世儒学の祖、林羅山《はやしらざん》（一五八三～一六五七）であった。羅山は『神武天皇論』のなかで、中巌の逸話を引きつつ、太伯の子孫が九州に到達したのを人々は「神」とみなし、高千穂峯《たかちほのみね》に神が降り立ったという神話が作られたのではないか、と推測する。[*28] これをさらに展開してみせたのが熊沢蕃山《くまざわばんざん》（一六一九～九一）で、彼は『三輪物語《みわものがたり》』のなかで、おおよそ次のようにいっている。

太伯は舟に乗って各地を漂流していたが、風に吹かれて、九州日向の浦に漂着した。聖人なので、すぐに現地の言葉を覚えた。そのころ、日本国は周辺諸国との交流もなく、山や沼川のみ多く、魑魅魍魎《ちみもうりょう》や大蛇などが人を悩まし、人々の嘆きが絶えなかった。太伯はこれを憐れみ、生贄を要求する大蛇を切り殺すと、魑魅魍魎どもも恐れて退いた。国民はその武勇を恐れ、その徳を慕った。民衆は太伯をこの国の王とも神とも崇めた。その後も子孫を以て、この国代々の主となしたのである。[*29]

羅山や蕃山は、天孫降臨とは呉太伯（あるいはその子孫）が九州に漂着した史実に基づくのを根拠づけようとしたのである。[*30]だと主張している。日本を中国と同祖であるとすることで、日本は儒学が根づくにふさわしい資質を持っていること、さらに日本が単なる東夷ではなく中国に限りなく近い存在であること

おわりに

中世・近世にいろいろと形を変えて現れる日本の優越性・固有性を語る言説は、以上述べてきたように、中国文化に対する屈折を内包しながら開示、展開されている。ただ、中世の場合は、第三項としてインドを立て、そこと習合することで中国文化を相対化しようとした。また、近世初期の儒者は、神話についての新しい解釈を提示することで、儒学の日本への適合性を起源論的に根拠づけようとした。

しかし、近世中後期に高まる日本固有論への指向は、このような主張を認めなくなった。それに代わったのが、中国文化の影響を蒙る以前、すなわち漢字が到来する前の世界の再構成だった。その試みの極北が本居宣長の『古事記伝』だったことはいうまでもない（ただ、文字の非在に耐えられない一部の者たちは、「神代文字」を創出するのである[*31]）。〈固有性〉への執着は、近代以後も日本人を呪縛していく。しかしその一方、新たに登場した西洋文明に対する〈負債〉が、新たな屈折を生み出すことになるのである。

＊1　中世神話（中世日本紀）の概要については、序章で述べた。より詳しくは、伊藤聡『神道の形成と中世神話』参照。

＊2　粟散辺土観については、石田一良「愚管抄の成立とその思想」（『東北大学文学部研究年報』一七、一九九六年）、佐々木令信「三国仏教史観と粟散辺土」（大系仏教と日本人2『国家と天皇』春秋社、一九八七年）、高木豊「鎌倉仏教における国土意識」（同『鎌倉仏教史研究』岩波書店、一九八二年）、成沢光「〈辺土小国〉の日本――中世的世界像の一側面について」（同『政治のことば――意味の歴史をめぐって』平凡社、一九八四年）参照。

＊3　『古今和歌集序聞書』（『三流抄』）には、金峯山と筑波山とが中国の五台山が欠けて飛来したとの説を載せるほか、『諸山縁起』は金峯山がインド金剛崛（霊鷲山）より飛び来ったとする。また『渓嵐拾葉集』巻六には、比叡山と天台山が霊鷲山の艮の角が欠けて飛来したとの説を載せる。詳しくは、阪口光太郎「『塵滴問答』と『神道雑々集』」（『東洋大学大学院紀要』二六、一九八九年）参照。

＊4　原文は日本古典文学大系『風土記』九九〜一〇三頁。

＊5　元亀年間（一五七〇〜七三）の年紀を持つ鰐淵寺蔵「鰐淵寺僧某書状断簡」（『大社町史』上巻、四三二頁）より取意。鰐淵寺のある出雲半島が霊鷲山の一部が欠けて流れてきたとの説は、既に建長六年（一二五四）『鰐淵寺衆徒等勧進状案』のなかに見え、成立は鎌倉時代に遡る。

＊6　出雲弥生の森博物館『〔特別展〕もうひとつの出雲神話――中世の鰐淵寺と出雲大社』（出雲弥生の森博物館、二〇一三年）四〜七頁。

＊7　『続群書類従』三二上、二〇三頁。

＊8　『昭和定本日蓮遺文』三、二〇二七頁。

＊9　たとえば、始皇帝本紀二八年（前二一九年）条には「既已《すで》に、斉人徐市ら上書し、海中に三神山あり

と言ふ。名を蓬萊・方丈・瀛洲と曰ひ、僊人ここに居す。身を清めて童男女と与に之を求むることを得ん、と。是に於いて徐市をして童男女数千人を発し、海に入りて僊人を求めしむ」とある。

*10 「日本国〔亦ハ名ク二倭国ト一。東海ノ中、秦ノ時、徐福将テ二五百ノ童男・五百ノ童女ヲ一、止ル二此国ニ一也。……又東北千余里ニ有リレ山、名ク二富士ト一。亦名ク二蓬来ト一。……徐福止ル レ此。謂二蓬萊ト一。至テレ今子孫皆曰二秦氏ト一……〕」（古典叢刊之二『義楚六帖』〔寛文九年和刻本〕朋友書店、一九七五年、四五九頁）

*11 「……其先徐福詐秦民、採薬淹留丱童老。百工五種与之居、至今器玩皆精巧。前朝貢献屢往来、士人往往工詞藻。徐福行時書未焚、逸書百篇今尚存」（其の先、徐福、秦の民を詐かり、薬を採ると淹留して、丱童《かんどう》、老いたり。百工五種、之と与に居り、今に至るまで器玩は皆精巧。前朝に貢献して屢《しばしば》往来し、士人往往、詞藻に工《たくみ》なり。徐福行く時、書未だ焚《やか》ざれば、逸書百篇、今尚お存す）とある（『欧陽脩詩文集校箋』外集四、一三六九～七〇頁）。

*12 無学祖元『仏光国師語録』巻八「献香於紀州熊野霊祠」に「先生採薬未曽回　故国関河幾塵埃　今日一香聊寄遠　老僧亦為避秦来」（先生薬を採りて未だ曽て回らず　故国の関河幾塵埃　今日一香聊か遠きに寄す　老僧亦た秦を避けて来ると為す）とある（『大正新修大蔵経』八〇、二二三頁a）

*13 日本古典文学大系『神皇正統記　増鏡』七一頁。

*14 真福寺善本叢刊『中世日本紀集』三五八頁。

*15 日本におけるその他の楊貴妃伝承については、関靖「楊貴妃の珠簾」（関『かねさは物語』横浜土地新報社、一九三八年）、近藤春雄『長恨歌・琵琶行の研究』（明治書院、一九八一年）、石川透「白楽天・楊貴妃説話の生成」（同『室町物語と古注釈』三弥井書店、二〇〇二年）参照。

*16 「問ふ。我が国を以て蓬萊宮と習ふ方如何。答ふ。唐の玄宗皇帝、楊貴妃と共に蓬萊宮に至る。其の蓬萊宮とは、我が国今の熱田の明神是なり。此の社檀の後に五輪の塔婆有り。五輪の銘には、釈迦の種子 bhah 字を書きたり。此の塔婆は楊貴妃の墳墓なりと、熱田の神儀に見えたり」（原漢文『大正新修大蔵経』七六、五一八頁）。

*17 『諸国一見聖物語』（至徳四年〔一三八七〕成立、京都大学国語国文資料叢書『諸国一見聖物語』臨川

書店、一七～一八頁）、惟肖得巌（一三六〇～一四三七）『東海瓊華集』3「蓬萊小隠詩序」（『五山文学新集』2、東京大学出版会、七九〇頁）、万里集九（一四二八～？）『梅花無尽蔵』2（『続群書類従』一二下、八一七頁）等に見える。

＊18 寛政元年（一七八九）に完成した、尾張の地誌『張州雑志』第三九冊には、五輪塔風の楊貴妃の墓の絵図を載せているが（図附Ⅰ‐4）「楊貴妃墓　今ハ亡リ」とあって、このころには既に失われたことが分かる（熱田神宮史料『張州雑志抄』〈熱田神宮宮庁、一九六九年、三三三頁〉）。

＊19 初出は、大永三年（一五二三）成立の『雲州樋河上天淵記』で、「……又四十六代孝謙天皇の間、李唐玄宗、権威を募らせ、日本を取らんと欲す。時に日本大小の神祇評議し給ひ、熱田神を以て請ひ給ひ、楊家に生まれ代りて楊妃と為り、日本奪取の志を醒まし給ふ。（原漢文）」（『群書類従』二、四五三頁）とある。他に、清原宣賢（一四七五～一五五〇）『長恨歌・琵琶行抄』（國田百合子編『長恨歌・琵琶行抄』武蔵野書店、一九七六年、一七七頁）、『謡抄』（安土桃山時代）「楊貴妃」条（古活字版『謡抄』守清本、法政大学鴻山文庫）等に同様の記述が見える。さらに近世の撰述である『長恨歌図抄』（延宝五年〈一六七七〉刊）巻四には熱田明神が楊貴妃、住吉明神が安禄山、熊野権現が楊国忠の化身であるとの説を載せる（国会図書館蔵本、一九～二〇頁）。

＊20 中世近世の神功皇后説話の変遷については、久保田収「中世における神功皇后観」（神功皇后論文集刊行会編『神功皇后』皇學館大学出版部、一九七二年）、多田圭子「中世における神功皇后像の展開――縁起から『太平記』へ」（『目白国文』三一、一九九一年）、塚本明「神功皇后伝説と近世日本の朝鮮観」（『史林』七九‐六、一九九六年）等参照。

＊21 日本思想大系『寺社縁起』（岩波書店、一九七五年）一七〇頁。

＊22 たとえば、下川兵大夫『清正高麗陣覚書』には、加藤清正の発言として、「古より神功皇后・応神天皇以来、三韓より日本江御貢を備へ候ども、近代は左様の手筋も取り失ひ之れ無き候間、八幡太郎御吊〔弔〕に当られ、高麗江御人数遣わせ候はゞ、清正が先手をうけ給ひ、高麗王をとらへ、日本江御貢納させ申すべく候」とある（北島万次『豊臣秀吉の朝鮮侵略』吉川弘文館、一九九五年、五六～六

一頁）。

＊23 より詳しくは、佐藤弘夫『神・仏・王権の中世』（法藏館、一九九八年）参照。三二六～三二八頁。

＊24 近世の神話観の概要については、荻原千鶴「近世の〈日本神話〉研究」（同『日本古代の神話と文学』塙書房、一九九八年）参照。

＊25 『魏略』は逸書だが、該当の文は『翰苑』倭国条に引用されて残る。『魏志』倭人伝とほぼ同文だが、倭人伝には「自ら太伯の後と謂ふ」のくだりがない。

＊26 桃源瑞仙（一四三〇～八九）『史記抄』巻九「呉太伯世家」に、「中岩ノ日本紀ヲ作ラレタニ、日本ハ呉太伯カ後裔ナリト云説ヲ云テ、破ラレテ、不行二于世一ソ」（抄物資料集成1『史記抄』〔清文堂、一九七一年〕二七三頁）とある。

＊27 日本古典文学大系『神皇正統記　増鏡』七九～八〇頁。

＊28 「其ノ子孫来ニル于筑紫一ニ。想フニ必ス時ノ人、以テ為レン神」（『林羅山文集』巻第二五・論下）

＊29 『神道叢説』（国書刊行会、一九一一年）五二～五三頁。

＊30 『神道叢説』所収本に基づく。なお、呉太伯説話について、興味深い説を唱えているのが藤貞幹（一七三二～九七）である。彼はその著『衝口発』（天明元年〔一七八一〕刊）のなかで、神武天皇が葺不合尊の子ではなく、呉太伯の子孫で、奄美大島に渡り、島の娘である玉依姫に生ませたのが神武天皇であったとしている。詳しくは、拙稿「近世の琉球研究――白石から信友まで」（『国文学解釈と鑑賞』七一 - 一〇、二〇〇六年）参照。

＊31 神代文字の概要については、宮崎小八郎『神代の文字』（霞ヶ関書房、一九四二年〔再版一九七四年〕）、山田孝雄「所謂神代文字の論」（『藝林』四 - 一三、一九五三年）参照。近年の研究として、清水豊「平田篤胤の神代文字論」（『神道宗教』一三六、一九八九年）、山下久夫「平田篤胤「神代文字」論の主題――生成する〈古代〉像へ」（『金沢学院大学文学部紀要』五、二〇〇〇年）、岩根卓史「〈神代文字〉の構想とその論理――平田篤胤の《コトバ》をめぐる思考」（『次世代人文社会研究』四、二〇〇八年）等がある。

【参考文献】

熱田神宮『〔秋季企画展〕熱田神宮の伝説と名所』（熱田神宮宮庁、二〇一四年）
出雲弥生の森博物館『〔特別展〕もうひとつの出雲神話――中世の鰐淵寺と出雲大社』（出雲弥生の森博物館、二〇一三年）
伊藤聡『中世天照大神信仰の研究』（法藏館、二〇一一年）
同『神道の形成と中世神話』（吉川弘文館、二〇一六年）
井上寛司「中世の出雲神話と中世日本紀」（大阪大学文学部日本史研究室創立50周年記念論文集上巻『古代中世の社会と国家』清文堂出版、一九九八年）
同「『出雲神話』における古代と中世――スサノヲ論を中心に」（『出雲古代史研究』一〇、二〇〇〇年）
大森志朗「呉の太伯後裔説」（同『上代日本と支那思想』拓文堂、一九四四年）
同『魏志倭人伝の研究』（宝文館、一九五五年）
尾崎久弥「楊貴妃。蓬が島。守り本尊」（同『熱田神宮史料考』三宝書院、一九四四年）
近藤春雄『長恨歌・琵琶行の研究』（明治書院、一九八一年）
原克昭「〝焚書〟された「日本紀」――〈呉太伯後裔説〉続貂」（『日本文学』五八‐七、二〇〇九年）
福岡猛志「熱田社とその信仰――海の信仰を中心として」（海と列島文化第8巻『伊勢と熊野の海』小学館、一九九二年）
宮崎道生「林家と水戸と白石――太伯国祖論をめぐる三史学の立場」（『日本歴史』一五七、一九六一年）
村尾次郎「呉太伯研究――北畠親房公と中巌円月」（『建武』五‐五、一九四〇年）
山本紀綱『徐福：東来伝説考』（謙光社、一九七五年）
渡瀬淳子「熱田の楊貴妃伝説――曽我物語巻二『玄宗皇帝の事』を端緒として」（『日本文学』五四‐一二、二〇〇五年）

第三章　中世の天照大神信仰——太陽神イメージの変容

はじめに

天照大神（アマテラス）は、古代王権の形成過程において、太陽＝日神を以て皇祖神に擬することにより成立した神格である。その太陽神的イメージが、中世の神仏習合的信仰世界においてどのように変容していったかを明らかにするのが本章のテーマである。

中世における天照大神像は、古代の太陽の女神・皇祖神としての性格をそのまま受け継いだものではなかった。むしろ、そこに収斂し得ない要素を抱え込んでいたことが、近年の研究によって明らかになりつつある（斎藤一九九六、斎藤〔編〕一九九六、佐藤二〇〇〇、伊藤二〇〇一

図３－１　男神としての天照大神（「地神五代図」持聖院蔵）

図３－２　馬上の天照大神（『麗気記』南北朝時代写、真福寺宝生院蔵）

一）。

たとえば、中世においては天照大神が女神であること自体、必ずしも自明なことではなく、男神とみなされ、束帯姿の肖像が描かれる例もあった（図3－1）。また、龍蛇の姿をした女神とみなされたりもした。[*1] 珍しい例では、両性具有者とする説もある。[*2] 本書でしばしば言及する『麗気記』では、馬に乗った天照大神の図を載せる[*3]（図3－2）。

このように多様化するイメージのなかで、太陽神としての要素は属性の一部を成すに過ぎなくなったといえる。とはいえ、太陽神的性格は中世の天照大神像のそこここに現れ、その信仰の展開に影響を及ぼしていたことも事実である。本章はかかる点に注目し、天照大神と習合した大日如来・観音菩薩・愛染明王を特に採り上げ、考察をめぐらすものである。

1　大日如来と天照大神

天照大神と習合する仏菩薩として第一に挙げるべきは、やはり大日如来（摩訶毘盧遮那仏《まかびるしゃなぶつ》陀《だ》）である（久保田一九七三、富島二〇〇七）。「毘盧遮那」（Vairocana）とは太陽を意味する語である。初期大乗仏典である『華厳経《けごんきょう》』（正式名「大方行仏華厳経《だいほうこうぶつけごんきょう》」）には、この名を冠した毘盧遮那仏（盧舎那仏）が登場する。[*4] 太陽の光のように遍《あまね》く衆生に功徳を施す仏の意味である。密教はこれを取り込んで、真理そのものの人格化（法身）とし、摩訶毘盧遮那仏陀と呼んだ。

「摩訶」（mahā）とは、大・多・勝の意、「摩訶毘盧遮」の意を取って訳せば「大日如来」である。

天照大神と大日如来との習合は、東密小野《おの》[5]流の成尊《せいぞん》（第一章参照）が、康平《こうへい》三年（一〇六〇）に撰述した『真言付法纂要抄《しんごんふほうさんようしょう》』[6]を先蹤《せんしょう》とし、その後、東大寺大仏（毘盧遮那仏）＝大日如来＝天照大神を説く諸兄参宮譚《もろえさんぐうたん》（『太神宮諸雑事記《だいじんぐうしょぞうじき》』『東大寺要録』）が成立する。[7]これらの立説の基底にあったのが、天照大神が太陽神であることである。『纂要抄』には、

　昔威光菩薩［摩利支天、即大日化身なり］、常に日宮に居し、阿修羅王の難を除けり。今遍照金剛として、鎮《とこしな》へに日域に住し、金輪聖王の福を増す。神には天照尊と号し、刹《くに》には大日本国と名づく。[8]

とあり、大日如来の化身である威光菩薩（摩利支天）[9]と、天照大神とが太陽を媒介として関連づけられる。そして、諸兄参宮譚でも、天照大神の夢告として「日輪は大日如来なり。本地は盧舎那仏（毘盧遮那仏）なり」と見える。

東大寺大仏＝大日如来＝天照大神説が周知されるにしたがい、僧侶による伊勢神宮参詣がブームとなった。そのきっかけとなった一大イベントが、東大寺再建祈願を目的に行われた文治《ぶんじ》二年（一一八六）の大勧進重源《ちょうげん》と東大寺衆徒による伊勢参宮と大般若経供養である（詳しくは第五章参照）。参宮する僧徒たちの内では、伊勢神宮が天照大神を祀る内宮（皇大神宮）と豊受大神を祀る外宮（豊受大神宮）から成ることと密教の胎金曼荼羅《たいこんまんだら》思想が結びつけられ、内外両

宮を胎蔵界大日、金剛界大日に配当する理解が拡がっていった。
このことに伴い、天照大神を太陽と関連づけるのに対応して、豊受大神を月に配するようになった。それを示す最も早い例が、重源や東大寺衆徒等の参宮に前後して登場した行基《ぎょうき》参宮譚である。これは諸兄の参宮に続いて、天照大神の意向を確かめるべく行基をあらためて参宮させたという説話で、彼は仏舎利《ぶっしゃり》を奉じて神前に伺候し、七日七夜の後、

実相真如の日輪は、生死長夜の闇を明し、本有常住の月輪は、無明煩悩の雲を掃ふ。我れ遇ひ難き大願に遇ふこと、闇夜に灯を得るがごとし。亦た受け難き宝珠を受くこと、海を度《わた》るに船を得るがごとし。

という夢告を得たという。[*10]
句中の「日輪」「月輪」は、一見すると、おのおの「実相真如《じっそうしんにょ》」(究極的なる真実)、「本有常住《ほんぬじょうじゅう》」(本源的に不変なるもの)の比喩的表現に過ぎないように見える。しかし、この夢告を記す初見である最初期の両部神道書『中臣祓訓解《なかとみのはらえくんげ》』[*11](建久年間成立)には、「伊勢大神託」として右の夢告の偈《げ》を引いたあと「日輪則ち天照皇大神、月輪則ち豊受皇大神。両部不二なり「胎蔵界大日の教令輪身、不動。金剛界大日の教令輪身、降三世」[*12]」と注記されている。このことより、日月輪とは単なる修辞ではなく、天照(皇)大神=胎蔵界大日・豊受(皇)大神=金剛界大日を含意するものとして、当初から理解されていたことが分かる。『中臣祓訓解』と関係の深い『三角柏伝記《みつのかしわでんき》』にも「内宮天照坐大日霊貴《あまてらすますおおひるめのむち》、名づけて日天子《にってんし》と曰ふ。外宮天照坐豊受大神《あまてらすますとゆけのおおかみ》、

名づけて月天子と曰ふ」[13]と見えるが、これも同様の理解の所産である。

さらに『中臣祓訓解』ではまた別の箇所に、

神は是れ天然不動の理、即ち法性神なり。故に虚空神を以て実相と為し、大元尊神と名づく。所現を照皇天《しょうこうてん》と曰ふ。日と為り月と為り、永く懸りて落ちず、神と為り皇と為り、常に以て不変なり。[14]

とあり、日・月とも大元尊神＝照皇天（天照大神）の化現《けげん》として把握されている。

右のくだりは、同書の影響を受けた両部・伊勢神道書に引き継がれ、天照と豊受を各々日・月に配当させるようになった。たとえば、両部神道書である『麗気記』天地麗気記では、

此の時、御気都神《みけつのかみ》（豊受大神のこと）と尸棄《しき》光天女（天照大神の異称）と、同じ会《ふすま》の中に交《ましまし》て、上下の法性を立てて、下々来々《げけらいらい》し給ふ。……神宝日出るの時、二神《ふたはしら》の大神、予結幽契《みとのまぐはひ》して、永く天下を治めんとして言宣く、肆《まこと》に或は日と為り月と為り、永く大空に懸りて落ちず。一四天下と無量梵摩尼殿とを照らしてより以降《このかた》、正覚正知を建て、真如の智を成し、三界を建立す。[15]

とあり、伊勢神道の『倭姫命世記《やまとひめのみことせいき》』には、

天地開闢之初《あめつちひらけしはじめ》、神宝日出《かむたからいでます》の時、御饌都神《みけつの》と大日孁貴《おほひるめむち》と、予め幽契《かくれたるちぎり》を結び、永《ひたぶる》に天下を治め、言寿宣《ことほぎのり》たまふ。肆《かかるがゆへ》に、或は月と為り日と為り、永く懸りて落ちず。或は神と為り皇《すべらぎ》と為り、常《とこ》に以て窮り無し。光華明彩《くわうくわめいさい》と、六合《くに》の内を照徹《あきらか》にして、以降《このかた》……[16]

と見える。

ここでは、天照と豊受が「幽れたる契」を結びながら、下界に降臨したとのヴィジョンが語られている。その表現である「予結幽契」が「みとのまぐはひ」と訓ぜられていることから分かるように、伊弉諾尊《いざなぎのみこと》・伊弉冉尊《いざなみのみこと》の「遘合《みとのまぐはひ》」のモチーフ（磤馭盧島《おのごろ》に降り立った両神が為した交接行為）を踏まえていることは明らかで、諾冉二神もまた、天照・豊受の化身と見立てられているのである。ただし記紀での「遘合」が国土創成（国生み）の物語となっているのに対し、神道書のそれは日・月の創造（あるいはそれらへの変身）として語られていることが注意される。また、『倭姫命世記』の別の箇所には、倭姫命が内宮遷座の折に、朝熊《あさま》川と五十鈴《いすず》川の合流点に止め置いた神宝が「伊弉諾伊弉冉尊の捧持する白銅鏡二面」で、「日神・月神所化之鏡[*17]」であるとしている。

以上のように、中世の伊勢神宮をめぐる言説では、内外両宮＝胎金両界曼荼羅観に付随する形で日・月が両宮に配された。天照大神が太陽に関連づけられるのは根拠あることだが、豊受大神自体は月と結びつく性格は本来ない。しかも、内外宮には別宮として月読宮・月夜見宮がある。あくまで神道説からの要請として配当されたものといえよう。

2　観音＝日天子信仰と天照大神

天照大神と諸仏菩薩との習合信仰において、大日如来に先行したのが観音菩薩である。早くは一一世紀初頭には、天照大神を救世《ぐぜ》観音とみる信仰が確認できる。[*18] ではなぜ、観音菩薩と天照大神がいち早く習合したのだろうか。観音の持つ女性的属性が両者を結びつけたとも見えるが、前述のごとく天照大神が女神たることは周知のことではなかった。あるいは、後で述べる宮中の二間《ふたま》観音と内侍所《ないしどころ》との結びつきに由来するとも考えられるが、時代的にはむしろこちらが先行している。やはり、観音の場合も、太陽と結びつける解釈が関係していよう。

観音菩薩は、旧訳のひとつに「光世音《こうぜおん》」（竺法護《じくほうご》『正法華経《しょうほっけきょう》』）とあるごとく、光明とも関連づけられる尊格である。その功徳が太陽の光に喩えられていることは、成仏の後の宝号を「遍出一切光明功徳山王如来」（『悲華経《ひけきょう》』巻三）、「普光功徳山王如来」（『観世音菩薩授記経《かんぜおんぼさつじゅききょう》』）とすることや、『法華経』普門品《ふもんぼん》の観音を称える偈頌《げじゅ》に「無垢清浄の光ある、慧日《えにち》は諸の暗を破り、能く災の風と火を伏して普ねく明に世間を照らすなり」とあることからも知り得る。

このことから、観音を太陽の化身とする理解が生まれた。その最初期としては『法華経』序《じょ》品《ほん》に釈迦の説法の聴衆のひとりとして出てくる「宝光天子《ほうこうてんし》」についての解釈である。六朝隋《りくちょうずい》唐《とう》の『法華経』の注釈書（『法華文句《ほっけもんぐ》』『法華義疏《ほっけぎしょ》』『法華経玄賛《ほっけきょうげんざん》』）では、これは「日天子」（太陽）のことで「観世音の応作」（化身したもの）と釈する（その対で勢至菩薩を月天子とする）。

この観音＝日天子説に注目しているのが、六朝期に製作された『須弥四域経《しゅみしいききょう》』『天地本起経』などの偽経類である。[*19]これらの全文は失われ、諸書に一部が引用されて残るのみだが、[*20]そのなかに大略次のような話が引かれる。すなわち、天地初発のとき、未だ日・月・星辰なく、人民は苦しんでいた。それを哀れんだ阿弥陀如来は（宝）応声菩薩、（宝）吉祥菩薩を地上に派遣した。二菩薩は相談して、応声が太陽を、吉祥が月を作った、とある。この二菩薩について『天地本起経』では、応声が観音、吉祥が勢至《せいし》であると記されており、『須弥四域経』を引く日本の文献にも二菩薩が観音・勢至の異称であると注記されている（『百座法談聞書抄《ひゃくざほうだんききがきしょう》』）。[*21]

さて、天照大神を以て観音とする説は、その後も伊勢神宮の周辺で伝えられる。『古事談』には、神宮祭主永頼が天照大神の本地を観音と感得して蓮台寺という寺院を建立した説話を載せ（巻五‐五一）、また通海《つうかい》『大神宮参詣記《だいじんぐうさんけいき》』下には、神宮の本地が十一面観音であるのに因み、右の蓮台寺や荒木田氏の菩提寺たる田宮寺の本尊は十一面観音だったと述べる。[*22]一方、宮中においても定着する。三種神器のひとつで天照大神の形代《かたしろ》とされる神鏡《しんきょう》（八咫鏡《やたのかがみ》）と、天皇の念持仏である二間観音との習合である（伊藤二〇一二）。[*23]

天孫降臨のとき天照大神より皇御孫《すめみま》尊（瓊々杵尊《ににぎのみこと》）に賜ったとされる神鏡は、崇神《すじん》天皇のとき宮中を離れ、諸国遍歴の後、垂仁《すいにん》天皇二六年に、五十鈴川川上の地に鎮座したという。すなわち伊勢神宮（内宮）の鎮座伝承である（『日本書紀』同条、『古事記』には記載なし）。ところが奇妙なことに、その複製というべき同様の神鏡が、宮中にその後も存在し続けていた。ただ他の宝器類とともに温明殿《うんめいでん》（紫宸殿《ししんでん》の東北にある殿舎）に納められて、保管されていたに過ぎなかった（大石一九七五）。

村上天皇の天徳四年（九六〇）、内裏が焼亡した。多くの宝器が焼けてしまったなか、この神鏡のみ破損しなかったといわれ（自ら飛び出したという）[*24]、その霊威が次第に喧伝されるようになる。結局のところ、後の寛弘二年（一〇〇五）一一月、長久元年（一〇四〇）九月の内裏の火災でこの神鏡も罹災してしまうのであるが、いったん始まった神聖視はむしろ強まっていき、その保管所の呼称であった内侍所（温明殿にある）が神鏡自体を指すようになった（宮地一九四九、所一九六九、阿部一九八九、斎藤一九九六）。

一方の二間観音だが、「二間」とは、内裏の清涼殿《せいりょうでん》（天皇が日常生活を送る御殿）の夜御殿《よるのおとど》（天皇の寝所）の東隣にある空間を指す。ここは蔵人《くろうど》が詰め、東寺・山門・寺門出身の護持僧[*25]が夜居《よい》して祈禱を行う場だった。ここにはまた観音像が安置され、毎月一八日に観音供養の法会（観音供《かんのんぐ》）が行われた。この観音供はもと仁寿殿《じじゅうでん》（清涼殿の東の殿舎）で行われていたが、承暦四年（一〇八〇）二月の同殿焼失後、永長元年（一〇九六）正月に二間において再開され、二間観音供と称されるようになったのである（内田一九一六、和田一九二六、長谷一九三三、湯之上二〇〇一、水上二〇〇八、斎木二〇一〇）。宮中にあった最後の二間観音は、現在天皇家とゆかりの深い泉涌寺に伝えられている（図3-3）。

神鏡と二間観音が結びつけられるようになるのは、一二世紀以後のことである。かかる解釈を最初に行ったのが東寺方（真言宗）である。堀河天皇（一〇七九～一一〇七）の護持僧だった勝覚《しょうかく》（一〇五七～一一二九）の記した『伝授記』なる書（一一一五年成立）に次のように見える（現代文に訳す）。

相承された秘密の口伝によると、聖観音を「日天子」（太陽）と「真陀摩尼尊」（如意宝珠）とに結びつけることは宗門の重大秘事である。「摩尼尊」とは如意輪観音のことを指す。（中略）弘法大師は日・月を指して「宝玉」と解釈した。「宝玉」とはすなわち如意輪観音のことである。如意輪はすべての観音に通ずるのである。それは宝部の主尊だからで

図３－３　二間観音（聖観音菩薩立像、江戸時代、御寺泉涌寺）

ある。[26] だからこの日の光に当たる人は、永劫の昔から蓄積していた罪障も消滅して、「本有の心蓮」（自分が本来覚りの境地にあることを示す心内の蓮華）が花開くのである。だから、観音に向かって太陽と同体と観じ、金輪聖王（＝天皇）の無事を祈願するのである。太陽とはすなわち「天照大神大神宮」であり、大神宮と内侍所と天照尊は同体異名である。天照尊とは日天子のことで、本地は大日如来、大日如来は日輪・月輪でもある。[27]

二間観音の本尊については、聖観音・十一面・如意輪説が併存するが、ここでは如意宝珠信仰を媒介として観音と内侍所を結びつけるべく、如意輪観音説が採られ、如意宝珠・如意輪観音・日輪・天照大神・内侍所・日天子・大日如来の同体が説かれるのである。

大日＝天照大神説が一般化した後も、観音＝天照大神説はさまざまな観音信仰に組み込まれて展開する。たとえば長谷観音との関わりである。大和国泊瀬《はつせ》（長谷）の地（奈良県桜井市初瀬町）は古くから伊勢神宮との関係を持ち、既に天武天皇のとき、斎王大来皇女《おおくのひめみこ》が神宮に向かうに際し、泊瀬に斎宮を建てて潔斎して翌年伊勢に向かったことが述べられている（『日本書紀』天武二年四月条）。奈良朝に同地に徳道《とくどう》上人によって建立された長谷寺の本尊は十一面観音であるが、これが本地《ほんじ》垂迹《すいじゃく》説の進展の過程で、天照大神との習合が説かれるようになってくるのである（伊藤二〇一一）。

『長谷寺密奏記』等によると、長谷寺開基の徳道上人が伊勢神宮に参籠したとき、

我本秘密大日尊　大日日輪観世音　観音応化日天子

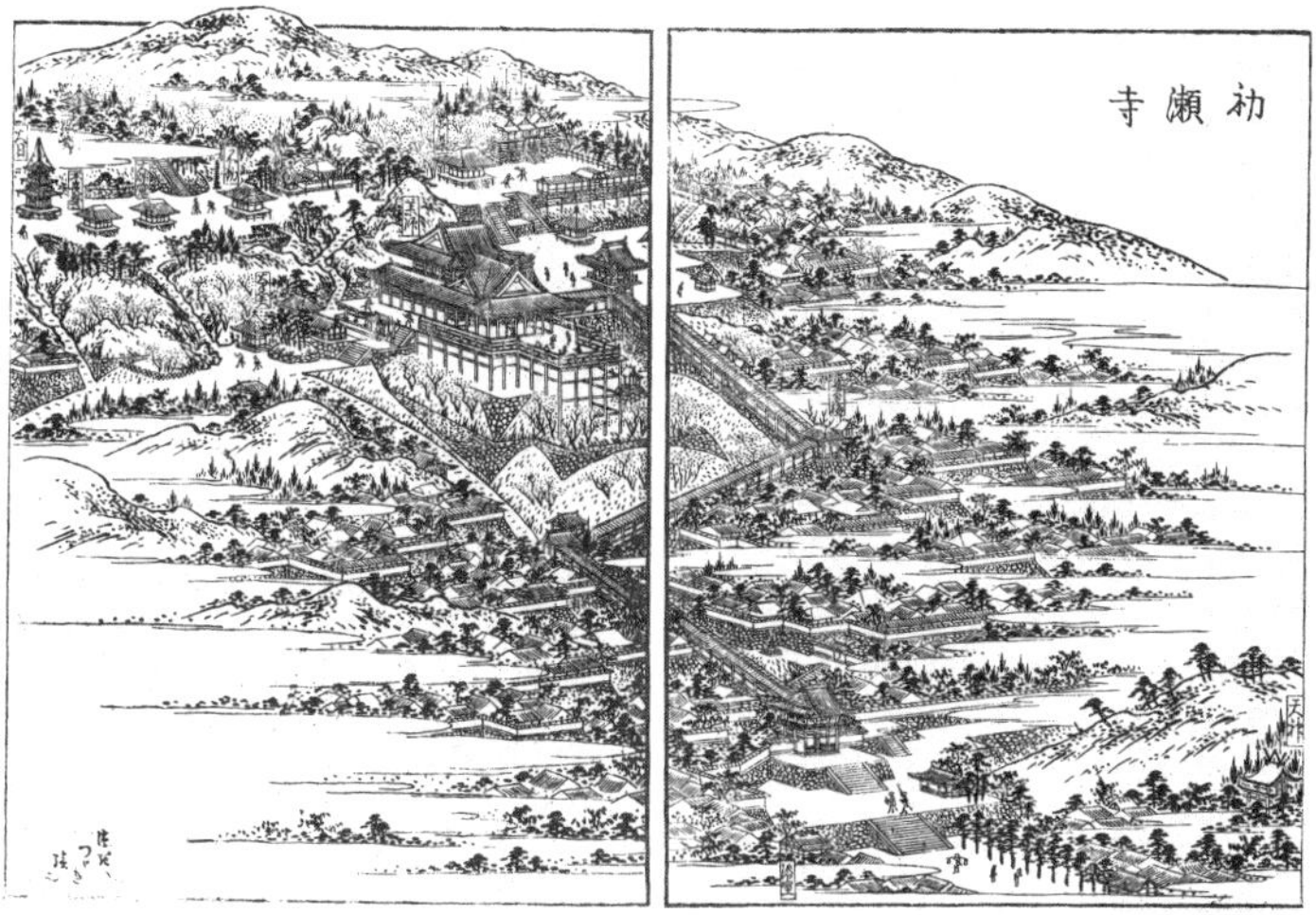

図3－4　長谷寺（『大和名所図会』巻之四）

日天権跡名日神　此界能救大悲心　所以示現観世音

（我れ本秘密大日尊なり。大日は日輪観世音なり。観音の応化は日天子なり。日天の権跡を日神と名づく。此の界を能く救ふは大悲心なり。所以に観世音と示現す）

の六句七言偈の夢告を得たという説話が作られる（伊藤二〇一一、阿部二〇〇二）。右の偈《げ》句《く》が説かんとしているのは、大日如来を本地とする天照大神が、観音として示現する理由である。すなわち、大日の化身たる観音は、日天子（太陽）であり、神としては日神（天照）である。それが慈悲心を以て衆生を救わんとするとき観音として現れる、というのである。

なぜ大日があえて観音として化現するかというと、観音という菩薩はとっくの昔に仏になっているはずの存在なのだが、苦しむ衆生を済度するために、成仏を留保してこの娑婆世界に留まっている（菩薩も衆生のひとつなので当然娑婆を住処とする）と考えられていたからである。[*28] 衆生救済のために至高の存在たる大日が、観音として現れたのが長谷観音だというわけである。

また、室生山をめぐる信仰の一環として、空海が同山に埋納したとされる宝珠（奥砂本尊）と室生寺の本尊たる十一面観音と、天照大神とを関連づける秘説がある。室生寺は当初は興福寺末の法相宗の寺だったが、院政期より密教寺院になっていく。その過程で生まれたのが空海埋納の宝珠の伝承である。この説は、空海の『御遺告《ごゆいごう》二十五箇条』が初見である。『御遺告』について、真言宗では空海の真撰とみなすが、一〇世紀以降に製作されたという説が有力である。

その二十四条によると、空海が師の恵果から能作性の宝珠を伝授され、帰国後、それを室生山精進峯に埋納したとある。その一方で、宝珠は代々の東寺座主によって護持されるべきだとある。この記載が根拠となって、恵果所伝の宝珠の空海による複製が、院政期より出現し、それをめぐってさまざまな説が流布するようになるが（伊藤二〇一一）[*29]、室生山埋納の宝珠についても「奥砂本尊」とよばれて幾多の秘説が登場する。そのひとつが両部神道における、天照大神との同体説である。そのことを真福寺蔵『日本紀三輪流』「神道切紙《きりかみ》」に見える秘説から拾っておこう（伊藤二〇一一）[*30]。

1）天照大神は即ち奥砂本尊なり。大日・観音とは二尊合成して十一面の義なり。十一面には一字金輪を以て本尊と為す。即ち十一面観音の体は、諸仏成道の本意、内証の理を顕す。衆生の為に転法輪を為すなり。而るに顕理の辺を以て大日と為し、転法輪を釈迦と為す。二尊合して金輪と為る。之に依り、大日は自在天より天降り、釈迦は人間の地より昇り、忉利天《とうりてん》に於て合して金輪と為る。是則ち観自在尊の成道の転法輪の義なり。(「奥砂本尊事」)

(天照大神とは奥砂本尊である。それは大日如来と観音が融合したもので十一面観音のことである。十一面観音の本体は一字金輪[*31]である。すなわち十一面観音の本体は諸仏の成道の心であり、その境地〔内証の理〕を表す。その「理」を衆生のために説くのが「転法輪[*32]」である。だから理を大日、転法輪を釈迦とするのである。この二尊が合わさって金輪となるのである。このことにより、大日は自在天〔大日如来が説法した金剛法界宮がある色界頂上の色究竟天〕より下り、釈迦は人間界より昇って、忉利天〔欲界の第二天〕に於いて合体して金輪となる。これが観音が成道して法輪を転ずるということの意味である)

2)宀一山《べんいちさん》奥砂本尊は天照大神なり。神は日輪、十一面なり。身に六臂を具す。所謂る左の第一は三弁宝珠、第二開敷蓮華、第三軍持なり。右第一は諸与願、第二錫杖、第三念珠。詮ずる所、愛染明王の六臂なり。知るべし、愛染明王に三種の異名。一は染愛王、二は蓮花王、三は平等王なり。染愛王は胎蔵界大日如来なり。蓮花王は日輪十一面観音、平等王は炎魔王是れなり。今観音は其の中の蓮華王なり。是れ奥砂の秘尊なり。秘すべし秘すべし。（「天照大神事」）

〔室生山の奥砂〔宝珠〕本尊は天照大神である。神は日輪で十一面〔観音〕である。六本の腕を持つ。左の第一臂は三弁宝珠、第二は開いた蓮華、第三は軍持〔瓶〕、右の第一は与願〔印〕、第二は錫杖、第三は念珠を持している。これは愛染明王の六臂と同じである〔つまり十一面観音と愛染とは同体ということ〕。愛染明王には三種の異名があり、一は染愛王、二は蓮花王、三は平等王である。染愛王とは胎蔵界大日如来、蓮花王とは日輪十一面観音、平等王とは炎魔王のことである。観音というのは、そのなかの蓮華王を指し、これこそが奥砂の秘尊なのである〕

これらの「神道切紙」のひとつとして収められているのが「宝志和尚口伝《ほうしかしょうくでん》」である。これは『天照太神儀軌』下巻「宝志和尚口伝」の一部に該当する。宝誌（宝志）は南朝梁の武帝の時代に実在した僧でしばしば予言を行う神僧として知られ、その死後十一面観音の化身であるとの信仰が起こった。梁の武帝が宝誌の像を絵師に描かせようとしたとき、彼は指にてその顔面の皮を剥いで十一面観音たる本身を見せたという。この逸話は日本にも伝わった（牧田一九五六、山田一九六七、毛利一九八〇）[*33]。京都西往寺の宝誌和尚立像（京都国立博物館寄託）は等身大の木像で、顔の真ん中が割れて十一面観音の顔が覗いている（図3-5）。

『天照太神儀軌』は、従来から存在した天照大神＝十一面観音説にこの宝誌を関連づけた特異なテキストである（山本一九九四、阿部二〇〇二、伊藤二〇一一）。同書は、上巻は天照大神・豊受大神＝毘盧遮那仏の使者たる十一別宮[*34]の本地を説き、その印明《いんみょう》を示すもので、伊勢両宮＝胎金両部を本尊として行われた供養作法の次第書である。一方、下巻は上巻の口伝部分に相当し、宝誌と天照大神について、天の岩戸神話を踏まえたその由来を説いたものである。その本文を一部省略を交えて引いておく。

天照大神は日輪なり。豊受大神は月輪なり。七所の別宮は七星なり。四神を加へては九星なり。天照大神を加へ給ふ時は泰山府君十二冥官なり。以往の聖朝、世の務むること例ならざる時、神慮悦ばず。故に天の石門の内に込りて、天照大神顕れ給はず。黒暗にして世間盲かりけり。……次宝志和尚頌して曰く、

日月恩徳者　勝三世諸仏　浄不浄無撰　恒施慈悲光（日月の恩徳は三世諸仏に勝り、浄不浄を撰ばず、恒に慈悲の光を施す）

是の如く天に向かひ、三返之を詣して、天道を拝して天の石門を開きて、天照大神を出居し給ひ、以て日月の光の絶ざる

図３－５　宝誌和尚立像（平安時代、西往寺蔵）

ことを表す。爾の時、世人皆な、以て日月輪の御体を智り奉るなり。時に和尚、驚きて涙を流して入定し、真実の御体を観念すれば、内宮は胎蔵界七百余尊なり。外宮は金剛界五百余尊なり。七所の別宮は天の七十二星なり。和尚、三衣を弘き出し、九条には七百余尊を移し、七条に五百余尊を移し、五条に七十二星及天の諸星を居せり。微妙音声を出して讃じて曰く、

善哉善哉蓮華王、汝暫く法性真土を離れ、和光同塵して衆生を利す。兼ては無間の業果を払はん為に、我等毘盧遮那仏　檀戒忍進禅慧方願力智、十智の光を以て、世間有為無為の世を照らし、汝等三十三身に別つて、十九説法す。清浄の光は煩悩の余無く諸暗を破して、汝と我と倶に代るがわる一切を照さん。

爾の時に宝志和尚、額より光を放ち、衆の会の人中を照らす。即ち時に観音慈悲の尊像と現じて、梢《しばら》く消え畢んぬ。在世一千五百歳、帝に遇て二十三代、以然即ち日輪宮殿の内に在りて大日と観音両体在りて代るがわる世間を照し給ふなり。[*35]

すなわち、昔、国政よろしからざることあり、天照大神悦ばず、天岩戸に籠もって世間は暗黒になった。そのとき宝誌（宝志）和尚、偈頌を唱え拝礼すると、岩戸が開いた。そのとき宝誌は涙を流して「真実之御体」を知らんと入定《にゅうじょう》し、内宮は胎蔵界七百余尊、外宮は金剛界五百余尊、七処別宮は天の七二星なることを観念し、三衣《さんね》（九条・七条・五条袈裟《けさ》）を広げて、それぞれに移した。このとき大神は宝誌に「蓮華王（観音）」とよびかけ、汝は覚りの世界か

ら離れ、和光同塵して衆生を利益し、無間地獄の業果を払おうとしている。私は十波羅蜜(檀・戒・忍・進・禅・慧・方・願・力・智)の光を以て全ての世を照らそう。汝は三十三身に分身し十九の説法を行いなさい。その清浄なる光はあらゆる煩悩の闇を破すだろう。我と代わる代わる一切を照らせ、と讃ずる。すると、宝誌は額より光を発し「観音慈悲尊像」と現じて消えた。それ以来日輪宮内には大日と観音の二体があって交互に世を照らす、とある。

このように、太陽と天照大神との関係を説くときに、観音が介在する例は多い。それは具体的存在である太陽について述べるのに、法身である大日如来であるよりも、その化身としての観音の方が言説化しやすかったからと考えられる。なぜなら、大日は存在自体がすべてを包摂してしまうので、太陽というその一部の属性を示すのは難しかったからである。

3　愛染明王と天照大神

前節で引いた「神道切紙」には愛染明王についても言及されていた。本節では天照大神と愛染明王の習合説について、日輪との関係に注目して述べておこう(山本一九九三、同一九九七)。

愛染明王は、梵名を「羅誐羅闍」(Rāgarāja)という。「ラーガ」とは、赤色、愛情、情欲の義、「ラージャ」は王のこと。愛欲染着を体現する王という意味で、衆生の具有する愛欲染着の心が、直に大日如来の浄菩提心(純粋なる覚りの心)と変じたる尊格である。所依《しょえ》の経典を

図3－6　愛染明王像（南北朝時代、メトロポリタン美術館蔵）

『金剛《こんごう》峯《ぶ》楼閣《ろうかく》一切《いっさい》瑜伽《ゆが》瑜祇経《ゆぎきょう》』（『瑜祇経』）という。

愛染明王の姿は、『瑜祇経』第五品によれば、身色は日の輝きの如き（「日暉」）赤色で背後に燃えさかる日輪（「熾盛輪」）に住す、目は三つで、髪を逆立てた忿怒《ふんぬ》の姿、頭上には五鈷鉤を安じた獅子冠を戴き、五色の華鬘《けまん》を垂らし、天帯が耳を覆い、手は六臂《ろっぴ》で、左上手に金剛鈴、右に五古杵《ごこしょ》、左中手に金剛弓、右に金剛箭、さらに左の下手には「彼」を持し、右には蓮華を執る、蓮華上に結跏趺坐《けっかふざ》し、蓮華下には宝瓶があり、その傍らから諸宝が吐き出される、とあり、ほとんどの愛染明王像はこれを本軌《ほんぎ》とする。「彼」とは元来空手（何も持たない）であり、修法の目的に応じて、さまざまな持物を置くのである。

『瑜祇経』は空海によってはじめて日本にもたらされたものである。しかし、愛染明王自体に対する特別な信仰や修法は、当初はさほど見られない。その信仰が急速に進展するのは、愛染明王法が成立する一一世紀以降のことである。そして天照大神との習合が確認されるのは一三世紀以降である。

愛染明王が天照大神と習合していく前提のひとつは、愛染明王が日輪と関連づけられて表象されていることである。「日暉」「熾盛輪」といった語からも分かるように、愛染の形像には太陽のイメージが重ね合わされているのである。

さらに注目しておきたいのが、空海請来の愛染明王像をめぐってである。空海は『瑜祇経』とともに愛染像を持ち帰り、それは後に藤原頼通《よりみち》の蔵「宇治の宝蔵」に納められていたという（龍門文庫蔵『平等院御経蔵目録』、『玉葉』文治三年八月二一日条）[*36]。日本の愛染明王信仰の根本ともいうべきこの愛染明王像の「彼」が日輪だったという説がある。このことを詳しく伝えるのが、範俊《はんじゅん》の法脈を継ぐ三宝院流の成賢《せいげん》（一一六二〜一二三一）による『遍口抄《へんくしょう》』である。同書によると、この像は五寸ほどの小像で（「五指量愛染」という）、光背は火焔、そして「彼」には、三足烏を描いた日輪が載せられていたという（巻第四）。さらに日輪の意味について「この像は空海が造立させたものであり、日本国にちなんで、あえて日輪を持せしめた」と記す。「彼」に日輪を持する愛染像は、日本と特に関連づけるべく構想された特殊な造像であるというのである。

『遍口抄』では未だ天照大神信仰と関連づけられていないが、鎌倉後期の人で天台密教の一流である穴太流《あのうりゅう》の学僧だった澄豪《ちょうごう》（一二五九〜一三五〇）の『瑜祇経聴聞抄《ゆぎきょうちょうもんしょう》』に至ると、明確に天照大神との習合説として成長していることが確認できる。中巻「愛染持㆓彼手㆒観㆓日輪㆒

事」に、大略次のようにある。

……日輪のなかに三足の烏が有ることが、「彼」に持たせているのが日輪であることを示している。日輪は国王であり、人皇である。国王の別名を「赤烏」という。赤は日輪であり、烏は日輪のなかの烏である。天照大神のことを日天子というのは、日輪だからである。国王はまた天照大神の末裔である。故に赤烏というのである。穴太流の秘伝にいわく、「八幡は月天子、天照大神は日天子、賀茂は星宿である。関白が愛染明王に請願するときは、「彼」に赤烏を持たせるのである。なぜなら、関白は国王の後見であって、国王の手をにぎって天下を執行すべき役であるからである。これが日輪を持たせる秘事なのである。[*37]

ここでは明確に、「彼」に持す日輪を天照大神の象徴と捉えており、愛染明王と天照大神との同一を根拠づけるものと理解されているのである。

ただ、空海請来像と称するものが本当に、「彼」に日輪を持していたかは不明で、それを否定する説もある（『覚禅抄《かくぜんしょう》』愛染王法下）。むしろ日本（あるいは天照大神）と空海請来像とを結びつけようとした結果、そういわれるようになったと解釈すべきであろう。空海請来の愛染明王像とは、日本における愛染明王信仰の初発である。だからこそ、それが日本・天照大神と結びつくことに、特別な意義が見出されたのである。

おわりに

以上、中世の天照大神をめぐる習合信仰と太陽（日輪、日天子）との関わりについて、大日如来・観音菩薩・愛染明王を採り上げて述べてきた。いずれの場合でも、天照大神と習合する際に、双方が太陽に関連づけられることが重要な根拠となっていたことが明らかになった。その意味で、天照大神を太陽神とする認識は、中世においても古代と変わりなく続いていたといえよう。

しかしながら、これを伊勢神宮として見てみると、必ずしもそうは言い切れない。平安後期以後、伊勢神宮の祭神としての天照大神は、二つの新しい性格を帯びてくる。ひとつが伊勢神宮宗廟《そうびょう》神観で、もうひとつが大神を国主神とみなす傾向である。

「宗廟」とは、中国において天子や諸侯の祖先を祀る霊屋《たまや》のことであるが、日本には歴代の祖先を祀る宗廟のような施設は存在しなかった。天照大神は天皇の祖神ではあるが、伊勢神宮を天皇の「宗廟」とするような認識はなかった。ところが、十一世紀末ころより、応神天皇と同体とみなされる八幡宮を「宗廟」とよぶようになったのに続き、伊勢神宮も同様に称するようになる（吉原一九九三、勝山二〇〇七）。いわゆる二所宗廟観である。これは伊勢神宮を何より、天皇の祖先を祀る施設とみなす考え方といえる。

これと相前後して、天照大神を国主神とみなす考え方が起こってくるが、これは日本の国土を伊勢神宮の神領とみなす神国思想から発想されている。その際に、梵天・帝釈・四天王といった仏教系の天部のような天上の神々に対し、天照大神は「日本国主」として地上の神々の代表という位置づけが有力になる（佐藤一九九九）。

つまり、宗廟神観及び国主神観は、いずれも天照大神が天上神というよりも、伊勢神宮に鎮座する地上神とする認識が勝っていたことを意味するのである。

それでは、高天原に住む太陽神という要素は無視されていたのかというと、今まで見てきたようにそうではない。実は、中世の両部・伊勢神道書には、伊勢神宮の鎮座を宮廷からの神鏡の動座ではなく、天照大神の地上への降臨とする説が散見される。たとえば、『高庫蔵等秘抄』には「神祇供秘文に曰く、天宮を開き、浮橋を下海に示し、日本に降る。伊勢天照神是れなり」[*38]とあり、『宝基本記』及び『倭姫命世記』には「皇天の厳命を承けて、日小宮《ひのわかみや》の宝基《かむやしろ》を移したてまつり、伊勢両宮を造りたてまつる」[*39]とある。また『仙宮院秘文』や『両宮形文深釈』にもほぼ同文のくだりがあるが、「日小宮の宝基」を「大梵天宮」と置き換えている。

つまり、伊勢神宮の「神学」書であるこれら神道書では、天の高天原《たかまがはら》に対し、神宮を地上における高天原と解釈しているのである。その意味で天照大神も天・地双方に存すると理解しているわけである。さらにこの理解に大神・大日一体観が絡まり、太陽神たることも、このような錯綜する天照大神の「神学」のなかで言説化されているのだ。

このように相対化されてしまった天照大神の太陽神イメージが再び前景化するのは、近世以降のことであった。現在の我々は、天照大神が天皇の始祖にして太陽の女神という像が古代以来連綿と続いていたように思っている。それが「日本人」のセルフアイデンティティとも結びついている。その結晶化がたとえば日の丸なのであろう。しかしながら、太陽が恒常的に日本的なるものの表象として想起されていたというのは思い込みに過ぎない。それは安定したものではなく、時代ごとに幾多の変遷を経ている。中世の天照大神と太陽との関係は、そのことを如実に示してくれているのである。

＊1　伊勢灌頂において観想される天照大神の姿は蛇形でイメージされている。第二章参照。

＊2　南北朝期成立の両部神道書である『日諱貴本紀』には「二根を具し、共に男女たり。是れ今の両娚の始めなり」と見える（真福寺善本叢刊『両部神道集』四九八頁）。

＊3　その姿は馬鳴菩薩の像に酷似する。

＊4　旧訳華厳（六十華厳）は「盧舎那」、新訳（八十華厳）は「毘盧遮那」と翻訳した。

＊5　空海に発する真言密教（東密）の法流は、聖宝《しょうぼう》を祖とする小野流と益信《やくしん》に発する広沢流に大別され、後にはさらに野沢三十六流に細分化する。

＊6　大日如来から空海に至る真言八祖の伝記。

＊7　橘諸兄伊勢神宮参宮譚については、第五章で詳述する。

＊8　『大正新修大蔵経』七七、四二一頁。

＊9　摩利支（Marichi）天とは陽炎の神格化で、意訳して「威光」ともいう。天部に属するが菩薩とも解

される。

＊10 『両宮形文深釈』上、『通海参詣記』下等。

＊11 空海に仮託される。『中臣祓』を密教的解釈を施した書。志摩国にあった仙宮院で製作されたと考えられる。仙宮院について、詳しくは次章参照。

＊12 神道大系『中臣祓註釈』一一頁。

＊13 真福寺善本叢刊『両部神道集』三六六頁。

＊14 神道大系『中臣祓註釈』一三頁。

＊15 神道大系『真言神道（上）』三〇頁。

＊16 大神宮叢書『度会神道大成　前篇』六一頁。

＊17 同、七三頁。この鏡の安置された場所（合流点にある岩上）は後に鏡宮（小朝熊社）とよばれ、内宮の摂社のひとつとなる（現在は川の脇にあり）。鎌倉時代、神体の鏡は幾度となく盗難に遭った。詳しくは萩原龍夫「小朝熊神鏡紛失事件と稲荷山」（同『神々と村落』弘文堂、一九七八年）参照。

＊18 竹田種理なる者が、長保二年（一〇〇〇）の伊勢遷宮に参加した折のこと、ある夜の夢で、内宮一の鳥居の下で「南無救世観世音菩薩」と唱えて礼拝せよとのお告げを受けたとの記事が見える（『明文抄』所引『政事要略』〔寛弘五年〈一〇〇八〉ごろ成立〕）。

＊19 六朝時代には、儒仏・道仏論争のなかで、仏教の二教からの批判に対抗し、あるいはそれらへの優越性を示すべく、複数の経典が捏造された。これを偽経あるいは疑擬経典という。詳しくは牧田諦亮『疑経研究』（京都大学人文科学研究所、一九七六年）参照。

＊20 『須弥四域経』は『安楽集』下『広弘明集』『弁正論』、『天地本起経』は『十一面神呪経義疏』に引く。

＊21 同書天仁三年（一一一〇）六月一九日の善法房の講説のなかで、「須弥四城経」の説として、天地の始め、未だ山河草木も衆生も日月もなき時、阿弥陀如来が諸菩薩を集めて諮った結果、観音菩薩が日天子となって昼を照らし、大勢至菩薩が月天子となって夜を照らすことになったと述べている。「四城」は「四域」の誤記であろう。

＊22　田宮寺は明治維新に廃寺となり、現在は聖天堂と庫裡を残すのみであるが、その聖天堂には現在も二体の平安時代製作の十一面観音像が残されている。詳しくは大西源一「富向山田宮寺（上）（下）」（『三重の文化』八、一〇、一九五七年）参照。
＊23　伊藤聡『中世天照大神信仰の研究』第二部第二章「二間観音と天照大神」。
＊24　『古今著聞集』巻一－二一等参照。
＊25　護持僧とは、天皇の周囲にあって、その身体を悪意ある呪詛から護ることを任務とする霊的ボディガードである。
＊26　「宝部」とは、金剛界の五智を表す五部（仏部・金剛部・宝部・蓮華部・羯摩部）のひとつ。摩尼部ともいい、如意宝珠を意味する。部主は本来は宝生如来だが、これも如意宝珠と一体と解されるので、ここは如意輪観音と同体とするのであろう。
＊27　影印は、随心院聖教類綜合調査団編『随心院聖教類の研究』（汲古書院、一九九五年）四〇七～四〇八頁参照。また、伊藤聡『中世天照大神信仰の研究』二二九～二三〇頁に該当箇所の翻刻がある。
＊28　このような性格は、観音以外の地蔵・文殊・普賢・勢至などの補処菩薩に共通するのだが、特に観音信仰において強調された。
＊29　伊藤聡『中世天照大神信仰の研究』第五部第二章「重源と宝珠」五七一～五七六頁参照。
＊30　同、第二部第一章「天照大神・十一面観音同体説の形成」二〇二～二一三頁参照。
＊31　一字金輪とは大日如来が三昧に入ったときの真言を仏格化した仏。大日金輪と釈迦金輪の別がある。
＊32　仏の説法をいう。釈迦が成道を遂げた後、その境地（法輪）を、言葉に転じて説くように求められたことによる。
＊33　日本ではまた、日本国の将来を予言した「野馬台詩」の作者に擬された（『江談抄』「吉備大臣入唐事」等）。詳しくは小峯和明「野馬台詩の言語宇宙」（『思想』八二九、一九九三年）、同『「野馬台詩」の謎――歴史叙述としての未来記』（岩波書店、二〇〇三年）参照。
＊34　内宮・外宮の十一の付属神社のこと。内宮の荒祭宮・滝原宮・滝原並宮・滝祭神・月読宮・伊雑宮・

伊左奈岐宮・興玉宮、外宮の高宮・風宮・月夜宮を指す。第五章参照。

＊35 尊経閣文庫本を底本に書き下した。

＊36 『平等院御経蔵目録』は、その冒頭に、「愛染王　弘法大師在唐の日、伝へ得て帰朝の間、負ひ来る故、波旬を破りて蒼海を渡り、誠言を信じて霊験を仰げり。今以て之を得、機縁有るを知れり」とある。

＊37 続天台宗全書『密教2　経典注釈類Ⅰ』三〇五頁。

＊38 真福寺善本叢刊『両部神道集』三七一頁。

＊39 大神宮叢書『度会神道大成　前篇』六一頁。

【参考文献】

阿部泰郎「宝珠と王権」（岩波講座東洋思想『日本思想　2』岩波書店、一九八九年）

同「伊勢に参る聖と王――『東大寺衆徒参詣伊勢大神宮記』をめぐりて」（今谷明編『王権と神祇』思文閣出版、二〇〇二年）

伊藤聡「アマテラスの中世神話」（『週刊百科世界の文学』八三、二〇〇一年）

同『中世天照大神信仰の研究』（法藏館、二〇一一年）

内田信教「宮中二間観音」（『密宗学報』四二、一九一六年）

大石良材『日本王権の成立』（塙書房、一九七五年）

勝山清次「伊勢内宮祭神の中世的変容――皇祖神と国主神」（『京都大学文学部研究紀要』四六、二〇〇七年）

同『中世伊勢神宮成立史の研究』（塙書房、二〇〇九年）

神野富一『補陀落信仰の研究』（山喜房仏書林、二〇一〇年）

木下資一「『行基菩薩遺誡』考・補遺―行基参宮伝承の周辺」（『神戸大学教養部紀要』四、一九八八年）

久保田収『神道史の研究』（皇學館大学出版部、一九七三年）

小峯和明「伊勢をめざした僧――行基の伊勢参宮をめぐる」（『語文』九五、一九九六年）
斎木涼子「仁寿殿観音供と二間御観音――天皇の私的仏事の変貌」（『ヒストリア』二一九、二〇一〇年）
斎藤英喜『アマテラスの深みへ――古代神話を読み直す』（新曜社、一九九六年）
同「平安内裏の天照大神――内侍所神鏡をめぐる伝承と言説」（『アマテラスの深みへ――古代神話を読み直す』前掲）
斎藤英喜編『アマテラス神話の変身譜』（森話社、一九九六年）
佐藤弘夫「天照大神の変容――「日本国主天照大神」観の形成」（高木豊・小松邦章編『鎌倉仏教の様相』吉川弘文館、一九九九年）
同『アマテラスの変貌――中世神仏交渉史の視座』（法藏館、二〇〇〇年）
所京子「平安時代の内侍所」（『皇學館論叢』二-六、一九六九年）
鳥羽重宏「天照大神の像容の変遷について――女体像・男体像から、雨宝童子像にいたる図像学」（『皇學館大学神道研究所紀要』一三、一九九七年）
冨島義幸「中世神仏世界の形成と両界曼荼羅」（『密教空間史論』法藏館、二〇〇七年）
萩原龍夫『神々と村落』（弘文堂、一九七八年）
長谷宝秀「二間観音供考」（『密宗学報』二三〇・二三一、一九三三年）
牧田諦亮「宝誌和尚伝攷」（『東方学報〈京都〉』二六、一九五六年）
松本文三郎「観音の語義と古代印度、支那におけるその信仰について」（速水侑編『観音信仰』雄山閣出版、一九八二年）
水上文義『台密思想形成の研究』（春秋社、二〇〇八年）
宮地直一「内侍所神鏡考」（『神道史学』一、一九四九年）
毛利久「宝誌和尚像」（同『日本仏像史研究』法藏館、一九八〇年）
山田忠雄「宝誌和尚が面の皮」（『文学』三五、一九六七年）
山本ひろ子『変成譜――中世神仏習合の世界』（春秋社、一九九三年）

同「迷宮としての伊勢神宮」（『文学』八四四、一九九四年）
同「中世における愛染明王法――そのポリティクスとエロス」（日本の美術376『愛染明王像』至文堂、一九九七年）
湯之上隆「護持僧成立考」（同『日本中世の政治権力と仏教』思文閣出版、二〇〇一年）
吉原浩人「八幡神に対する「宗廟」の呼称をめぐって――大江匡房の活動を中心に」（同『東洋の思想と宗教』一〇、一九九三年）
和田大円「宮中二間の観音二間夜居護持僧之事」（『密宗学報』一五一、一九二六年）

第四章　空海と中世神道——両部神道との関わりを中心に

はじめに

江戸時代は儒者や神道家、国学者による仏教批判が盛んに行われた時代であった。これを排仏論というが、その一環として、神仏習合説や仏教系神道も激しく批判された。日本「古来」「固有」の神道を、外来思想に付会してねじ曲げたとされたのである。特に激しい非難の的になったのが神仏習合説の先駆けとみなされた行基《ぎょうき》と、両部神道の創唱者とされた空海であった。

史実に徴して見れば、空海本人が神道教説の形成に関与していることはあり得ない。しかし、このような批判が彼に向けられたのは、江戸時代において両部神道をめぐる言説のほとんどが空海と関連づけられるようになったからである。本章では両部神道の史的展開における、空海及び弘法大師信仰との関わりについて辿ろうとするものである。そのことによって、神道の形成において、密教の存在が不可欠だったことをあらためて確認したい。

1　両部神道の形成と空海

はじめに「両部神道」という呼称について解説しておこう。この語は後世の命名で、吉田神道の創唱者だった吉田兼倶《かねとも》（一四三五〜一五一一）が著した『唯一神道名法要集《ゆいいつしんとうみょうほうようしゅう》』（遠祖兼延《かねのぶ》に仮託）に始まる。ここで兼倶は、自家の神道を「元本宗源神道《げんぽんそうげんしんとう》」としたのに対し、「伝教・弘法・慈覚・智証」の四大師の所意を「両部習合神道」とよんだ。「両部習合」の意味は同書によれば、「胎金両界を以て内外二宮と習い、諸尊を以て諸神に合わす」、すなわち胎蔵界・金剛界を伊勢内宮（天照皇大神宮）・外宮（豊受大神宮）に重ね、その他の仏菩薩を神々に宛てたことに因むという。この呼称は近世広く用いられ、次第に密教系神道諸派自らも「両部（習合）神道」と名乗るまでになった。

両部神道の教理的基礎となる大日如来と伊勢内外両宮の習合は、第一章でも述べたように一一世紀にまで遡るが、具体的な神道書として現れるのは一二世紀後半のことである。その揺籃の地は、伊勢神宮（外宮）の御厨《みくりや》があった志摩国吉津（現在の三重県度会郡南伊勢町吉津）の仙《せん》宮院《ぐういん》という寺院とされる。御厨とは伊勢神宮の荘園のことで、神宮の神事に使う三角柏《みつのかしわ》を供進したところであった。三角柏とは葉の先端が角のように三つに分かれているウコギ科の常緑樹の葉で、神への供え物や神酒を盛るのに使われた。[*1]

この地には仙宮神社という古社があり、仙宮院はその神宮寺だった。仙宮院自体は今はないが、同地にある西方寺《さいほうじ》（奈津観音堂）がその後身だといわれる。[*2] 仙宮神社に伝本を残す『仙宮院秘文』をはじめ、『中臣祓訓解《なかとみのはらえくんげ》』『三角柏伝記』などが同院で述作されたといわれる[*3]（岡田一九八三）。

仙宮院の由来について、最初期の両部神道書のひとつと目される『三角柏伝記』には、行基によって建立され、その後最澄、空海、円仁が歴代の院主を務めたと記される。[4] そして空海については、承和三年（八三六）二月八日に院主として大仁王会《だいにんのうえ》（鎮護国家を目的とした『仁王般若経《にんのうはんにゃきょう》』の法会）を行ったとある。空海が没したのはその前年であるから、このようなことが史実としては全く通らないことは、言うまでもない。

『三角柏伝記』には、さらに「高野山秘文」なる書に拠るとして、以下のような記事を載せる。空海入定の当日、つがいの鳥が来て「若有諸衆生、知此法教者、世人応供養、猶如敬制底」（若し諸の衆生有りて、此の法教を知らば、世人、応に供養に、猶ほ制底〔仏塔〕を敬するがごとくすべし）[5] と唱えた。それを聞いた弟子の真然《しんぜん》が空海に、伊勢神宮の使者が来て、かくのごとく告げたと申し上げると、空海は「一生補処菩薩、住仏地三昧道、離於造作仏捨、業道住於仏地」（一生補処の菩薩、仏地三昧道に住し、造作の仏を離れ、業道を捨て、仏地に住す）と応えた、云々。[6] ここでいう「高野山秘文」とは、高野山中院流《ちゅういんりゅう》の祖明算《めいさん》（一〇二一～一一〇六）の秘説とされる『高野山秘記』を指す。このことは、両部神道の形成初期において、高野山における大師入定信仰が影響を与えていたことを示している（伊藤二〇一一）（入定信仰がさらに両部神道で特異な展開を見せていることは後述）。

『三角柏伝記』とほぼ前後して、同院で作られたのが『中臣祓訓解』である。これは『中臣祓』を密教と天台思想で説明した注釈書であるが、冒頭「入唐沙門遍照金剛《にっとうしゃもんへんじょうこんごう》」とあって、著者を空海としている。後半部分は『三角柏伝記』とほぼ同内容で、両書が一具のものだったことを窺わせる。

『三角柏伝記』『中臣祓訓解』を先駆として、以後南北朝期までに多くの両部神道書が製作される。そのほとんどは先人に仮託されるのが特徴であり、特に著者を空海とするものが多い。空海仮託書としては、『両宮形文深釈《りょうぐうぎょうもんしんしゃく》』『両宮本誓理趣摩訶衍《りょうぐうほんぜいりしゅまかえん》』『大日本国開闢本縁神祇秘文《だいにほんこくかいびゃくほんえんじんぎひぶん》』『続別秘文《ぞくべつひもん》』『豊受皇太神宮継文』『丹生大神宮之儀軌《にうだいじんぐうのぎき》』『雨宝童子啓白《うほうどうじけいはく》』『両宮降臨本縁』等の名を挙げることができる。

右のうち、代表的な典籍として『両宮形文深釈』について解説しておこう。『両宮形文深釈』は、その上巻の冒頭に「大日沙門撰空―」、末尾に「天長十年八月十三日　大日沙門空海」とあって、空海の撰書という形式をとる。内容は、上巻には最初に諸兄《もろえ》・行基の参宮譚を収め、次いで御形文《ごぎょうもん》・心御柱《しんのみはしら》・千木《ちぎ》等、伊勢神宮に関わる諸説を列挙する。題名の由来でもある「(御)形文」とは、神宮社殿の妻飾りに金具と線刻によって付された文様のことである。本書では、内外両宮の御形文の意味について、内宮―八葉―胎蔵界―地曼荼羅、外宮―五輪―金剛界―天曼荼羅と説明する。下巻は「神代本縁深釈」と題し、天神七代の諸神の梵号・密号・真言を列記した内容である。これが空海の著作であることは、題名と識語にその旨を記すのみで、本文において彼の真撰著作の文章を挿入するようなことはしておらず、偽書としての形式は極めて単純である。

さて、両部神道は南北朝以降になると、密教法流の秘説秘伝たるにとどまらず、独自の流派を形成し始める。その代表的存在が三輪流と御流《ごりゅう》である。このうち三輪山周辺で起こった三輪流が三輪上人慶円《きょうえん》を始祖と仰いだのに対し、室生山周辺で始まったと考えられる御流は嵯峨天皇から空海への秘法伝授に発するとした。たとえば真福寺蔵『神祇秘記』には、大略以下のようにある。

「御流」の法流は、天神七代・地神五代より、神武天皇を経て代々の天皇に受け継がれ、五十二代嵯峨天皇に至った。天皇はこれを弘法大師に伝えた。秘法を伝えられた弘法が思うに、このような神変ありがたき法を私にのみ留めることはできないと、末世衆生のためとて、弟子たちに付法した。このようにして、彼以来民間に流布するようになった。

「御流」の名は、天皇よりの伝授であったことに由来するのである（伊藤二〇一二）。

御流神道の根本聖典と位置づけられたのは、ひとつが『日本書紀』であり、もうひとつが『麗気記』である。本文一四巻・絵図四巻から成る本書は、元来は醍醐天皇が神泉苑の龍女より秘伝として製作されたが（鎌倉中後期）、御流神道の神道伝授の中核となるに従い、空海の撰述ともされるようになっていった。[*7]

2　空海の伊勢神宮参詣譚

では、両部神道の形成過程において、空海はどのように伊勢神宮と関係づけられていたのだろうか。先に見た『三角柏伝記』には、空海が仙宮院主を務めたとあったが、やがて空海が伊勢神宮に参詣したという話が現れる。そのとき神宮に捧げた啓白文と称するものがあり、それは次のようなものである。

大師太神宮の啓白文に云く、如来は三密を以て生を利す。如来の身密は舎利、如来の語密は経巻、如来の意密は神明なり。（原漢文）

三密とは、密教の用語で、仏（如来）の身体（身密）と言葉（語密）と心（意密）のことである。覚りの境地はこの三つによって示され、かつ衆生には秘密であるから三密という。それに対して、衆生の身・語・意は迷いの元なので「三業」とよばれる。三密は具体的には、通常身密―印契、語密―真言、意密―観想を意味し、修行者は印を結び、真言を唱え、仏を観想することで己の三業が三密と一体になったとき、即身成仏が可能になるとされる（もっともほとんどの場合、一体化は一時的なものなので、成仏には至らない）。ところが、この啓白文では、身密を仏の遺骨である舎利、語密を仏の言行たる経巻に当てて、さらに意密を「神明」に当てるのである。これは明らかに、第二章で述べた心＝神観に基づいている。「啓白文」の主題は、まさにここにある。大日如来と天照大神あるいは伊勢両宮と大日如来が一体であることを、大日の意密＝天照と示してみせたのが、この文の意図だったのである。

これは教舜『秘鈔口決《ひしょうくけつ》』、頼喩《らいゆ》『真俗雑記問答鈔《しんぞくざっきもんどうしょう》』等の文永・弘安年中に成立した密教関係書に引かれており、それ以前の成立であると確認できる。後には天長八年（八三一）八月一五日の奥書を持つ、より長文のものも現れるが、[8] 成立当初は右のように短文だったのだろう。

そのほか『大日本国開闢本縁神祇秘文』には、「我、大同の始め、教を摩訶志那国（中国）に尋ね、当朝に渡り、始めて内外両宮に奉仕す」[9] とあり、また『丹生大神宮之儀軌』には延暦二一年（八〇二）、伊勢両宮に参宮して、「檀那」となるべき神を授けるよう祈願したところ、遣わされたのが丹生明神（本文には「天女」とある）で、彼がその後高野山を開く機縁となったことが記される。[10]

『雨宝童子啓白』は、天照大神の化身たる雨宝童子に関わる秘伝である。この童子は、伊勢神宮の背後にある朝熊山《あさまやま》の金剛證寺《こんごうしょうじ》に出現したとされる。本書の末尾には、この啓白が「天照皇太神宮」より空海が授かったもので、これによって「入定自在之力」を得ることができ、そこで、入定後も三会の暁（五六億七〇〇〇万年後の弥勒下生《みろくげしょう》のとき）まで、「定室」にて毎日勤行するとの、天長二年八月一一日付の跋文を有する。[11]

『雨宝童子啓白』にはまた異本があり、その跋文には承和二年三月一五日の入定直前の遺言として、「予」（空海）は延暦二二年の入唐直前に伊勢参宮して、天照大神の化身たる雨宝童子と出会い、梵天製作の「法則」（この啓白のこと）を得、おかげで入唐求法の大願が成就でき、高野山を開くこともできた。弟子たちはこの恩に感謝して毎年伊勢神宮に参宮してこの啓白文を唱えよ、と見える。[12]

さらに後世のものとなろうが、飯野郡朝田（現在の松阪市朝田町）の光福山朝田寺の縁起に次のような説話がある。

空海が延暦一五年の伊勢参宮のおり、外宮にて異僧に出会う。その教示で朝熊山に向かい、そこで雨宝童子の影向《ようごう》を受ける。その後朝田村の長者の家に立ち寄り、同家所蔵の浮木に地蔵の顔を刻み、さらに腰下に刀を入れると血が噴き出し、浮木が実は「生身」の地蔵なることを感得、そのとき先の異僧が再び出現して自分が地蔵なることを明かす。こうしてその浮木像が朝田寺の本尊となった。（『勢陽雑記《せいようざっき》』飯野郡条「勢陽飯野郡朝田地蔵縁起」）*13

高僧祖師の伊勢神宮参詣の伝承は、行基が夙《つと》に名高いが、空海の参宮譚も両部神道説の形成とともに始まり、それを元にさらにさまざまな伝承が作り出されていったのである。

3　空海＝天照大神同体説

両部神道においては、前述の参宮譚よりさらに展じて、空海の本身を天照大神とする説が出現する。その入定地についても、高野山奥院ではなく、実は神宮だったとする説を生み出すまでに至った。

空海と天照大神とが結びつく前提となるのが、両者を大日如来の化身・垂迹とする説である。この説は、前章でも言及した『真言付法纂要抄』（康平三年〔一〇六〇〕成立）に淵源する。本書は、大日如来から空海に至る伝記を綴ったもので、その最後の部分に、なぜ日本において密教が隆盛を極めているかを説いて以下のようにある（前章でも引用したが、重要な箇所なのであらためて引く）。

> 昔威光菩薩［摩利支天、即大日化身なり］、常に日宮に居し、阿修羅王の難を除けり。今遍照金剛として、鎮《とこしな》へに日域に住し、金輪聖王の福を増す。神には天照尊と号し、刹《くに》には大日本国と名づく。自然の理、自然の名を立つ。誠に之を職《もと》とする由《ゆへ》なり。*14

すなわち、僧（遍照金剛＝空海）・王（金輪聖王＝天皇）・神（天照尊）・国（日本国）の名を「大日如来」と関係づけることで、密教流布の必然性を説明するのである。この一節は後に、大日如来と天照大神の習合とともに、空海と天照とを結びつける原拠となった。

その典型的な例として南北朝期に成立した『神祇秘抄』という両部神道書の一節を引いておく。

> 大師と天照神一体の事
> 弘法大師と天照一体の事、大師曰く「国を日本と名づけ、主を天照神と号す。我れ是れ遍照金剛なり」と。明らかに知りぬ、高祖幷びに天照は一体の変作なり。御入定等に就ひて深秘有り。更に之を問へ。……*15

空海の言としているが、これが本来『真言付法纂要抄』に依拠していると見てよいだろう。

右の一節でさらに注目しておきたいのが、「御入定等に就ひて深秘有り」のくだりである。

実は、ここで示唆されているのは、空海は入定後に本身の天照大神に立ち帰り、伊勢神宮（外宮）に帰還したとの説話である。そして、その詳細は『神性東通記』『大神宮本地』『天照太神口決』等の両部神道関係書のなかに見える。内容に繁簡《はんかん》・異同があるが、ここでは『大神宮本地』に基づき、概要を述べる。

空海は入定に先立って堅恵《けんね》（土心水師）に「最後耳語の法」として三つの巻物を授けた。空海瞑目の後の四月八日、弟子の実恵・真雅は、遺体を納めた宝棺を奥院に入れようとしたところ、堅恵の報告を受けて棺内を観念して見たところ等身弥勒像に変わっていた。そのまま奥院の禅崛に入れようとすると、空中より三二人の神々が飛来し、宝棺を持って飛び去ってしまった。三日後に弟子等が室生山の方向へ尋ね行く途中、神達に会うが、彼らは「この八日に、我等の国主天照大神が新たに来臨したので、種々の儀式を行うのだ」と語り、消えてしまった。そこで伊勢神宮に尋ね行くと、また神達が出てきて、「穢人」（僧侶のこと）は入れないのだと、追い払われてしまう。そのとき彼らが言うには「大神は、秘教を広めるために出御なされ、このほど還御されたのだ」と。その場所は、高宮の下部坂であり、「摩呂波乃鏡」なる霊鏡として現れた、云々。

右にいう「高宮」とは、多賀宮ともいう。外宮の別宮で豊受大神の荒魂《あらたま》とされる。現在も外宮本殿の南の小山の上にあり、「下部坂」とは高宮へ向かう坂の名である（図4-1）。そこには、仙宮院の院主だった空海（前述）が霊鏡を埋納したとの伝承が先行してあり（『高庫蔵等秘

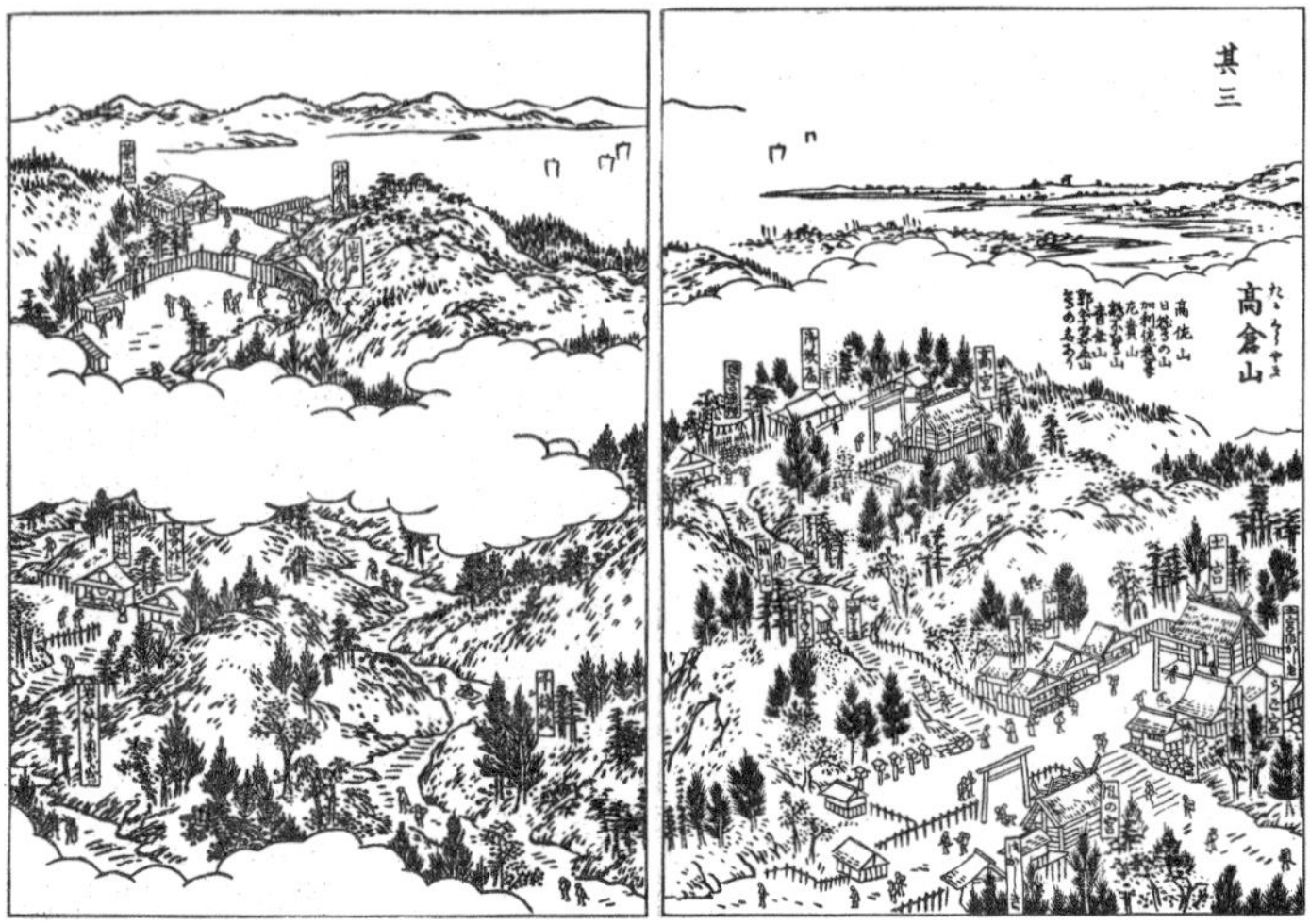

図４－１　高宮（『伊勢参宮名所図会』巻四）

抄』）、これがさらに鏡自身が空海＝天照大神の化身であるとする説へと展開していったと考えられる（伊藤二〇一一）。

また、文観（弘真）の手で偽作されたことが近年ほぼ明らかになった（阿部二〇一三）『御遺告秘決』（実運）、『御遺告大事』（道順）、『秘密源底口決』等は、三尊合行法なる空海を本尊とし脇に不動・愛染を配する秘事を説く書だが、その秘説のひとつとして、大日如来―空海を中心に、脇に如意輪―日輪―内宮と虚空蔵―明星―外宮を配する説が見える。文観がこのような秘説を考え出したのは、先行する両部神道に基づくことは明らかで、事実『御遺告秘決』には前述の空海伊勢外宮入定説が言及されている。[*16]

ただ、通常の神道説で見られるように、外宮を月輪―勢至ではなく明星―虚空蔵に宛てているのは、室戸岬で空海の口に虚空蔵菩薩の化身たる明星が入り、虚空蔵求聞持法を体得した話を取り込もうと図ったためであろう（伊藤二〇一一）。

おわりに

以上、両部神道における弘法大師信仰の諸相を、縷々《るる》綴ってきた。空海を始祖と仰ぐ御流神道は、室町後期になると高野山における相承が主流となり、近世を通じて栄えた（大山一九四四）。法流の一部は東大寺法華堂衆に受け継がれ、さらに近世後期には新義真言宗の智山派にも伝わった（これを玉水流という）（大東二〇〇七、同二〇一〇）。

ただ一方で、近世の排仏主義的傾向のなかにおいて、空海は行基と並んで、神道の純粋性を汚した主犯として、神道家・国学者たちの激しい攻撃にさらされた。そして、その果てに起こった明治維新の神仏分離・廃仏毀釈と、仏教界自体の神仏習合的伝統からの決別によって、両部神道の教説や儀礼の多くが、神道・仏教双方から排除されたのである。

---

*1　伊勢神宮の三角柏については、大西源一「「みつかしわ」考（上）（下）」（『皇学』四‐四、五‐一、一九三六、三七年）、小峯和明「伊勢のみつかしは――神祇書と歌語」（有吉保編『和歌文学の伝統』角川書店、一九九七年）参照。

＊2　西方寺には平安後期作の木造大日如来坐像が伝えられていたが、盗まれてしまった。

＊3　なぜ仙宮院においてこのような動きが最初に興ったのだろうか。その背景として次の二点が指摘できる。まず第一点として、仙宮神社のある南伊勢町（旧南島町）河内の地が伊勢・熊野両信仰圏の接点に当たっていたことである。『南島町史』によると、町内に現存する神社のうち、仙宮神社を除くすべてが熊野系の神社であるという。つまり、熊野文化圏内にありながら、伊勢神宮の御厨が置かれていたこの地の特殊性が仏神を融合した両部神道説という言説を生み出したのではないかということである。岡田荘司は、仙宮院が園城寺修験と密接に関係した寺院であったことを『中臣祓訓解』や『三角柏伝記』の伝来の経緯を検討して主張している（岡田一九八三）。両部神道の言説形成において修験道が重要な役割を果したことは、『大和葛城宝山記』や『麗気記』の内容からも窺われることだが、その具体的関与については未だ明らかにされていない。しかし、既に院政期には熊野・伊勢同体説が流布していたことが『江談抄』『長寛勘文』より知られており、これら一連の事実を仙宮院の存在を起点にして考えていく時、うまく関係づけていけるかもしれない。第二点目として、仙宮院・仙宮神社が伊勢神宮と熊野とを結ぶ熊野街道の線上に位置していたことである。現在でも伊勢市内より仙宮神社のある川内へ至る最短のルートは、まず西進して玉城町へ出、そこから南下して宮川を渡り、さらに一之瀬川沿いの道を南に進んで能見坂トンネルを越えて南伊勢町に入り、次いで海岸沿いの道を西進して河内地区に至るというコースであるが、これは昔の熊野街道の道筋とほぼ一致する。能見坂トンネルの南伊勢町側の入り口には現在役行者像を祀る祠が安置されているが、これは元山上にあったものを移したものということで、修験者たちが行き来した道であったことを示す（三重県教育委員会編『熊野街道』）。両部神道説が熊野街道を通じて仙宮院から神宮周辺へともたらされたと考えることができるだろう。しかも、熊野街道の道沿いには田宮寺（玉城町田宮寺、荒木田氏二門氏寺）、蓮華寺（度会町棚橋、大中臣氏氏寺）といった神仏習合色の濃い寺院が点在しており、このことも同説の伝播と無縁ではあるまい。

＊4　真福寺善本叢刊『両部神道集』三六四頁。

＊5 この偈は『大日経』第二「入漫荼羅具縁品」第二之余の以下の箇所を典拠としている。

爾の時執金剛具徳者、未曽有の開敷眼を得、一切智を頂礼したてまつって而も偈を説いて言く、

諸仏は甚だ希有なり　権智は不思議なり　一切の戯論を離れ　諸仏自然智あり

而も世間の為に説いて　衆もろの希願を満足せしむ　真言の相も是の如し　常に二諦に依る

若し諸もろの衆生有って　此の法教を知る者は　世人の応に供養すること　猶し制底を敬うが如くなるべし

時に執金剛、此の偈を説き已って、諦らかに毘盧遮那を観じて、目暫くも瞬がず、黙然として住す。是に於いて世尊。復た執金剛秘密主に告げて言く、

復た次に秘密主、一生補処の菩薩は、仏地三昧道に住し、造作を離れて世間の相を知り、業地に住して仏地に堅住す。（新国訳大蔵経『大日経』三一〜三二頁）。

＊6 真福寺善本叢刊『両部神道集』三六七頁。

＊7 旧版『弘法大師全集』第五輯では空海撰述書のひとつとして収録される。

＊8 『弘法大師法鏡録』所収。旧版『弘法大師全集』第五輯、二一〇頁。

＊9 原漢文。真福寺善本叢刊『両部神道集』四六九頁。

＊10 旧版『弘法大師全集』第五輯、二〇〇頁。

＊11 「抑も此の啓白は、忝くも天照皇太神宮より、我が入定自在の力を授り奉る是れなり。我が誓願尽きず、慈尊の出世・三会の暁に至るまで、毎日定室の内に於て、此の啓白を勤行し奉らんのみ。／天長二年〔乙巳〕八月十一日／遍照金剛啓白」（原漢文。同右、二一三頁）

＊12 「延暦二十二年三月、予初めて入唐伝法の心を発して謂へらく、吾が国は神国なり。神助に非ずんば、何ぞ大事を成せんと。即ち皇太神宮に詣して、影向の松の下に宿して之を祈求するに、弦より望に至りて、乍ちに白衣の童子、日輪中に立ちて、白狸の上に乗るを見る。曰く、我は雨宝童子なり。天に在りては三光天子と為り、地に在りては三宮大神と為り、山に在りては五嶽と為り、海に在りては五水の龍王と為り、三世の伽梵に見え、護法天神と成る。爰に一箇の法則有り。大梵上皇之を製す。以

て公に与ふ。師願はくは之を誦して棄てざるときは、則密乗を伝来して吾が国に依怙せんとなり。道ひ了りて三重の玉の袖より一巻の金字を出して、以て之を給ふ。余熟々之を見るに、中に不審き句有りと雖も、神作を評すべからず。遂に之を認めて、入唐求願の法則と為す。果して大願を成して幷に此の山を開闢す。弟子等、応に年々参宮を闕かさず、恒に此の法を修すべし。時に承和二年三月十五日、入唐沙門空海、高野山廟窟に於て、小僧真雅等の為に之を書す」（原漢文。同右、二一六頁）

＊13 三重県郷土資料叢書『勢陽雑記』二二八頁。

＊14 『大正新修大蔵経』七七、四二一頁。

＊15 原漢文。真福寺善本叢刊『中世日本紀集』三九六頁。

＊16 同書に「大師御入定の後、神宮に帰りて外宮の明山に住す」という一文が見える（『続真言宗全書』二六、二一一頁）。

【参考文献】

阿部泰郎『中世日本の宗教テクスト体系』（名古屋大学出版会、二〇一三年）
伊藤聡『中世天照大神信仰の研究』（法藏館、二〇一一年）
大山公淳『神仏交渉史』（高野山大学、一九四四年）
岡田莊司「両部神道の成立期」（安津素彦博士古稀記念祝賀会編『神道思想史研究』安津素彦博士古稀記念祝賀会、一九八三年）
久保田収『神道史の研究』（皇學館大学出版部、一九七三年）
大東敬明「東大寺法華堂衆の神祇書受容とその流伝」（『國學院大學大學院紀要 文学研究科』三九、二〇〇七年）
同「「八十通印信」と南都」（『巡礼記研究』七、二〇一〇年）

第五章　夢告と観想——僧たちの伊勢参宮

はじめに

鎌倉時代において伊勢神宮は、仏教にとってもひとつの聖地であった。顕密を問わず多くの僧徒が参宮を遂げ、各宗派は神宮の周辺に拠点寺院を建立した。しかしその一方、神宮には長く仏教忌避の伝統があり、平安時代までは僧侶が参宮することは基本的になかった。つまり、僧徒の参宮は極めて新しい歴史的事態だったのである。では、この行為はどのように信仰的に正当化されていたのであろうか。それを考える際、大きな意味を持つのが「夢告」と「観想」である。

古来「夢」とは仏・神などの「聖なるもの」のメッセージを受け取り、交感するための回路であった。仏・神のみならず鬼神・魔・死霊など冥衆《みょうしゅ》を含め、人間と次元を異にする存在と交流するための最も一般的な手段は「夢」を通しての示現《じげん》であった（横井二〇〇二）。伊勢神宮と仏教との関係をめぐる一連の説話も「夢」が重要な役割を果たしている。

一方「観想」とは、神仏あるいはそれらの世界をイマジナリーの力で眼前に現出せしむる瞑想法で、見かけの現象世界の背後にある異界＝「真実」の世界を感得する実践的方法である。参宮した僧徒たちは、我々が今日行っているような作法で参拝したのではなく、神前での観想を通じて、神と相対したのである。

そして、特に伊勢神宮の場合、仏教忌避の慣習が存在する。それを乗り越えて、いかにして神との交流を図るかが彼らにとっては重要だった。そのための最も有効な手段が夢告と託宣であった。人と神仏との交感が夢告・託宣を通じて行われたのは、他の寺社も同様だが、僧侶の神拝に何かと制限を設けている伊勢神宮の場合にはとりわけ重要だったのである。

本章は、神と人との対話の方法としての夢想と観想の中世の伊勢神宮における意義を、考察するものである。

1　橘諸兄参宮譚

伊勢神宮における神仏習合は、奈良末～平安初期の神仏隔離政策によって一時的に停滞したが、一一世紀ころより観音信仰と結びついて再び進展した。しかしなんといってもその画期となったのが、大日如来（摩訶毘盧遮那仏陀《まかびるしゃなぶっだ》）との習合だった（伊藤二〇一一）。これは一一世紀中期に著された成尊《せいぞん》（一〇一一～一〇七四）の『真言付法纂要抄《しんごんふほうさんようしょう》』において、初めて言及され、さらに一二世紀初期には、摩訶毘盧遮那如来（大日如来）と同体であることを示す説話が出現する。それが『東大寺要録』『太神宮諸雑事記《だいじんぐうしょぞうじき》』が伝える橘諸兄《たちばなのもろえ》参宮譚《さんぐうたん》である。

その語るところによれば、天平一四年（七四二）、聖武天皇が御願寺建立を思い立ち、右大臣橘諸兄を伊勢神宮に派遣して神裁を請うた。勅使帰還の夜、天皇の夢中に光り輝く「玉女」

が示現し、「本朝は神国なり。神明を欽仰し給ふべきなり。而して日輪は大日如来なり。本地は盧舎那仏なり。衆生は之を悟りて当に仏法に帰依すべきなり」[*1]と告げられ、その結果建立されたのが東大寺である、というのである。

ここでいう「玉女」とは天照大神の使い、あるいは大神そのものを指すと考えられる。「夢」を通じて天照大神と大日如来（盧舎那仏）が同体であり、仏寺建立がまさに神慮に適うことが開示されることにより、天皇による勅願寺の建立が正当化されるのみならず、伊勢神宮という神祇の聖地と東大寺という日本仏教の中心とが一対の存在であることが明かされるのである。

2　重源と東大寺衆徒の参宮と夢告

治承四年（一一八〇）、平家による南都攻めによって焼け落ちた東大寺再建を目指す後白河院がその重責を託したのが俊乗房重源《しゅんじょうぼうちょうげん》（一一二一〜一二〇六）である（図5-1）。卓抜した行動力と組織力を持つ勧進聖《ひじり》だった重源は、早くも文治元年（一一八五）には大仏開眼にこぎ着けている。さらに大仏殿の建造事業が進められるが、そのなかで行われたのが、文治二年四月から五月にかけての東大寺衆徒による伊勢神宮参詣である（伊藤二〇一一、阿部二〇〇二）。

その経過は直後に編纂された『東大寺衆徒参詣伊勢大神宮記』[*2]に詳しい。同書「参詣由来

事」によれば、文治二年二月のこと、重源は禁を破って伊勢神宮の瑞垣《みずがき》の辺に通夜したところ、七日目の夜中、

吾れ近年身疲れ力衰うれば、大事成り難し。若し此の願を遂げんと欲さば、汝早く我が身を肥やさしむべし。[*3]

（私は近頃疲労しており力も衰えてしまったので、〔大仏殿再建のような〕大事業を成し遂げられない。もし、そのような願いを叶えたいならば、私を太らせてほしい）

との天照大神の夢告を得た。その報告を受けた東大寺では、（「肥やす」とは法楽〔神前で経供養を行うことで神を喜ばすこと〕を行えということと判断し）『大般若経』六百巻二部を書写し、内外両宮に奉納しようと決した。そして、同四月二三日から五月三日にかけて、尊勝院院主弁暁《べんぎょう》（一一三九～一二〇二）以下六十人の衆徒が内外両宮に参詣し、大般若供養と番論義を、神宮神官ゆかりの寺院で実施したのである。

図５－１　重源上人座像（東大寺蔵）

重源と東大寺の衆徒たちは、自分たちの行為が諸兄参宮と聖武天皇への大神の夢告の先例とつながっていることを十分意識していた。そのことは、彼ら

が神宮に捧げた表白（神仏への祈願文）の文中に、「即ち勅使を当宮に献じ、霊応を大神に待ち奉り御すの処、神慮大に感じ、冥助《みょうじょ》忽《たちま》ちに通ず。御託宣の新たなる旨に任せ、悦びて盧舎那の霊像を鋳奉るの日」と、諸兄と聖武の逸話に触れた一節があることからも分かる。天平の創建と文治の再建とが、時空を超えて大神からの夢告によって結ばれているのである。

なお、この夢告は、時代が下るとさまざまな伝承を生んだようである。数十年後の鎌倉後期に編纂された『東大寺造立供養記』には、

其の後上人、伊勢太神宮に参詣す。造寺の事祈請するに、故に是の念を作す。「若し我が願満足せば、当に応示旨に応ずべし」と。爾の時。夢にも非ず現にも非ずして、宝殿の前に束帯の俗人有り。又幼童出来きて上人の懐中に在り。上人に語りて言く、「其の願を遂げんと欲さば、我を肥やしむべし」と云々。[*4]

と、「束帯の俗人」あるいは「幼童（幼児）」の姿で天照大神が示現したとの説が見える。

また『伊勢大神宮記』の末尾には、供養の後、神が納受したことを示すと思しき次のような夢を、重源の弟子が見たという話を載せている。

一、御示現事

俊乗房弟子聖人〔生蓮〕、五月日夢に見給ふ。米を袋に入れて、多く船に積みて、天覚寺の前の池に差寄せたり。子細を相尋ぬるの処に、船主云く、「此ハ是、大般若の米なり」と云々。夢中に思ふ様、米の字は八十八と書く。長寿の瑞を表する事は、旧しく申し置く

事なり。是れ定めて官長延寿の告げか。是の如く思ふの間に、傍に人の詠歌も云、

けふこそは　あまつみことの　はしめなれ　あしかひもまた　いまそみゆらん

是の如く詠ずるを聞くと思ふ間に、夢驚き了んぬ。驚きて後、卌一字銘心に覚悟すと云々。此の歌の意、尤も幽玄為り。賢智之を察するを冀《こひねが》ふのみ。[*5]

衆徒参宮の直後の五月のある日、重源の弟子の生蓮なる者が、次のような夢を見た。米を袋に入れた多くの船が天覚寺（衆徒が供養を行った寺のひとつ。荒木田氏の寺）の前の池に押し寄せてきた。その子細を尋ねると、船主は「これは大般若経の米だ」と応えた。生蓮が思うには、米は八十八と書き長寿の瑞祥とすることは古くから言われていることである。[*6] これはきっと「官長」（神宮の一禰宜）の長寿のお告げだろう。このように思っていると、傍らにいた人が「今日こそは天つ尊の始めなれ葦牙もまた今ぞ見ゆらん」（今日は天つ尊[*7]〔天神〕の始まりの日である。葦牙も見えることとだろう）と詠じたと思うと目が覚めた。目覚めた後もこの歌を心に刻んだ。この歌の意は幽玄であり、賢者が読み解いてくれることを願うばかりである、云々。

大般若供養が神の満足するものだったということの重源及びその周辺の人々によるアピールであろう。夢告が効果的に使われているのである。直接的には、神宮側で衆徒参宮に協力した中心であり天覚寺の創建者だった、内宮一禰宜《ないくういちのねぎ》の荒木田成長《なりなが》（一一四〇～九三）に多大な功徳がもたらされることを予言したものなのであろう。[*8] これは後述する重源の宝珠感得の逸話とも共通する。

3　行基参宮譚と夢告

橘諸兄参宮譚と並んで、重源の時代に流布した類似の説話に、行基《ぎょうき》（六六八〜七四九）の参宮説話がある（久保田一九七三、伊藤二〇一一）。この説話については第三章でも述べたが、行論の上で必要なので再説したい。すなわち、諸兄の参宮の後、聖武天皇は東大寺建立が神意に適うかどうかをあらためて知ろうと、行基に命じて伊勢参宮させた。彼は七日七夜、内宮の南の木の下に居し、舎利を奉じて大神に祈念したところ、夢中に宝珠を納受するとの示現を受けた。随喜した行基は、舎利を神領内に埋納して帰京、報告した*9。

重源が自らを行基に擬し、行基建設とされていた魚住泊、狭山池を修復していたことは同時代史料より窺われるが、彼が行基参宮説話について知っていたかははっきりしない。むしろ重源参宮以降に行基の説話が作られた可能性もある。ともかく、この先例は、その後の僧徒の伊勢参宮に歴史的根拠を与えるものとなったのであり、これもまた天照大神の夢が主要モチーフとなっているのである。

なお、行基参宮譚が助長した行基信仰の高まりの結果、行基の遺骨が出現する（堀池一九六〇）。杲宝《ごうほう》『行基菩薩御遺骨出現記』等によると、天福二年（一二三四）のこと、慶恩という僧侶に取り憑いた行基自身とその母の託宣により、生駒の竹林寺にあった行基の墓より、彼の遺骨＝仏舎利が舎利容器とともに飛び出した。そのようなわけなので、行基の舎利は後に東大寺に移されることになる。墓から出てきたのは、東大寺に行きたがったと理解されたのである。この一件は行基参宮譚が流布されてから数十年先の話だが、参宮譚の仏舎利埋納のエピソードと何らかの連絡があったと考えられよう。

4　重源の宝珠感得

仏舎利をめぐって想起されるのは、重源の舎利（宝珠）信仰である。重源は東大寺再建の事業の過程で、次の年表が示すように、宝珠・舎利・神鏡等々といった「聖遺物」を、あるときは強引な方法で以て取得し、それを再び分与するといった行為を繰り返していた（中尾二〇〇一）。次頁に重源と宝珠・舎利をめぐる事件を年表として掲げておいた。彼が如何に宝珠・舎利に取り憑かれていたかが分かるだろう。

図５－２　金剛三角五輪塔（胡宮神社蔵）

【重源と舎利・宝珠に関する年表】

年月日	事項	出典
治承四年（一一八〇）・一二・二八	平重衡の兵火により東大寺・興福寺焼亡。	『玉葉』『明月記』等
治承五年・六・二六	東大寺造営の知識詔書が発布される。	『百練抄』『玉葉』『東大寺続要録』等
養和元年（一一八一）・八	重源に東大寺造営勧進の宣旨下る。	『東大寺続要録』『東大寺造立供養記』『南無阿弥陀仏作善集』等
元暦二年（一一八五）・四・二七	九条兼実、大仏に納入する仏舎利を重源に渡す。	『玉葉』『東大寺続要録』『醍醐雑事記』
八・二三	大仏胎内に仏舎利奉籠。	『東大寺続要録』『南無阿弥陀仏作善集』
文治元年（一一八五）・八・二八	大仏開眼供養。	『東大寺続要録』
七〜閏七	大仏の眉間が光を発するとの噂広がる（大仏の胎内に舎利が奉納されたことによる神秘現象か）。	『玉葉』
建久二年（一一九一）・五	重源の弟子空諦房鑁也《ばんや》、室生山の舎利を盗む。	『玉葉』
建久三年・四・八	後白河法皇死去後、勝賢（重源の盟友）が鳥羽宝蔵の宝珠を返却（五年以上返さず、督促されてようやく返した）。	『玉葉』

建久五年・一〇・一五	仏舎利三粒を播磨国浄土堂（浄土寺）に奉納。	『浄土寺文書』
建久八年・一一・二二	重源、周防国阿弥陀寺（現赤間神宮。耳なし法一の話で有名）に水精五輪塔を施入。	阿弥陀寺蔵鉄宝塔銘文
建久九年・一二・一九	重源、近江国敏満寺（今はなし）に金剛五輪塔を施入。	胡宮神社蔵五輪塔銘文
正治元年（一一九九）・四末	小朝熊社（五十鈴川と朝熊川の合流点にある内宮末社。別名鏡宮）の神鏡が盗まれる（鏡も宝珠の一種）。	『小朝熊神鏡沙汰文』『大神宮参詣記』
正治二年・一〇・二二	東大寺尊勝院再建。水精五輪塔を施入。	『東大寺続要録』『南無阿弥陀仏作善集』
建仁三年（一二〇三）・五・二八	聖徳太子廟に押し入り、太子の歯を盗んだ浄戒・見光（重源弟子）を配流（太子の歯も宝珠の一種とみなされた）。	『百練抄』『猪熊関白日記』『聖徳太子伝私記』等
九・一五	伊賀新大仏寺の板五輪塔造立。	五輪塔銘文
建永元年（一二〇六）・六	重源死去。	『明月記』『三長記』等
寛喜二年（一二三〇）・八	小朝熊社神鏡盗難事件の犯人貞長（重源弟子。清盛の家人平貞能の遺児）、自首（小朝熊社神鏡の盗難は、重源が関与していた疑い濃厚）。	『百練抄』『明月記』『猪熊関白日記』『民経記』『皇帝紀抄』

伊勢神宮でも重源は宝珠を感得している。『東大寺衆徒参詣伊勢大神宮記』には次のようにある。[*10]建久六年（一一九五）四月のこと、重源は、内宮近くにあった菩提山寺で、貞慶《じょうけい》を導師として神宮法楽のための法会を行い、そのときの奇瑞《きずい》として、重源は坐禅中に風宮《かぜのみや》（これは後に内宮の別宮となる風日祈宮《かざひのみのみや》）より白・紅の薄様に包まれた二つの宝珠を感得した。同様の話は通海『大神宮参詣記』、『吾妻鏡』に見え、また『古今著聞集』では内外両宮各々より宝珠を授かるとの異伝を載せている。風宮よりの夢中感得は、重源の捏造《ねつぞう》である可能性が高いが、文治二年の場合と同様、「夢告」が極めて有効に用いられている。

5　重源以後の東大寺勧進聖と夢告

東大寺再建事業は重源の死後も続く。そして彼の後継者である勧進聖たちもまた、伊勢神宮からの夢告を期待していた。ここではふたりについて採り上げておく。西迎《さいげい》と聖守《しょうしゅ》である。

西迎は大仏殿灯油聖（大仏に灯明を捧げる役の聖）の祖としても知られる人物だが（永村一九八九）、その一方で戒壇院の再建を推し進めた。戒壇院とは、正式の僧侶になるための授戒を行う「戒壇」が置かれた場所で、観世音寺（太宰府）と薬師寺（下野国《しもつけ》）と並ぶ日本三戒壇のひとつであり、東大寺にとって重要施設のひとつだったが、これも治承《じしょう》の兵火で焼失したのである。西迎はその再建を志し、祈願のためにしばしば伊勢神宮に参詣した。その数は五十余度に及んだという〔正応三年（一二九〇）四月二二日「凝然書状」〕。彼の伊勢参宮の動機は、文治二年（一一八六）における重源及び東大寺衆徒の参宮・神前法楽以来の伝統に沿ったものであろうが、通海《つうかい》『大神宮参詣記』の記す、

東大寺戒壇院の聖西迎上人、当宮を信じ奉りて、常に参りて後世の事を祈申しける夢に、法《のり》の師の、祈る蓮《はちす》の花の匂ひは、九品中《ここのしな》の中にぞ定めをくべき。

中品中生の宿望を遂ぐべきにこそと、悦び申されけり。[*11]

という逸話が示すように、念仏聖でもあった西迎にとって、伊勢参宮は極楽往生に向かう道でもあり、その願いに応えるように、往生を予告する夢告があったのである。[*12]

聖守（一二一九〜九一）は東大寺の学僧だったが、遁世して聖となり、真言院の再建に尽力した（永村一九八九、堀池一九六五）。なぜ彼が聖となったのかというと、寺院の勧進活動は聖の役であり、学僧は直接携わることができなかったからである。彼はあえて遁世聖となることで東大寺再建事業に参画しようとしたのである。真言院は空海が東大寺内に真言密教の拠点として創建した子院であるが、治承の兵火により廃滅した。聖守によるその再建事業は、建長七年（一二五六）に始まり、弘安三年（一二八〇）に完成する。

その経緯については、聖守自身の編纂とされる『東大寺続要録』の「諸院篇」真言院条に詳しいが、関連深い資料として東大寺図書館に所蔵される『東大寺真言院再興略記』[*13]がある。同書は真言院再建の経緯について、聖守が和文で筆記した来由の記である。

真言院建立の大願を立てた彼は、寛元（一二四三〜四七）のころ高野山奥院に籠もって霊夢を受け、その後伊勢神宮へ参って神託を得た。次いで建長六年（一二五四）春にも参宮して祈願をするや、その霊験により有力者からの資金援助を受けた、とある。さらに正嘉三年（一二五九）の三度目の参宮を遂げたそのとき、聖守は一の鳥居の前で神託を担ったひとりの禅尼に迎えられる。禅尼が菩薩戒を受けようと神に祈ったところ、禰宜の（荒木田）氏忠という者が御殿より出てきて、「明日来る南都より参詣の僧にみそうづ（味噌入り雑炊）賜うべし」との夢告を得たと申した。聖守は十四日間の参籠の間に受戒を施してやった。禅尼が「何を布施といたしましょう」と訊くので、彼は「自分には真言院再建という大願があり、〈結縁奉加の人〉（つまり、再建を援助してくれる人）は一人残らず往生できるように、天照大神に祈願している。あなたも大神に再建を祈ってほしい」と頼んだ。それに応えて禅尼が祈請すると、数日後託宣があり、来世の往生を約束する神歌が下った。さらに尼が荒祭宮《あらまつりのみや》（内宮の別宮）に参ったところ、「みさき」（烏）が社殿の門の上より稲ひとたばを咥《くわ》えて飛び立った。彼女が袖を広げて「聖の大願が成就して、真言院結縁の者がすべて得脱するならば我が袖にその稲入れ」というと、烏は袖に稲を落とした。その「霊稲」は三粒ずつが七大寺に納められ、残りは後に真言院に安置した。その間にも多くの不思議があり、力を得た聖守はさらに参籠して「これらの神託が真実ならば、三十三貫の銭貨を与えたまえ。それを以て神のご意志を確認したい」と祈請した（このように神意を試みるような姿勢は誠に興味深い）。そこに一人の禅尼（先の者とは別人？）

がいて、七日の説法を勧めたので行ったところ、僧俗が集まり、銭貨を置いた。結願の日に数えるとちょうど三十三貫あった。これにより神意を知り、「奉加結縁」の者すべての往生も確かであると分かった、とある。このように度重なる夢告・託宣に力づけられながら、再建事業を行っていた様子が分かる。

なお、『大神宮参詣記』下によると、建長七年に参宮した「南都ノ上人」たちの法楽を、氏忠の父延季《のぶすえ》（内宮一禰宜）が止めようとしたところ、氏忠が神の納受せることを夢見、以後父も仏法に帰依したという。「南都ノ上人」とは発心上人とよばれた源慶という僧のことだが、二件ともに氏忠が登場、しかもいずれも夢告に関わっているのである。このように彼は、僧侶の参宮に際して彼らと天照大神との橋渡しを行い、その意志を伝える媒介者だった（伊藤二〇一一）[*14]。

また叡尊《えいぞん》は、弘安三年、延季の招請に応じて、三度目の参宮を遂げた。法会を催して大蔵経転読を行った後、風日折宮にて禰宜等と対面したとき、ひとりの巫女に天照大神の使者たる「牟山神」が憑依し、経供養を納受したとの託宣を下す[*15]。この巫女もまた、同様の媒介者だった。

聖守における尼、「南都ノ上人」における氏忠、叡尊の巫女といった神の意志を人に伝える媒介者は、伊勢神宮ではとりわけ必要だった。多くの神社では籠堂のような、神の意思を聞ける場所があり、そこで夢告を受けることができた。しかし、神宮にはそのような施設はない。

しかも、後でも述べるように僧侶に至っては、神前に近づくこともできなかった。このようななかでは、神・人をつなぐ媒介者は不可欠だったのである。

6 僧侶参宮の隆盛と忌避

康永元年(一三四二)に参宮を遂げた医者の坂十仏《さかじゅうぶつ》の記録『伊勢太神宮参詣記』によれば、外宮は二鳥居を越えたところに参詣の限界を示す指標として五百枝杉《いおえのすぎ》なる杉があったという。[*16] この杉は同時代の正暦寺蔵『伊勢両宮曼荼羅』[*17]に「五百枝杉」と注記の上に描かれる(図5-4、5)。室町後期にも存在したことは山田大路元長『参詣物語』より確認できる。[*18] 内宮についても「百枝松《ももえのまつ》」という同じような樹木があり、そこが限界点を示していたと思しい(ただし『伊勢両宮曼荼羅』内宮の図の画面中央には百枝松と思しき木があるがはっきりしない〔図5-3〕)。

このような認識がいつから現れたかについて参考になるのは通海『大神宮参詣記』で、対話者の一方である僧は内宮にては「(二)鳥居ノウチ」の「大ナル木ノモト」に、外宮でも「御池ノ辺ニ霊木ノ下ニ」止まっていた。これらが「五百枝杉」「百枝松」を指すとすれば、少なくとも同書が成った弘安年中には存在したと認められる。また、文保二年(一三一八)成立の『文保記《ぶんぽうき》』「宮中禁制物事」によれば、持経者の類は二鳥居の内にも入れないが、威儀を正した僧尼については三鳥居に入らなければ制限を加えないとある。つまり法文上ではこうなってい

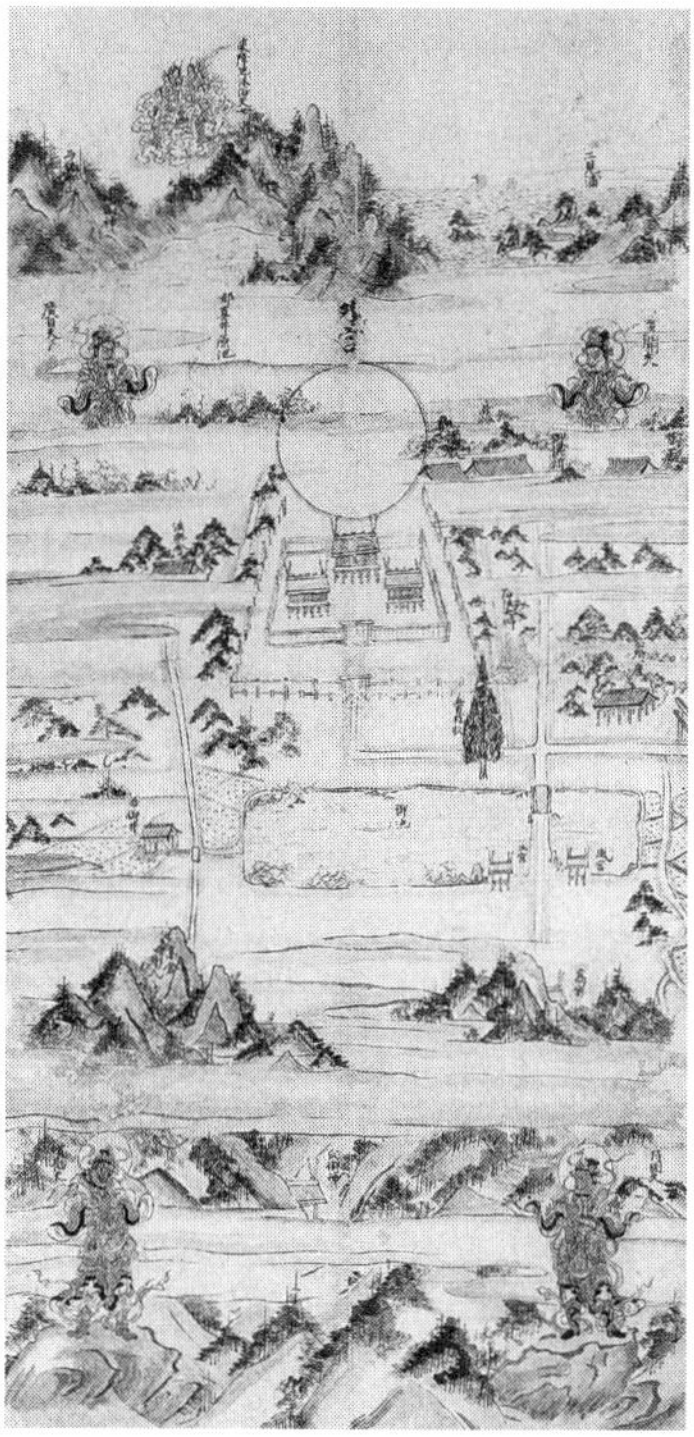

（右）図５－３　内宮
（左）図５－４　外宮（ともに『伊勢両宮曼荼羅』南北朝時代、正暦寺蔵）

図５－５　外宮に描かれた五百枝杉

たが、慣習的にこれらの杉や松が指標とされるようになっていたのではあるまいか。

ところが、鎌倉初期にはまだこの規定はなかったらしい。文治二年の『東大寺衆徒参詣伊勢大神宮記』によれば、僧徒たちは、外宮では神官たちが日中の参宮を遠慮するように諌めたので、夜陰に乗じて瑞垣辺まで参籠、内宮では一禰宜成長（前出）の案内で夕刻に宝前まで参っている。ただし群参を憚って二、三人ずつ参拝させている。また、前述したように、重源自身も夢告を受けるために、密かに瑞垣近くに数日にわたり参籠していた。つまりこの時期には、僧徒参詣の禁は生きていたものの、夜中参拝などの手段で僧徒の参拝が半ば黙認されていたのである。あるいは衆徒参宮が後白河法皇のバックアップの下に行われたことから特に許されたのであろうか。しかしいずれにせよ、文治の参宮のころにはまだ二鳥居のうちのある地点までという規定が確立しておらず、その後の僧徒参宮の流行のなかで決められていったのではないだろうか（伊藤二〇一七）。

7　曼荼羅としての伊勢神宮

では、僧侶による伊勢参宮はどのように意義づけられ、正当化されていたのだろうか。彼らをこのような熱情に駆り立てたものは何だったのだろうか。

もちろん大前提となったのが、天照大神を大日如来の垂迹とする説である（櫛田一九六四、伊藤二〇一一)。しかも、伊勢神宮は天照大神を祀る内宮(皇大神宮)と豊受大神を祀る外宮(豊受大神宮)から成るという特異な編成を持つことから、伊勢両宮を胎金両部に配当する発想が生まれた。この説は秘されていたものでなく、参宮する僧徒に広く知られていたことであった。そのことは『沙石集』巻一第一話「大神宮御事」や『西行物語』などの記事より明らかである。

しかし前述したように、僧侶は正式に宝前に参ることができない。そのような状況で僧たちは、伊勢神に対してどのように祈りを捧げていたか。このことをめぐって通海『大神宮参詣記』には次のようなくだりが見える。

(上・二)僧云く……抑も是れまで参り侍れども、法施をたてまつる斗《ばか》りにて、宝前に参りちかづかざれば、神拝の次第も知り給はず。別宮等の法施のために、其の次第御在所など承りて、法味をかざりたてまつるべくや侍らむ。

(下・一)僧云く、神拝の次第、託宣の旨趣、貴く承りぬ。抑も当宮に仏法を忌ませ給ふとて、加様に二鳥居の内まで参り侍れども、中院の神拝をゆるされず。此辺にて法施を奉れば、事も相へだたり、念も及ばざる心地し侍り、……[*19]

「法施」とは経・真言を読誦することである。彼らは遠くから遥拝していたのではなく、経文を唱えていたのである。

ただ、近づくことができないのは正殿のみで、別宮・末社には参拝できたはずである。そこでは俗人と同じ神拝作法を行っていたのかというと、そうではなく、同じような法施をしていたらしい。

このときどのような作法が行われたかを知る上で重要な著作が、梁の宝誌に仮託された『天照太神儀軌』である。既に第三章でも紹介したように、同書は上下二巻より成り、上巻は天照大神・豊受大神と別宮・摂社の本地と印明、下巻はその口伝たる縁起譚である。上巻の冒頭に、「華蔵世界の毘盧遮那仏」は、我が朝では「天照皇太神宮」というのだと述べ、次いでその眷属たる「十一王子」について記される。そのくだりを現代語に訳して引いておく。

十一王子があり、これらを仕者とする。第一を随荒天子と名づける。閻羅法王の化身である。これを**荒祭宮**という。第二を龍宮天子と名づける。難陀龍王のことである。これを**滝原宮**という。第三を水神天子と名づける。抜難陀龍王である。これは**滝祭**（**神**）という。第四を**月夜宮**と名づける。天官である。第五を**月読宮**と名づける。地官である。第六を**伊象宮**と名づける。また伊雑の宮と名づける。司命神である。第七を伊忍天子と名づける。これは**伊佐奈岐**である。司禄神である。第八は高山天子と名づける。これは**高宮**のことである。泰山府君である。第九は**並宮**と名づける。五所神である。並んで五所の神がある。第十を**風宮**と名づける。風伯神である。第十一を**興玉**と名づける。水神である。または水官である。この十一天子には各々四百万億の眷属がいる。これら天衆の所には小天衆がいるが、これらを略して四十四所を祀る。「上求菩提下化衆生」（覚りを求めるとともに衆生たちを救う）の願により、邪悪で慈悲なく小さな智慧しかない者たちのために、この修行精進の方法を説くのである。

荒祭宮以下（**太字ゴシック**で示す）は、内外宮の別宮・摂社に当たるもので、梵衆天の眷属としての別名とその本名も併記されている。これらの本名は、龍神である滝原・滝祭を除くと、ほかはすべて冥界の神々である。同書ではこれらについて印・真言が列挙され、その利益も注記されており、実際に参宮したときの作法次第書だったことが分かる。

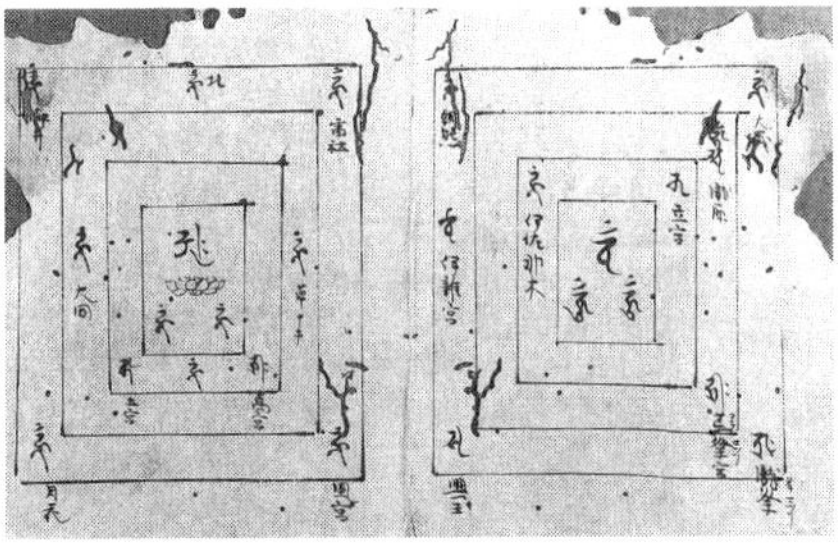

図5－6　伊勢両宮曼荼羅（『異本大事』南北朝時代、金沢文庫保管）

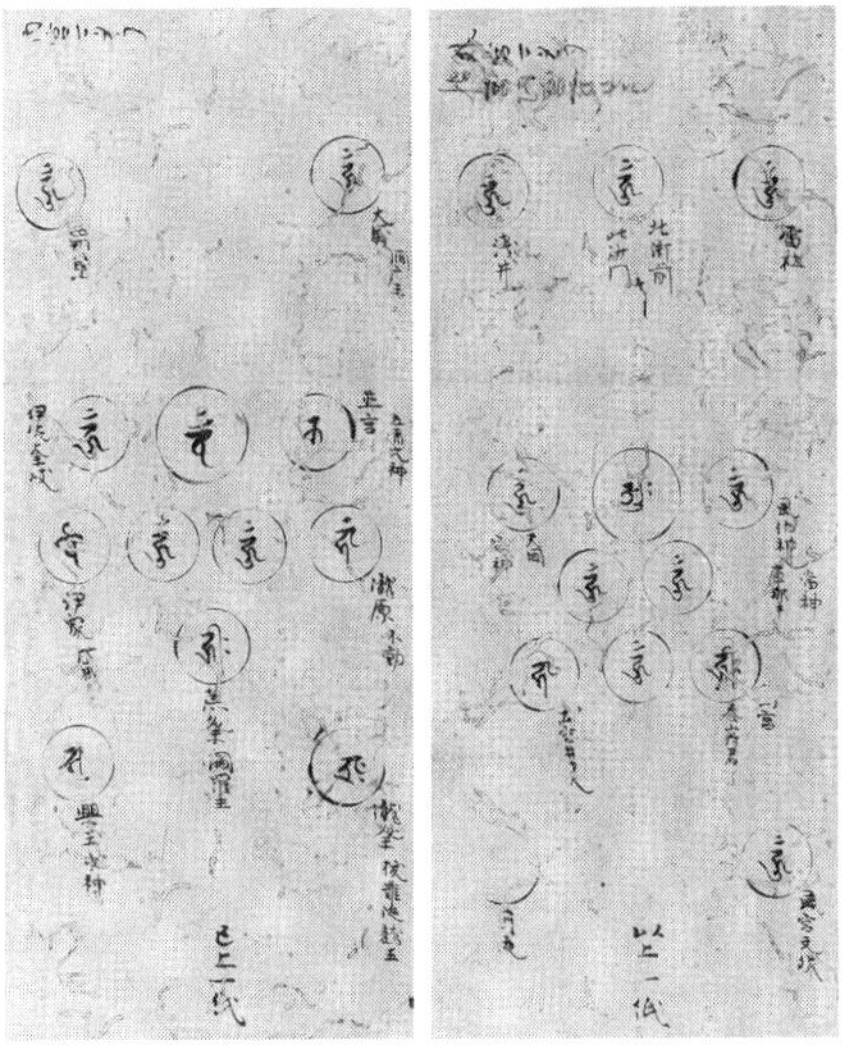

図5－7　外宮内宮マンダラ（鎌倉後期、金沢文庫保管）

称名寺には『天照太神儀軌』の鎌倉写本が伝来しているが、それと一具をなしていたと思しき複数の曼荼羅図も、同寺に伝来している（図5－6、7）。それらの図様は内外宮とも四重曼荼羅を象り、内外両宮（種子にて表す）を置き、二重以下に別宮・摂社を配する構成を取る。つまり『儀軌』を本説とした両宮曼荼羅を本尊とする作法が行われていたことを、これらの曼荼羅は示している。これらは寺院内の道場だけではなく、伊勢参宮した際も、社前において行われていたと考えられる。

8　神体観想

このような神前作法の中心になるのが神前における観想である。それを伝える『神法楽観解《じんぽうらくかんげ》深法《しんぽう》巻下』『天照坐二所皇大神正殿観』といったテキストが伝わっている。その内容だが、前者では正殿にて、最初に浄土のなかの吽字（金剛界・胎蔵界の不二を象徴する）を観じ、それが金剛宝殿（独鈷のこと、大日如来を象徴する法具）に変じ、次いで風気↓神↓生↓王↓人↓正覚正智と変容していくさまを記す。[*20]また後者では次のように観想する。

最初に正殿（内宮か）の床下の心御柱（国璽天御《あめのみ》量柱《はかりばしら》）を大日本国の中心の金剛宝柱であると観想する。次いで、そこに三種神器・十種神宝を観ずる。これらは二所皇大神が天下を治めた当初に使用した武具であるとし、そこから大日如来が皇大神両宮として降臨した原初を観ずる。その姿は霊鏡であり、それは摩尼宝珠であり日・月として天下を照らして、十仏刹微塵数世界に遍満する。さらに霊鏡は個々の衆生の心中にも還居して菩提心を起こさしめる。菩提心は鑁・阿の本有曼荼羅で、鑁字は変じて金剛界九会の聖衆となり、阿字変じて胎蔵界十三院の聖衆となる。内外両宮と諸別宮はその曼荼羅世界を構成する、云々。[*21]

神殿中の霊鏡を観想しながら、それが大日如来のこの地に降臨した宝珠であり、環境世界と衆生の内的世界に遍満していること、その霊鏡＝宝珠は人々の心に菩提心を起こさせ心内に曼荼羅世界を作り出し、内外両宮の社域はその曼荼羅を表象していることを感得するのである（伊藤二〇一六）。

興味深いことに、観想の書である『正殿観』の字句表現は、『大和《やまと》葛城《かつらぎ》宝山記《ほうざんき》』『中臣祓《なかとみのはらえ》訓解《くんげ》』『両宮《りょうぐう》本誓《ほんぜい》理趣《りしゅ》摩訶衍《まかえん》』『両宮形文深釈』等の両部神道書の叙述と極めて似かよっているのである。このことは、両部神道書の記述が机上の文献操作によって作り上げられた単なるレトリックではなく、右のごとき神前観想などの宗教的実践のなかで、表象されたイメージを文章化していったものだったことを示唆している（伊藤二〇一六）。

おわりに

以上、本章では「夢告」と「観想」をめぐって、鎌倉時代僧徒の伊勢参宮について考えてきた。「夢告」についていえば、伊勢神宮（天照大神）が、東大寺大仏（盧舎那仏＝大日如来）との同体であり、伊勢両宮はそのまま胎金両界曼荼羅《たいこんりょうかいまんだら》であるとの「真実」は、その起源譚たる橘諸兄・行基参宮説話において、天照大神からの夢告という形を取ることで開示された。東大寺・興福寺再建、蒙古調伏《ちょうぶく》、自宗・自門の興隆を祈願して参宮した重源以下の多くの僧徒たちも、大神から夢告を受けることを期待したのである。

一方「観想」についていえば、神前で結印読誦《けついんどくじゅ》しつつ、社殿を五輪塔と観じ、殿中にあるはずの神鏡をイメージすることで、大神即真如（＝大日如来）なることを体感していたのである。伊勢神宮の社域とは地上に出現した曼荼羅世界であり、両宮と別宮の諸神は胎金大日如来以下の諸尊にほかならない。そのことを彼らは、社前での観想を通じて身を以て体験したのである。

鎌倉時代の伊勢参宮を遂げた僧たちにとって、〈参宮〉とは「夢告」と「観想」による神＝仏と一体化するための秘儀だったといえよう。

*1 『太神宮諸雑事記』(神道大系『皇太神宮儀式帳・止由気宮儀式帳・太神宮諸雑事記』)三二五頁。
*2 真福寺善本叢刊『古文書集一』所収。
*3 同、三五八頁。
*4 大日本仏教全書『東大寺叢書』一、五〇頁。
*5 『古文書集一』三九〇〜三九一頁。
*6 八十八歳を米寿とする由来と同じ。
*7 「天つ尊」とは天照大神を指すことが多いが(「岩戸あけしあまつみことのそのかみに(御裳濯川歌合)」)ここでは天地開闢のことを詠っているので「天神」の言い換えと考えておく。
*8 重源と東大寺衆徒の参宮の際に成長が果たした役割については、多田實道『伊勢神宮と仏教——習合と隔離の八百年史』(弘文堂、二〇一九年)第二章第二節「俊乗房重源と内宮一禰宜荒木田成長」に詳しい。
*9 旧版『弘法大師全集』五、一四六頁。
*10 『古文書集一』三五七頁。
*11 大神宮叢書『神宮参拝記大成』六二頁。ただし原文のカタカナはひらがなにあらため、一部漢字を補った。
*12 ただ、彼の望みは、九品往生(往生の九段階)の最上(上品上生)ではなく、中間である中品中生であり、その慎ましい性格が窺われる。
*13 堀池春峰「東大寺真言院再興奏状・同再興略記に就いて」(『大和文化研究』六-一一、一九六一年)。
*14 『沙石集』巻一の第一・第二話において、無住に神宮の秘話を語る「或神官」も、この氏忠ではないかと考えられる。詳しくは(伊藤二〇一一)六〇一頁参照。
*15 『西大寺叡尊伝記集成』三三三頁。
*16 大神宮叢書『神宮参拝記大成』八四頁。

＊17　正暦寺蔵『伊勢両宮曼荼羅』について詳しくは、宮島新一「正暦寺所蔵「伊勢内宮・外宮図」二幅について」（『正暦寺一千年の歴史』正暦寺、一九九二年）、西山克「参詣曼荼羅の実相」「『通海参詣記』を語る」（上山春平編『シンポジウム 伊勢神宮』人文書院、一九九三年）参照。
＊18　大神宮叢書『度会神道大成 前篇』八三五頁。
＊19　大神宮叢書『神宮参拝記大成』三二、五一頁。先と同様、原文のカタカナはひらがなにあらためた。
＊20　真福寺善本叢刊『両部神道集』四四六頁。
＊21　同、四五一～四五二頁。

【参考文献】

阿部泰郎「伊勢に参る聖と王――『東大寺衆徒参詣伊勢大神宮記』をめぐりて」（今谷明編『王権と神祇』思文閣出版、二〇〇二年）
伊藤聡『中世天照大神信仰の研究』（法藏館、二〇一一年）
同『神道の形成と中世神話』（吉川弘文館、二〇一六年）
同「鎌倉時代における僧徒の参宮と仏教忌避」（原克昭編『日本文学の展望を拓く③ 宗教文芸の言説と環境』笠間書院、二〇一七年）
櫛田良洪『真言密教成立過程の研究』（山喜房仏書林、一九六四年）
久保田収『神道史の研究』（皇學館大学出版部、一九七三年）
中尾堯『中世の勧進聖と舎利信仰』（吉川弘文館、二〇〇一年）
永村真『中世東大寺の組織と経営』（塙書房、一九八九年）
堀池春峰「行基菩薩御遺骨出現記について」（『ビブリア』一六、一九六〇年）
同「造東大寺大勧進聖守文書に就いて」（『大和文化研究』一〇‐一、一九六五年）
横井清『中世日本文化史論考』（平凡社、二〇〇一年）

附論Ⅱ　神祇信仰の場と「文」——中臣祓の変容

はじめに

「神」と「人」とをつなぐ「文」が祝詞である。本論では、神祇《じんぎ》信仰における「文」の問題を、罪穢《つみけが》れを除去するものとして、広く行われた中臣祓《なかとみのはらえ》をもとに考えてみたい。なぜなら中臣祓は、古代から中世に至る神祇信仰の展開のなかで、その詞章や解釈が大きく変容を遂げており、信仰と「文」の関わりを見る上で格好の対象だからである。

1　大祓詞から中臣祓へ

大祓は毎年六月・一二月の晦日に、朱雀門前にて、神祇官に属する中臣氏が諸官に宣《の》べ聞かせたものであった。また臨時に大嘗祭、仁王会、斎王卜定・群行の際などにも行われた。その執行についての規定は神祇令に記されるが、その詞章は『延喜式』巻八・祝詞に収められる。その大意は、「皇御孫之命《すめみまのみこと》」が高天原《たかまがはら》より降臨して、地上を治めるようになったが、増えていく人民はさまざまな天津罪《あまつつみ》・国津罪《くにつつみ》を犯す。そこで、高天原の天つ神の儀式にならって祓を行ったならば、罪という罪は大海原や根の国に吹き流されてしまうであろう、という内容である。

これは集まった「親王諸王諸臣百官《みこたちおほきみたちまへつきみたちもものつかさひと》」を前に宣読された。彼らを前に「皇御孫之命」の降臨を述べることで、天皇の統治の正統性を神話的に説明し、併せてその支配域からの罪穢の排除を確認したのである。

ところが、平安中期以降、大祓詞をもとにした「中臣祭文」が現れる（初見『朝野群載』）。これは後に一般的には「中臣祓」とよばれるようになる。中臣祓は大祓詞の冒頭と末尾を削除して祓詞本文のみで構成され、恒例・臨時の大祓の場ではなく、公私にわたり随時に行われたものである。両者の大きな違いは、大祓詞末尾が「諸聞食止宣《もろもろきこしめせとのる》」とあったのが、中臣祓では「諸聞食止申《もろもろきこしめせともうす》」となっていることである。つまり、群臣に読み聞かせる形式が、神々に対する祈願へと変わっている（岡田米夫一九八一）。

そのほか字句・表現の相違として、大祓詞では「天之磐座放《あめのいはくらはなれ》」となっているところが、祭文では「天の磐戸を押開く」となっていることも注目される。これは前者が記紀の天孫降臨（紀「皇孫乃離天磐座」、記「離天之石位」）に基づくのに対し、中臣祓の表現は天岩戸段を踏まえているようにみなせることを示す。中臣祓においては、大祓詞の主題だった王権神話的要素が背景に退くいっぽう、天岩戸神話が含意する罪穢の発生（素戔嗚尊の悪行）から罪穢の解除・追却（岩戸開き——素戔嗚尊の追放）のモチーフが前景化しているのである。このことはまた、天岩戸神話において大きな役割を果たす天児屋根命《あめのこやねのみこと》、及びその子孫たる中臣氏の存在をクローズアップさせる。「中臣祓」という呼称への変化はそのことを如実に示していよう。

大祓から中臣祓への変化は当初神祇官で起こったと考えられるが、神祇官人以上にこれを執り行うようになるのが陰陽師《おんみょうじ》である。疫鬼の侵入を防ぎ、邪気を追却する道・境・川などで行う境界儀礼は、律令では神祇祭祀として神祇官が行うことになっていたが、平安以降、陰陽師がむしろ中心的な役割を果たすようになる。祓儀礼にも陰陽師が関与する陰陽祓も生まれた。その代表が都の周囲の七瀬《ななせ》で行われた「七瀬祓」である（岡田莊司一九八六）。

陰陽師が中臣祓を行っていることを確実に示す最も早い記事が、『紫式部日記』の寛弘五年（一〇〇八）の中宮彰子出産のくだりで、「陰陽師とて、世にある限り召し集めて、八百万《やおよろず》の神も耳ふりたてぬはあらじとみえきこゆ」と中臣祓の末尾の一節（「八百万の神達は佐呼志加の御耳を振立て聞食と申」）が引かれており、このころには中臣祓は陰陽師の祈禱に不可欠なものとなっていたことが分かる。さらに院政期に入ると、「七瀬祓」は、天台密教の祓儀礼に取り込まれた。それを六字河臨法《ろくじかりんほう》という（桜井一九九五）。

2　中臣祓翻訳説の登場

当然のことながら、六字河臨法においても中臣祓が唱えられる。しかし、密教儀礼たる同法でなぜ中臣祓が存するのかが、当初から問題になっていたようである。このことをめぐって、極めて興味深い説が現れた。すなわち、中臣祓は漢語からの翻訳であるというのである。それを伝えるのが、天台密教の事相書集成である承澄《しょうちょう》の『阿娑縛抄《あさばしょう》』で、その巻第八六「六字河臨法」中臣祓事には、大略以下のように見える。

最初に中国では董仲舒《とうちゅうじょ》の文に「祓啓請祭法の語」があり、国によってその国の言葉に改めたのであって、本朝においては中臣祓を用いたに過ぎないという「宗明」の穏当な説が挙げられる。続いて仁平三年（一一五三）四月に行われた六字河臨法に関する大納言藤原伊通《これみち》と明玄《みょうげん》阿闍梨《あじゃり》の問答が引かれる。まず伊通が同法は円仁将来であるのに、中臣祓が「唐言」ではない所以を明玄阿闍梨に問う。それに対して明玄は、祓が本朝にもたらされ和語に訳されたのが中臣祓で、それが吉備真備《きびのまきび》によることは「隆国卿抄記」に明らかだと答えた。それに対して伊通は、「日本記」に見えぬというと、明玄は中臣祓が本来「唐書」でないならば、誰が作者なのかと問い返す。伊通が答えられないでいると、陰陽師重盛が「注中臣祓」に見えると答えた、とある。続いて「注中臣祓」の説として、素戔嗚が天津罪を犯したとき天児屋根命に命じて唱えさせた「解除之太諄辞」であるとし、その後皇孫に陪従して降臨したことをいい、以下その子孫たる中臣氏の歴史を述べる。

右に言及される吉備真備による中臣祓将来のことについて承澄は、「吉備大臣大唐記」「隆国卿抄記」にはそのことは見えないが、自分が母より次のような話を聞いたと記す。すなわち、真備が在唐中に夜中鬼に出会った。同行の者が祓辞を唱えると「焼鎌《やきがま》の敏鎌《とがま》以《も》ちて打ち掃ふ……」のところで、実際にたくさんの焼けた鎌が出現し、鬼は斬られ逃げ去った。真備はこれを聞いて、その箇所まで書き付けておいた。翌朝、唐人等がやって来て、全文を彼に授けた、という。吉備真備は囲碁・文選・野馬台詩・張良一巻書などを日本に持ち込んだとされるが、中臣祓（の原文）についても、彼に託した将来譚が存在したのである（伊藤二〇一六）。

中臣祓翻訳説は、六字河臨法における中臣祓使用を根拠づけるために生み出されたものだが、その背景には、真に価値あるものには三国伝来と由緒づけようとする中世特有の発想が働いていることは明白である。

3　中世神道における中臣祓の秘説化と異伝

平安末期に至り、神道説が形成されるなかで、中臣祓のさらなる秘伝化が進行する。その中心的著作が空海に仮託される『中臣祓訓解《くんげ》』である。

『中臣祓訓解』は、中臣祓の注釈の形式を採りながら、両部神道説を述べている。はじめに中臣祓について、「伊弉諾尊《いざなぎのみこと》の宣命」「天児屋根命の諄解」であるとするも、同時に「己心清浄の大の儀益、大自在天の梵言、三世諸仏の方便、一切衆生の福田、心源広大の智恵、本来清浄の大教、無怖畏陀羅尼、罪障懺悔の神咒」であり「滅罪生善、頓証菩提の隠術」であると説く。さらに、

経に曰く、己の心念清浄なれば、諸仏此の心に在りと云々。清浄は即ち己心清浄の智用、寂静安楽の本性なり。不浄は便ち生死輪廻の業因、無間火城の業果なり。故に不浄の中に

は生死の穢泥太《はなは》だ深し。

といい、祓いによる内面（己の心）の清浄化が、覚り（寂静安楽）の直道であると強調されるのである。

この一節は本書末尾の、

念心は是れ神明の主なり。万事は一心の作なり。神主《かぬし》の人人、須《すべから》く清浄を以て先と為し、穢悪の事に預からず。鎮《とこしなへ》に謹慎の誠を専らにし、宜く如在の礼を致すべし。

と呼応する。つまり、心こそが神明の住処なのであるのだから、神事に奉仕する者は外面的に清浄を保つのみならず、心中においても謹慎の誠を尽くせというのである。本来人間の内部に宿るものではなかったはずの〈神〉を心中に見出す。これは、全く新しい神観念なのであり、内なる神への態度として内なる清浄化が求められるのである。祓の秘伝化の核心はここにあったといえよう（岡田荘司一九八九）。

以上に見える『訓解』を先蹤とする中臣祓に関する秘説のなかから、中臣祓の密教的異伝というべきものが出現する。それが、

白衆等各念　此時清浄偈　諸法如影像　清浄無仮穢　取説不可得　皆従因業生

の六句より成る偈頌《げじゅ》である。実はこれは不空訳『三十七尊礼懺文』に収められた偈句《げく》である。同書は、金剛界三十七尊を礼拝懺悔する五悔（金剛界礼懺）の本拠である。五悔とは、至心《ししん》帰命、至心懺悔、至心随喜、至心勧請、至心回向の五段より成り、法会などのはじめに行う。右

の偈句は『礼懺文』の末尾に結びとして出てくる偈である。これはまた「後夜の偈」ともよばれ、真言行者が後夜作法の際に誦する。

『訓解』は、この偈句を「神の宣命なり。祝詞なり。謂く、之を宣れば、即ち一心清浄にして、常住円明の義益なり」と、心内を清浄化する祝詞とする。同偈は以後の両部・伊勢神道の諸書に受け継がれていく。「天児屋根命祝詞（本来清浄偈）」（『天地霊覚秘書』）、あるいは空海に仮託された『大日孁尊中臣祓天津祝詞聞伝』としても伝えられる（平泉一九八六）。祝詞としては、

白衆等各念（アキラケキヒトタチ、アキラカニヲモヒタマヘ）
此時清浄偈（コノトキ、キヨキイサギヨキコトアリ）
諸法如影像（モロモロノノリハ、カゲノカタチノゴトシ）
清浄無仮穢（キヨキイサギヨキモノハ、カリソメニモケガルルコトナシ）
取説不可得（ヒトノコトヲ、トリテウベカラス）
皆従因業生（ミナタネコノミヲナスニヨレリ）

と読み上げられた。なお、この祝詞＝偈は、南北朝期には神宮祭主を務めた大中臣氏一族の一流である粥見《かゆみ》流において、後白河法皇から伝授された秘伝とされた。粥見流は南朝方に仕えた流れで、北朝方であった本宗家である岩出流に対抗すべく、この祝詞を自流の秘伝と主張したらしい（伊藤二〇〇五、同二〇一八）。

また、伊勢神道の『倭姫命世記《やまとひめのみことせいき》』では一部字句を変えた天児屋根命の祝詞「諸神等（モ

ロ神タチ）各念（ヲノヲノオモ）へ、此時（コノトキ）天地清浄（アメツチキヨクアキラカナリ）と。諸法（モロモロノノリハ）如影像（カゲカタチノゴトク）なり。清浄（イサギヨキモノハ）無仮穢（カリソメニモケガルルコトナ）し。取説不可得（ヒトコトヲトテウベカラ）ず。皆従因業生（ミナタネヨリコノミヲナ）せりと」が載る。また同偈をなかに組み込んだ「中臣祓天神祝詞」なども考案された。いずれの場合も強調されるのは内なる清浄化であった。

おわりに

康永年中に伊勢神宮へ参詣した坂十仏《さかじゅうぶつ》は、その参詣記録『伊勢太神宮参詣記』のなかで次のようにいう。

就中《なかんづく》、当宮参詣のふかき習は、念珠もとらず、幣帛もささげずして、心にいのる所なきを内清浄といふ。潮をかき水をあびて、身にけがれたる所なきを外清浄といへり。内外清浄になりぬれば、神の心と我心と隔なし。すでに神明に同じなば、何を望てか祈誓のこころ有べきや。

中臣祓の秘説化と異伝が示す、内面の浄化＝「内清浄」の強調は、神祇信仰が次第に宗教的思惟を獲得しつつあった中世的状況と対応している。これを神祇信仰が自立的な宗教＝「神道」となっていくプロセスのなかに位置づけることができよう。だがそのいっぽうで、この変化が仏教思想なくしてはあり得なかったことも、また明らかである。

【参考文献】

伊藤聡『神道の形成と中世神話』(吉川弘文館、二〇一六年)
同「神祇口決抄　解題」(『豊田史料叢書　猿投神社聖教典籍目録』豊田市教育委員会、二〇〇五年)
同「東泉院本『太祝詞』について――影印・翻刻と解題」(『六所家総合調査だより』特別号②、二〇一八年)
岡田莊司「陰陽道祭祀の成立と展開」(『國學院大學日本文化研究所紀要』五四、一九八六年)
同「私祈禱の成立――伊勢流祓の形成過程」(『神道宗教』一一八、一九八五年)
同「中臣祓信仰について」(『神道古典研究』一〇、一九八九年)
岡田米夫「大祓詞から中臣祓詞への変化」(岡田米夫先生遺稿刊行会編『岡田米夫先生神道論集』岡田米夫先生遺稿刊行会、一九八一年)
桜井好朗「中世神道における注釈の言語――『中臣祓訓解』をめぐって」(『椙山女学園短期大学部二十周年記念論集』一九八九年)
同「六字河臨法の世界」(『日本文学』四四―七、一九九五年)
鈴木英之「伊勢流祓考――中世における祓の特色」(『早稲田大学大学院文学研究科紀要』四八〔第一分冊〕、二〇〇三年)
平泉隆房「伊勢神道への真言教義の影響」(『神道史研究』三四―一、一九八六年)
藤波家文書研究会編『大中臣祭主藤波家の歴史』(続群書類従完成会、一九九三年)

第六章　吉田兼倶の「神道」論

1 「神道」の語義の変遷

夙《つと》に津田左右吉《つだそうきち》（一八七三～一九六一）が指摘したように、「神道」なる語の意味は、時代により幾多の変遷を経てきた（津田一九四九）。奈良・平安時代における「神道」の用例を博捜した吉原浩人によれば、この時期の用例は五つに分けられ（吉原二〇一三）、現在使われているような日本の土着宗教の意味として一義的に捉えることができない。仏教に対峙する在来の神祇信仰・祭祀を指す場合もある一方、神という存在形態（あるいは神々の世界）といった意味や、神秘的な法則・力の意で用いられるなど、その指し示す意味に相当の振幅がある。また「神祇」などとも明確に使い分けられてはいない。

このような状態に変化が見えるようになったのが中世である。「神道」の語が神祇信仰の思想的内実を示す言葉として使われるようになり、仏教や儒教などと対立する土着宗教の総称として定着するのである。その変容の過程を、明確な筋道を立てて論じたのが、マーク・テーウェンである（テーウェン二〇〇八、二〇一〇）。テーウェンによれば、「神道」とは、古代では仏教に包摂される神々の意味で使われていたが、鎌倉末～南北朝期の度会家行《わたらい》―慈遍において「神道」の語は仏教とは違う日本固有の教義として用いられ、さらに室町時代に入り、「神道」の流派が確立されていった。

「神道」が特別な意味を帯びてきたことを象徴するものとして、テーウェンも注目しているのが、天台僧で御流《ごりゅう》神道の相伝者だった良遍《りょうへん》が、応永二六年（一四一九）二月に行った『日本書紀』講義の聞き書きである『日本書紀聞書』の以下のくだりである。

> 神道名字の事。神道《ジンダウ》と読まずして神道《シンタウ》と清《す》んで之を読む事、直なる義なり。直なるとは、只だ有りの任なりと云う意なり。然る間、伊勢社壇は神道の深義を表して、茅茨《ちがやしば》を切らず、舟車を厳《かざ》らず、衣服文無し。
>
> （「神道」という名字のこと。神道《じんどう》と読まずに神道《しんとう》と清んで読むのは、「直なる」（まっすぐである）という意味である。「直なる」とはあるのままという意である。だから伊勢神宮では「神道」の真の意義を表現するために、屋根を葺くチガヤやシバも端を切り整えず、舟や車も装飾せず、服にも衣紋も施さないのである）

〈じんどう〉から〈しんとう〉の変化こそが、「神道」概念の大転換を示すものと捉えるのである。

読みの変化の問題についてはともかく、室町前期に「神道」概念の画期があったことは間違いない。そして、中世における終着点にあるのが、吉田兼倶《かねとも》の「神道」論である。兼倶は吉田神道の創唱者として、御流神道や三輪流神道のような仏教内部の神祇秘伝を担う法流ではない、独立した神道流派の樹立者であった。「神道」の語義についても、独自な解釈を行っており、それが彼が構築した神道流派の性格を明確に示している。本章では、吉田兼倶の「神道」論の内容を検討し、兼倶及び吉田神道において、「神道」概念がどのように意義づけられたかを考えたい。

2　吉田兼倶の生涯

吉田兼倶（一四三五〜一五一一）は、吉田神社の神主にして神祇大副《だいふ》を世襲し、かつ『日本書紀』を相伝する宮廷貴族卜部《うらべ》姓吉田家の出身であった。彼は応仁の乱によって京都が戦乱の巷となった応仁文明年間に、自邸に斎場所《さいじょうしょ》なる修法所を作り、そこを中心に独特の神道説を作り上げていった。これを吉田神道、唯一神道、あるいは卜部神道、正式には元本宗源神道《げんぽんそうげんしんとう》という。しばしば行った『日本書紀』『中臣祓《なかとみのはらえ》』の講義や秘説伝授を通じて、公家・武家・僧侶の間で信奉者を獲得した。そして、文明一六年（一四八四）に、吉田神社の脇に斎場所を拡張した大元宮《だいげんぐう》斎場所を建立した。この神殿は八角の殿舎で周囲に伊勢内外両宮、宮中八神、式内社三千余社を祀るという特異な構成を持つ。彼はここがすべての神祇を勧請した、日本のすべての神社の中心だと主張したのである（福山一九七七）。

兼倶の活動において興味深いのは、吉田神道（唯一神道）の立教や普及の過程で持ち出された経典・文書・縁起などのほとんどが、彼自身による捏造《ねつぞう》・偽作だったことである（伊藤一九九二）。主著である『唯一神道名法要集《ゆいいつしんとうみょうほうようしゅう》』自体が吉田卜部氏の遠祖である兼延《かねのぶ》に仮託されたものだったし、同書のなかで言及・引用されている経典（神経《しんきょう》）類も、その多くが彼自身による創作物であった。

また、大元宮に伊勢両宮を奉斎する根拠として、両宮の神霊が斎場所に降臨したとの夢告があったと密かに奏上したり（岡野二〇一二）、日蓮宗の神祇崇拝である三十番神の信仰に対して影響力を行使すべく、日蓮が吉田家の遠祖卜部《うらべ》兼益《かねます》に弟子入りしたことを記した「兼益記」なる文書を日蓮宗に送りつけたりもしている（廣野一九二四）。

ただ、兼倶を以て単なる詐欺師・陰謀家とみなしてはならない。後述するように、彼は己れ自身が創作した「神経」を毎日一〇〇度ずつ何十年も読誦し続けた人物であり、虚実のあわいを行き来する、典型的な宗教的パーソナリティの持ち主だった。

彼のこのような行動について、三条西実隆《さねたか》（一四五五〜一五三七）のように胡散臭く感じていた者もいるが（脇田二〇〇三）、応仁の乱という混乱期だったこともあり、寄る辺を失った多くの公家や僧侶たちは、彼の主張する由緒や経典を信じた（あるいは信じよ

図６－１　吉田兼倶像（江戸時代前期、國學院大學図書館蔵）

うとした）。特に足利義政・日野富子《ひのとみこ》夫妻がパトロンとなったことは大きく、大元宮の建立は富子の資金援助によるものであった。

兼倶の死後もその子孫により、吉田神道の教説や秘伝・修法は拡がっていった。江戸時代に起こった理当心地《りとうしんち》神道・吉川《よしかわ》神道・垂加《すいか》神道も、吉田神道をベースにしており、その継承と批判とのなかで「神道」の枠組みが形成されていったのである。

3　兼倶の「神道」解釈

さて、兼倶が構想した「神道」とは如何なる内容だったのか。それについて、全体像を体系的に解説したのが、彼の主著である『唯一神道名法要集』である（前述のように先祖に仮託しているが）。

本書は冒頭で、「神道」を三つに分け、各神社の縁起を「本迹縁起《ほんじゃくえんぎ》神道」、仏家の神祇説を「両部習合《りょうぶしゅうごう》神道」とし、それらに対して自家の神道を「元本宗源神道」と立てる。彼は「元本宗源」を説明して、元とは「陰陽不測之元元」（陰と陽の捉えがたい働きの根元）、本とは「一念未生之本本」（ひとつの念も未だ起こらぬ根本）、宗とは「万法純一之元初」（すべての存在の原初）、源とは「一切利物之本基」（すべての衆生を利益する根源）の意とする（いずれも『易』や禅語・仏語に由来する用語）。本書の後半で、その根源神（「一陰一陽之元」）として国常立尊《くにのとこたちのみこと》を置き、その法脈が天照大神に至り、そこより天児屋根命《あめのこやねのみこと》に伝授、以後その子孫に相承され兼倶に至るとする。

なお、国常立尊について、本書には出てこないが、彼の別の書では「太元尊神」の名でよんでいる。この呼称は鎌倉時代の両部神道書である『中臣祓訓解《くんげ》』に、法性神（権現・化身ではなく法性そのものの神）の名として登場する。以後、「太〔大〕元尊神」「太〔大〕元神」の名は、根源神・法性神の意味で、両部・伊勢神道書で使われた。兼倶はこれを借用して、自己の神道の中心的神格としたのである。

さらに、神道の経典として、諸神道通用の「三部本書」（『先代旧事本紀』『古事記』『日本書紀』）に対し、元本宗源神道独自の「三部神経」（『天元神変神妙経』『地元神通神妙経』『人元神力神妙経』）を立てる。そして前者に基づく教えを顕露教、後者を「隠幽教」とし、元本宗源神道こそが顕露・隠幽両教を兼ね備えたものであると主張するのである。

「神道」については、「神・道の二義」と「体・用・相の三義」ありとして、次のように説明している。まず二義について、

問ふ、神とは天地万物の霊宗なり。故に陰陽不測と謂ふ。道とは一切万行の起源なり。故に道とは常の道に非ず、惣じて器界・生界、有心・無心、有気・無気、吾が神道に非ざる莫し。故に頌に曰く、神とは万物の心、道とは万行の源、三界有無情、畢竟唯だ神道。

（原漢文、兼倶自筆本）

とある。ここでは『周易』繫辞伝の「陰陽不測之謂神」と『老子』第一章の「道可道、非常道」を引いて、「神」を万物の本質、「道」を万物の起源と定義している。

続いて「神道」の内実を、体（本来のすがた）―三元、用（はたらき）―三妙、相（外に現れたすがた）―三行に分け、各々天地人三才に配し、具体的に解説する。

まず、三元を「天の元、地の元、人の元」とする。三元については別のところでは「三界」と述べている。ここでいう三界とは、仏教でいう衆生の住む世界を意味する欲界・色界・無色界の意味ではなく、天・地・人を成り立たせている原理の意味で使っていると思しい。ただ、兼倶自筆本を見ると最初「元」ではなく「光」と書いて、後に訂正している。「三光」とは日月星辰の意味だが、「三元」にもまた一義として同様の意味がある。次に述べるように、本書で三光を三妙に入れているが、最初の構想では日月星辰を以て「体」に宛てようとしていたのではないかとも考えられる。

次いで三妙として天妙＝神変、地妙＝神通、人妙＝神力を立てる。天・地・人三妙は、各々個別に他の二妙を伴って構成されている。たとえば、天妙の場合では天妙（天の神変）・地妙（天の神通）・人妙（天の神力）より成る。地妙・人妙も同様で、これを三才九部妙壇という。具体的には、天妙は天体の事象で、天の神変（力？）は日・月・星辰、神力（変？）は雷鳴・風雨、神通は寒暑・晦朔・昼夜を指す。地妙は地上の事象で、地の神力は山河・大地・江海などの自然、神通は山沢の通気や海潮の干満及び気の循環、神変は草木が成長し枝葉を顕し花実を結ぶことを指す。人妙は人間に関することだが、もっぱら密教の三密—三業〔身口意〕に倣うもので、人の神力は拝・供・印などの身体的所作、神通は読・誦・唱などの音声、神変は観・念・想の心内の作用が配されている。

さらに三行とは、天・地・人に、木火土金水の五行を配することをいい、具体的に天五行の神として、国狭槌尊《くにさつちのみこと》（水徳）、豊斟渟尊《とよくむぬのみこと》（火徳）、泥土煮尊《ういじにのみこと》・沙土煮尊《すいじにのみこと》（木徳）、大戸之道《おおとのじの》尊《みこと》・大苫辺尊《おおとまべのみこと》（金徳）、面足尊《おもだるのみこと》・惶根尊《かしこねのみこと》（土徳）を挙げ、これらが化して五星・五色・五方・五時・五季・五千となるとする。これら五神は『日本書紀』の神世七代の内、最初の国常立尊と最後の伊弉諾伊弉冉を除いた五代の神々である。続く地五行には句句廼馳《くくのち》・軻遇突智《かぐつち》・埴山姫《はにやまひめ》・金山彦神《かなやまひこのかみ》・罔象女《みつはのめ》を木火土金水の神に当てる。これらは『書紀』で伊弉冉尊が生み出した神々で、化して五龍王・五間色・五相生となるとする。そして人五行には天八降魂《あまのやくだりむすびの》命《みこと》・天三降魂命《あまのみくだりむすびのみこと》・天合魂命《あまあひむすびのみこと》・天八百日魂命《あまのやほひむすびのみこと》・天八十万日魂命《あまのやそよろづひむすびのみこと》を地水火風空の五輪に当てる。この五神は『先代旧事本紀』に出てくる神世七代のうちの五代の神の呼称で、化して五肉・五臓・五腑・五志・五味・五香・五音・五調子・五常・五智・五門・五仏・五菩薩・五明王・五教・五戒となるとする。そして、この天地人五行に各々元気円満神道・一霊感応神道・性命成就神道を加えて、天の六神道・地の六神道・人の六神道、合して十八神道を構成するとしている。

さらに三元・三妙・三行の関係については、

三界とは天地人の三元なり。万法は三元所変の五行なり。五行の所為とは神変・神通・神力、此れ三妙の謂なり。故に器界・生界・森羅万象、此の三品の所為に非ざる莫し。……

といっている。すなわち、三元（天・地・人）が変じて五行（木火土金水）となり、五行の各々が神変・神通・神力（三妙）に展開していき、万物万行が生成されるというのである。

ところで、右の三元について、兼倶が行った「神経」の講義録『三元神道三妙《さんげんしんとうさんみょう》加持《かじ》経略《きょうりゃく》注《ちゅう》』（後出）のなかで（題目之事）、

夫れ三元とは、天の元、地の元、人の元なり。故に三元と云ふ。元とは末に対する義に非ず。只だ是れ天地陰陽の根元、混沌未分の一気なり。人の元は悲母の胎中にして二渧和合の上、一気託さんとする霊神なり。託し已れば託神なり。出胎すれば精神なり。今の元神とは一霊に先立つ云ひなり。*1

（三元とは、天の元、地の元、人の元のことで、故に三元という。元とは、「末」に対する「元」という意味ではない。ただこれは天地陰陽の根元であり、混沌未分のときの最初の「一気」である。人の元は、母親の胎内で父母の精が和合した後の「一気」である。胎内では託神であり出胎すれば精神と成る。「元神」というのは、一霊に先立つという意味である）

とあって、根源的神格（元神）も意味しているようである。

兼倶が文明一八年（一四八六）に足利義政に奉った『神道大意』には次のように見える。

神に三種の位あり。一には元神、二には託神、三には鬼神なり。初の元神とは、日月星辰等の神なり。其の光天に現じて、其の徳三界に至れり。然ども直に其の妙体を見ることあたはず。故に浄妙不測の元神と号す。二に託神とは非情の精神なり。非情とは草木等の類なり。地に着いて気をはこび、空に出でて形をあらはし、四季に応じて、生老病死の色あり。然も全く無心無念なり。故に託神と号す。三に鬼神とは人心の動作に随ふを云ふ。仮令一念動けば、是の心他境に移る。故に心に天地を感ずれば、天地の霊心に帰す。心に草木を感ずれば、草木の霊我心に帰す。心に畜類を感ずれば、畜類の霊我が心に帰す。心に他人を感ずれば、他人の霊我心に帰す。……[*2]

すなわち、彼における「神道」とは、万物の根源である「神」が生成展開して、天・地・人に遍満、流通する様態なのである。

4　吉田神道の「神経」

『唯一神道名法要集』で、隠幽教の聖典として挙げられた『天元神変神妙経』『地元神通神妙経』『人元神力神妙経』の「三部神経」であるが、同書によると、これらは「天児屋根命の神宣」であり、後に「北斗七元星宿真君」（北斗七星の一星。後出）が降臨して漢字にあらためたとされている。これらの神経は、製作さえされなかった全くの虚構の経典だった。

しかし、兼倶は類似する神経を幾つか実際に作り出していた。『神明三元五大伝神妙経』『三元神道三妙加持経』『三元五大伝神録』である（出村一九九七）。

『神明三元五大伝神妙経』は、吉田家の旧蔵書のコレクションである天理図書館吉田文庫に兼倶の自筆本が伝来しており、その奥書に次のようにある。

文明五年九月五日より、毎日百巻を読誦し奉る。明応二年十一月廿一日に至るまで、不退に之を勤行す。已上廿一ヶ年の間、百万巻に及ぶ者なり。毎日亦た百巻余読み了ぬ。*3

これにより、文明五年（一四七三）段階で、このような「神経」を述作していることが分かるが、それにしても、自らの創作物を二一年にわたり、毎日一〇〇回ずつ、のべ一〇〇万回も読誦するというこの行為からすると、彼にとって「神経」の述作は、意識的な偽書の執筆というより天啓による自動書記のようなものではなかったかとも言いたくなる。

それについてはさておき、本経の内容を瞥見すると、先に見た『唯一神道名法要集』の三行の説の元になったような内容である。すなわち、太元尊神たる国常立尊は天に在っては元気御神、地では一霊御神、人には性心御神で、それが天では国狭槌尊以下の五星元神に分化、最後に乾《けん》たる伊弉諾尊となる、地では句句廼馳以下の五行霊神に分かれ、坤《こん》たる伊弉冉尊となる。人では天八降魂命以下の五臓心神となり、最後に男は伊弉諾、女は伊弉冉となる、と説いている。

『三元神道三妙加持経』は神の遍在を説くもので、以下がその全文である。

神在すときは天道あり、神在すときは地道あり、神在すときは人道あり。天に神道無くんば、三光有ること無く、亦た四時無し。地に神道無くんば、五行有ること無く、亦た万物無し。人に神道無くんば、一命有ること無く、亦た万法無し。天地の心、是れ即ち神なり。諸仏の心、是れ即ち神なり。鬼畜の心、是れ即ち神なり。草木の心、是れ即ち神なり。頭に七穴有り、是れ天の七星。腹に五臓有り、是れ地の五行。心は神なり。心と神と形無くして、而も形有るものを養ふ。是れ真の神なり。

神道は天地を以て書籍と為し、日月を以て証明と為す。金胎の大日、此の神明を本とす。天地開闢、此の神国より始む。仰ぐべし、信ずべし。能く思へ、深く思へ。慎みて怠ること莫れ。[*4]（原漢文）

見ての通り、今まで述べてきた兼倶の神観をコンパクトにまとめた内容である。『唯一神道名法要集』は同経の一節が引かれており、『神明三元五大伝神妙経』と同様『名法要集』の基礎となった経典といえる。

本経においてさらに興味深いのは、兼倶は自分が偽作したものであるにもかかわらず、これに関する講義を行ったことである。その記録は『三元神道三妙加持経略注』として伝えられている。同書によると、講義は永正二年（一五〇五）八月に行われ、聴衆は嫡孫兼満、娘婿中御《なかみ》門宣秀《かどのぶひで》、天台僧快尊《かいそん》、子息南禅寺僧貴蔵主、真言僧明星院快乗の五人であった。筆録は快尊が行い、兼倶が加筆した。同書冒頭の記述によると、本経は二十八宿のひとつ房宿が大化元年

（六四五）七月七日に地上に降臨して伝えたもので、伝受者は持統天皇と藤原鎌足だったという。

『三元五大伝神録』は、これも吉田文庫に兼倶自筆本が残る。本文末尾に、大化元年に中臣鎌子（藤原鎌足）が撰述したとの奥書を持つ。先ほどから鎌足の名がしばしば出るが、兼倶は出自である吉田卜部氏を中臣氏の分流と位置づけており、鎌足の子孫を称しているからである。本書の内容は、「天神五大元神録」「地祇五大霊神録」「人鬼五大心神録」に分かたれる。『名法要集』に引かれる「三元五大伝神録」というのがまさに本書を指す[*5]。以上、三経とも『名法要集』の「神道」説の典拠となっていることが分かる。

ところで、先に述べたように、なぜ北斗七星（の一星）が「三部神経」の翻訳者に擬されるのだろうか。西田長男が夙に指摘するように（西田一九七八）、北斗七星信仰と兼倶の結び付きを示す記事として、景徐周鱗《けいじょしゅうりん》（一四四〇～一五一八）の詩文集『翰林胡蘆集《かんりんころしゅう》』巻九に収められた「三倶元辰君悟道記」という一文がある。以下その冒頭を示す。

文明十四、歳壬寅に在る閏七月二十四日寅刻、北斗一星、国朝神道長上卜部氏吉田二位兼倶公私第の庭に降す。光芒一二丈、地を離るれば二三尺なり。公之に接するに、吾が宗師の家の棒喝を以てす。少焉《しばらく》して言有り。声の甕中に応ずるがごとし。曰く、先是《まず》尊公の棒喝に触れること数《あま》たたび、今夜始めて是れ道を悟れり。是れ三和尚［横川景三］より得来たる所ならずや。和尚の諱と尊公の諱とを併せ取り、名を更めて三倶元辰君と曰ひ、拝して帝

師と為さんことを請ふ。……[*6]

すなわち、文明一四年（一四八二）閏七月二四日寅の刻のこと、兼倶の家に北斗七星の一星が落下した。彼が「吾が宗師」（景徐の師横川景三《おうせんけいさん》）の痛棒にて打ちすえると（棒喝）、しばらくして声があり、今夜はじめて道を悟ったと応え、これより名を横川景三と兼倶より取って三倶元辰君とあらためて師としたい、と請願したというのである。この後、星は景三と兼倶の寿命を予言し、「言ひ訖りて天に上」ったが、その行き先を見ると貪狼星（おおぐま座α星）だったというのである。

横川景三（一四二九〜九三）、景徐周麟とも、室町後期の京都五山の学林を代表する文人僧として著名だが、同時に兼倶の神道に深い関心を抱いた者たちでもあった。彼の『日本書紀』神代巻や『中臣祓』の講義にも参加し、その聞書を残している（岡田一九八四）。

これももちろん兼倶得意の虚言・夢想の類と思しいが、彼がこのような話を創作した背景には、唯一神道の教理形成の際に、『北斗元霊経』（太上玄霊北斗本命延生経）なる道教経典に大きな影響を受けていたことがある。『名法要集』には二箇所にわたって「北斗元霊経云」としてその引用が見える。ただ、『名法要集』の引文は『北斗元霊経』本文ではなく、徐道齢《じょどうれい》及び傅《ふ》洞真《どうしん》の注釈の文である。吉田文庫には兼倶自筆本と推定される『太上説北斗元霊本命延生妙経』と題された徐道齢注解本が残されているが、これは兼倶自身が徐道齢注解本を主に、傅洞真注解本や『玉枢経』『北斗経題辞』を切り貼りし、さらに『華厳経』などを使って本文を構成したものであることが確認されている（菅原一九九六）。兼倶が編集した新『北斗元霊経』もまた、「神経」のひとつだったのである。

『北斗元霊経』に基づく「神道」解釈が見えるのは、『名法要集』の二番目の引用である（正確には徐道齢注の文）。「神道」は「真道」とも謂うのはなぜかという問いへの答として、「神とは善悪邪正、一切霊性の通号なり。純一無雑の真元神を明さんが為に、之を真道と謂ふ者なり」と説明、その根拠に「北斗元霊経云」として以下の一節を引く。

> 真とは神なり。正なり。直なり。化なり。聖なり。霊通して而も妙明なる、之を真と謂ふなり。天に真無くんば、万物春ならず。地に真無くんば、草木根ならず。人に真無くんば、神を御すること能はず。[*7]

先に引いた『三元神道三妙加持経』が、右の文言を参照して述作されたことは明らかであろう。兼倶の「神道」論において、『北斗元霊経』及びその注釈が与えた影響は極めて大きかったのである。ただそれゆえ、近世において、ライバル白川伯王《しらかわはくおう》家の学頭だった臼井《うすい》雅胤《まさたね》などから唯一神道とは実は道教なのではないかと論難されることになるのである（臼井雅胤『神祇破偽顕正問答』、出村一九九七）。

5　兼倶における三教一致

兼倶は「神道」と儒・仏・道の諸教との関係を如何に考えていたのか。そのことについて明確に述べているのが、『名法要集』の末尾で、儒仏道の聖典を引きながら、諸教もまた「神道」の一種であると主張されているのである。

易に曰く、天の神道を観るに、四時忒《たが》はず。聖人神道を以て教を設けて天下を服す。道教に曰く、道一を生じ、一二を生じ、二三を生じ、三万物を生ず。皆是れ神なり。内教の中、密教に曰く、神変加持経幷びに諸経論中、神変・神通・神力、多く以て之在り。是れ神道に非ずや。儒数に云く、太極両儀を生じ、両儀四象を生じ、四象八卦を生じ、八卦万物を生ず。是れ則ち聖人の神道なり。

故に頌に曰く、

唯一神道　諸法根本　万行濫觴　畢竟宗源[*8]

しかし、同じ「神道」であるのなら、仏教や儒教の日本への伝来がなぜ必要だったのか。『名法要集』では「神国に於て仏法を崇む由来、何の時代より、何の因縁を以て他国の教法を要するや」という問に対し、以下のように答えている。すなわち神国なる我が国が開闢《かいびゃく》してより、遥か後年に釈尊がインドで仏法を開き、さらに一五〇〇年かかって欽明天皇の時代に日本に到来したが、世の人はそのことを信じなかった。このことについて推古天皇の時代、聖徳太子が次のように奏上したという。

第卌四代推古天皇の御宇、上宮太子密奏して言く、吾が日本は種子を生じ、震旦は枝葉を現じ、天竺は花実を開く。故に仏教は万法の花実為り。儒教は万法の枝葉為り。神道は万法の根本為り。彼の二教は、皆是神道の分化なり。枝葉・花実を以て、其の根源を顕す。花落ちて根に帰る故に、今此の仏法東漸す。吾が国、三国の根本なることを明さんが為なり。爾《これ》より以来《このかた》、仏法此に流布す已上文。[*9]（原漢文）

すなわち、神道が仏・儒二教の根本なることを示すためにあえて伝えられたというのである。このように、神道を根、儒教を枝葉、仏教を花実に譬え、神道こそが諸教の根元たることを説く右の説は、吉田兼倶の「根本枝葉花実説」として知られるものである。ただ、これが兼倶の創見ではなく、両部神道の所説に淵源するものであることは、夙に西田長男の考証があり（西田一九七八）、近年では森瑞枝による詳細な分析が備わる（森二〇一一）。それらにより鎌倉末期の『鼻帰書《びきしょ》』『四重秘釈』（神代巻秘訣）、さらに慈遍《じへん》の『旧事本紀玄義《くじほんぎげんぎ》』などに同様の譬喩《ひゆ》が見られ、兼倶がそれを借用して、聖徳太子の密奏に仕立てたものであることが系譜づけられている。たとえば、『鼻帰書』のくだりを見てみよう。

日本独古形・唐土三古形・天竺五古形を明かすとは、三古は蓮花部慈悲胎蔵界、五古は仏部智恵金剛界、独古は金胎不二の精。精は金胎の種を云ふなり。故に日本を種として、唐土・天竺へ秘法を弘め、種は本へ帰る義有るが故に、秘密は必ず日本へ帰るなり。我国を日本と云ふ義は、三国の智恵日本と云へるが故に、智恵の朗かなるに日を喩へて日本とは云ふなり。正義に云へば智本国と云ふべし。東より日の出づる本の国とは、心得ふべからず。之に依り大日本国とも云ふなり。八宗九宗の智の中には、真言智勝れたるが故に、此の上智を以て真言行者を大日と云ふなり。故に三国の上智なるが故に、一切衆生の心神とを指して大日本国とは云ふなり。[*10]（原漢文）

ここでの主題は、仏法の日本東漸という「歴史的事実」を逆転させて、日本こそがこの地上世界における仏法の中心であることを説くことにある。その根拠となっているのが、「大日本国説」（「日本は大日如来の本国なり」とする説）である。仏法東漸とは、新しい教えの到来ではなく、本来の場所への帰還と解されるがゆえに、植物が花実を結び種となって地上に落ちる譬喩が使われたのである。

これを神道・儒教・仏教の三教関係に再編成してみせたのが兼倶の説である。この譬喩の元来の意図は、日本と仏教との本源的な結びつきを示すことにあったが、兼倶は神道を仏教に先行するものとして両者を切断し、さらにその神道の派生として仏教を位置づけたのであった。もっともこのような説は、彼の全くの創見というわけではなく、先行する『旧事本紀玄義』や『国阿上人絵伝』に類似のくだりがあり、それらから影響を受けたものと考えられる。しかしながら、彼によって広く流布することになったのは確かである。

ただし、根本枝葉花実説を吹聴したとは言え、兼倶の儒・仏及び道教に対する態度は、仏教における本地垂迹《ほんじすいじゃく》説のように、神仏関係（あるいは三教関係）を明確に構造化したものではなかった。このことを、彼独特の本地垂迹説から見ておく。兼倶はしばしば行った『日本書紀』講義において、本地垂迹についての自説を展開している。ここでは月舟寿桂《げっしゅうじゅけい》が聞き書きした本より引いておく。

本地垂迹事

吾が国日本は三国の根源為るなり。仏を本地と為し、神を垂迹と為すは違ふべきや。神を以て本地と為し、仏を以て垂迹と為す可ならんや。器界・生界、吾が国より始まる故なり。華厳経に「心と仏と衆生と、是の三つ差別無し」と云ふは、豈に吾が国常立尊と顕れざらんや。仏は明星を見て道を悟る。星は吾が日神の末輝なり。神は聖の上に在り。亦た吾が一神国常立尊なり。……仏即神、神即仏、仏・神二つ莫きなり。儒道をば道を取りて意《こころ》を取らず。仏法をば意を取りて道を取らず。神と云ひ、儒と云ひ、仏と云ひ、其の道一なり。然れば則ち仏を以て本地と為す、亦た得。神を以て本地と為す、亦た得。……仏教五智、儒教五常、尽く是れ日神の徳より出づるなり。然れば則ち三教一致なり。聖徳太子と守屋の所論、亦た此のごとし。太子は神仏一致と立つぞ。畢竟《ひっきょう》、仏と云ひ神と云ひ、水波・氷水の譬《たとへ》なり。……[*11]

彼は神を本地、仏を垂迹と立てるも、その根拠を時間的な先後関係以外には見出し得ていない。そして結論として、神本仏迹も仏本神迹も等価なものとされてしまう。そこには、排仏的態度は全くない。これは同時代の五山禅林の三教一致の風と似かよっている。三教一致とは、中国において発達した仏教と儒教・道教が究極的に同一のものだとする思想である。この思想は禅宗の伝来とともに日本にももたらされ、儒典を学び、老荘思想に親しむことが宗風となった。兼倶の宗教的態度は、基本的にこれと同種のものであった。かかる融和的姿勢なるがゆえに、横川景三・景徐周麟・月舟寿桂のごとき禅僧たちが、彼の講筵《こうえん》に積極的に参じたのだといえる。

6　心＝神観と人神信仰

神を人間の内部に存するものとする観念は、中世の神祇信仰が生み出した最も大きな変化である。ここではそれを心＝神観と呼んでおこう。両部・伊勢神道より起こったこの観念は、もちろん兼倶にも受け継がれた。

彼の心＝神観が最も端的に表現されているのが『神道大意』である。以下その前半を引く。

夫れ神とは、天地に先だちて、然も天地を定め、陰陽に超えて、然も陰陽を成す。所謂天地に在りては神と云ひ、万物に在りては霊と云ひ、人に在りては心と云ふ。心とは神なり。故に神は天地の根元なり。万物の霊性なり。人倫の運命なり。神は心なり。形無くして能く形在る物を養ふは神なり。人の五臓に託して五神となる。各々其の臓を守る者なり。故に神の字を「たましい」と読む是なり。眼に色を見て、眼是をみず、神《たましい》是を見る。耳に音を聞きて、耳是をきかず、神是をきく。鼻に香を嗅ぎて、鼻是をかがず、神是をかぐ。口に味を知りて、口是をしらず、神是をしる。身に寒熱を覔《おぼ》えて、身是をおぼえず。神是をおぼゆ。当に知るべし、心は則ち神明の舎《やどり》なり。形は天地と同根たることを。……人は天地の霊気を受けて、色心二体の運命を保つ者なり。其の証明に云く、頭に七穴あるは天の七星なり。腹に五臓あるは地の五行なり。上下を合せて十二あり。又是神代の変作なり。日月は天地の魂魄なり。人の魂魄は日月二神の霊性なり。故に神道とは、心に守る道なり。心動く時は魂魄乱れ、心静まる時は魂魄穏やかなり。是を守る時は、鬼神鎮まり、是を守らざる時は、鬼神乱れて災難起こる。唯だ已（己）の心の神を祭るに過ぎたるはなし。[*12]

ここで展開されるのは、天の神と人の心との感応と相関である。さらにこの後、喜怒哀楽愛悪欲（心）と生長老病死（形）の一二を天神七代地神五代と対応させ、「心を用に神に非と云ふ事なく、形を養ふに神を離るる事なし」とし、諸々の感情は体内の五臓神の反応であるとする。そして、神を知ることを悟、知らざることを迷とし、迷を知る者は鬼神を祀り、祀れば道治まり、他も従い、そのことで功を遂げることができると説いている。

別のところでも述べたように（伊藤二〇一一、同二〇一六）、両部神道などの心＝神観では、我等凡夫の心に宿る神を彼岸にいる仏菩薩の凡夫の心への垂迹と捉え、覚りに至った存在があえて煩悩に満ちた凡夫と一体化することで、その罪業をあえて担ってくれることにその意義を見出した。

しかし、兼倶の説においては、このような救済論的含意はない。ただひたすらに心と神とが一体であることを言祝《ことほ》ぐ楽天的な言説となっているのである。

さらに「己の心の神を祭る」という行為は、人を人として祀る作法の新しい可能性を拓くものとなった。それまでのように怨霊を神に祀りあげたり（天満宮、御霊神社）、始祖的人物の墓所が神社（宮寺）化したりする（多武峰、多田院）以外に、死後に人を神格化する方途は基本的に存在しなかった。それに対し吉田家では、当主の遺骸を埋めた上に社殿を建てるようになった。これによって死霊を祭神化したのである（岡田一九八二）。兼倶自身も神龍院として、現在も吉田神社内に摂社のひとつとして祀られている。かかる神格化は、豊臣秀吉や徳川家康などの天下人をはじめとする、江戸時代の新しい人神信仰の流れを作った。もちろんこれが近代の靖国信仰へと続いていくのである。

吉田神道自体は、近世に儒家神道や国学から激しい非難を受け続け、近代には宗教としての命脈を絶ってしまった。しかし、その登場は「神道」を大きく変えたのであり、その歴史的意義を強調してもし過ぎることはない。

＊1　國學院大學所蔵写本。原漢文。
＊2　神道大系『卜部神道（上）』二七頁。仮名遣いはひらがなに訂し、送り仮名も現代の用法にあらためた。

＊3　『吉田文庫神道書目録』二六三頁。
＊4　國學院大學所蔵本。
＊5　出村勝明『吉田神道の基礎的研究』一三七頁。
＊6　『五山文学全集』第四輯　四三一〜四三二頁。
＊7　神道大系『卜部神道（上）』八八頁。
＊8　同、八九頁。
＊9　同、七四頁。
＊10　神道大系『真言神道（下）』五一八頁。
＊11　『兼倶本・宣賢本　日本書紀神代巻抄』二四六〜二四七頁。
＊12　神道大系『卜部神道（上）』二六頁。原本は梵舜本による。読解の便宜のため、カタカナ表記をひらがなにあらため、送り仮名も現行の用法にあらためた。

【参考文献】

伊藤聡「吉田斎場所の由緒の偽作について」（『東洋哲学論叢』一、一九九二年）
同『中世天照大神信仰の研究』（法藏館、二〇一一年）
同『神道の形成と中世神話』（吉川弘文館、二〇一六年）
井上智勝『吉田神道の四百年──神と葵の近世史』（講談社、二〇一三年）
江見清風「唯一神道論」（同『神道説苑』明治書院、一九四二年）
大桑斉『日本近世の思想と仏教』（法藏館、一九八九年）
岡田荘司「近世神道の序幕──吉田家の葬礼を通路として」（『神道宗教』一〇九、一九八二年）
同「日本書紀神代巻抄　解題」（『兼倶本　宣賢本　日本書紀神代巻抄』続群書類従完成会、一九八四年）
岡野友彦「延徳密奏事件と戦国期の神宮」（皇學館大学創立百三十周年・再興五十周年記念『神宮と日本文

化』皇學館大学、二〇一二年）
河野省三「唯一神道の教義」（同『神道研究集』埼玉県神社庁、一九五九年）
菅原信海「吉田神道と『北斗元霊経』」「吉田神道と北斗信仰」（同『日本思想と神仏習合』春秋社、一九九六年）
津田左右吉『日本の神道』（岩波書店、一九四九年）
テーウェン、マーク「神祇、神道《ジンドウ》、そして神道《シントウ》――〈神道〉の概念史を探る」（『文学』九‐二、二〇〇八年）
同「神道《ジンドウ》と神道《シントウ》の成立についての比較考察」（『日本思想史研究』四二、二〇一〇年）
出村勝明『吉田神道の基礎的研究』（神道史學會、一九九七年）
西田長男「本地垂迹説の成立と展開」（同『日本神道史研究』第四巻、講談社、一九七八年）
同「吉田神道における道教的要素」（同『日本神道史研究』第四巻、講談社、一九七八年）
萩原龍夫「吉田神道の発展と祭祀組織」（同『中世祭祀組織の研究』吉川弘文館、一九六二年）
廣野三郎「唯一神道と三十番神」（『國學院雜誌』三〇‐九・一〇、一九二四年）
福山敏男「室町時代の神社――特に吉田社と斎場所」（日本の美術129『中世の神社建築』至文堂、一九七七年）
増尾伸一郎・坂出祥伸「中世日本の神道と道教――吉田神道における『太上玄霊北斗本命延生真経』の受容」（酒井忠夫等編『日本・中国の宗教文化の研究』平河出版社、一九九一年）
森瑞枝「吉田神道の根本枝葉花実説再考」（伊藤聡編『中世神話と神祇・神道世界』竹林舎、二〇一一年）
吉原浩人「日本古代における「神道」の語の受容と展開」（ルチア・ドルチェ、三橋正編『「神仏習合」再考』勉誠出版、二〇一三年）
米原正義『戦国武士と文芸の研究』（桜楓社、一九七六年）
脇田晴子『天皇と中世文化』（吉川弘文館、二〇〇三年）

第七章　秘儀としての注釈

はじめに

中国文化圏においては長いこと、仏典・儒典などの〈正典（カノン）〉に対する注釈こそが、学問の大きな部分を占めていた。その圏内にある日本でも舶載の仏儒の注疏《ちゅうそ》（注とは本文の注釈、疏はその注についての解釈）類が早くから学ばれ、特に仏教では、既に奈良時代より独自の注釈書が編まれてもいた（山口〔編〕二〇一一）。しかしながら、学問としての〈注釈〉が大きく展開するのは、やはり中世のことで、『聖徳太子伝暦』『（弘法大師）御遺告《ごゆいごう》二十五箇条』『三教指帰』など、日本の祖師の著述や伝記にも注釈の対象範囲が拡がった。

さらに、中世に起きた新しい傾向として、王朝時代の古典類――『日本書紀』『古今和歌集』『伊勢物語』『源氏物語』『和漢朗詠集』が、日本独自のあらたなるカノン＝〈古典〉として浮上したことがある。これらについても注釈書が作られ、学問の一角に位置づけられるようになった。[*1]

仏教研究、宗教史研究、古典文学研究においては、従来から歴代の注釈書類に強い関心が向けられてはいた。しかしながら、関心の所在は、本文を「正しく」読むためか、その時代における享受実態に向けられたものが多く、注釈の内容それ自体については――特に中世の注釈の場合――、往々にして見られる牽強付会的、寓意的解釈ゆえに、後世的な視点からは否定された（あるいはされるべき）ものと見られがちであった。

　しかし近年、中世的〈知〉のありようを示すものとして、〈注釈〉それ自体の創造的意義が注目されるようになってきている。[*2] すなわち、作品のテーマやモチーフに宗教的含意を読み取ったり、多重的な意味を提示したり、本文と逸脱・矛盾する異伝を書き込んだり、といった〈注釈〉の営みのなかに、中世の世界観や人間観、宗教と文芸との不即不離の関係性を見出そうとするようになったのである。本章もそれらの研究成果を踏まえながら、中世における〈注釈〉の思想史的意義について、あらためて考察しようとするものである。ここでは特に和歌及び神道について、具体的な注釈の文章を辿りながら考えていくこととする。

1　〈知〉の密教化

　中世の〈注釈〉について考える前提として、まず押さえておくべきことは、〈知〉の伝達・継承の問題である。中世の学問や知識は公共的に開かれたものではなく、それを担う「家」あるいは「流派」といった血統あるいは擬制による、リニアな単位によって、それぞれ継承されていた。

　古代における諸道は、院政期より始まる官司請負制の結果（佐藤一九八三）、親―子を単位として受け継がれていくことになる。これが家職、すなわち近代まで続く「家（イエ）」のはじまりである。特に学芸を担った「家」としては、陰陽道の安倍（土御門）・賀茂（幸徳井）氏、医道の丹波・和気氏、明法道の坂上・中原氏、儒道の清原・菅原氏、「日本紀」の卜部氏（平野・吉田）、歌道における六条家（藤・源）・御子左家《みこひだりけ》（二条・冷泉・京極）等が挙げられる。これらの「家」の存続は、その職に関する知識・技術及びそれに関連する書物・道具等を維持・管理して、後代に引き継いでいけるかにかかっていた。日本の「家」が往々にして、無能な実子より有能な養子を優先させるのは、血統よりもその職を継承するための能力こそが「家」の存続に最も必要とされたからである。

室町以降になると、武家社会が生み出した故実や武芸、各地寺社を本所に持つ諸芸能分野においても、その専門を担う「家」が成立した（藤一九四九、二木一九八五）。これらの「家」では、始祖たる人物の血統が正統とされることも多いものの、名のみ残って実際に継承されていない場合もよく見られる。また、始祖自体仮託される例も多く、その場合「家」というより「流（派）」といった方が適切である。武家故実の小笠原・今川・伊勢家、画工の土佐・狩野家、立花の池坊家、弓術の小笠原家、このような学芸の「家」や「流派」は近世以降の「家元制度」となっていく（西山一九八二）。

さて、中世に生まれたこれらの「家」「流派」には、多くの場合、競合する家・流派が存在した。ライバルに対して優越すべく、彼らは知識を秘匿化、あるいは神秘化する傾向を示した。これが秘伝である。秘伝は、口伝《くでん》*3や印信《いんじん》・切紙《きりがみ》の形で伝えられ、特殊な伝授作法が行われた。

その作法の多くは、密教における灌頂を模倣するものであった。

密教で修行の最終段階として行う伝法作法が灌頂である。灌頂とは、元はインドで国王即位のとき水を頭頂に灌《そそ》ぐ所作で、これを密教が伝法の表象として採り入れたものである。密教は、大日如来を初祖として代々、灌頂を通じて伝法されていくものとされる。唯一一人に継承されていくのが本来の姿なのだが、実際のところその相承の系譜は、時代が下るに従って拡大していった。空海がもたらした東密の場合、聖宝《しょうぼう》（八三二～九〇九）に発する小野流と、益信《やくしん》（八二七～九〇六）の広沢流に分かれ（野沢《やたく》二流）、円仁が伝えた台密では、皇慶《こうけい》の谷流、覚超《かくちょう》の川流に分かれる。これらの法脈では伝法の証明として「印信」という文書が与えられる。印信は師が弟子に与える印（印契《いんげい》）と明《みょう》（真言《しんごん》）より成り、別に初祖からの相承者を列記する血脈（流によってはさらに、師から弟子への伝授を明記する紹文）を伴う。このような印・明を記す形式は、一〇世紀前半ころに固まったとされる（永村二〇〇〇）。

密教の法流は、院政期以降になると、細分化の傾向がさらに顕著となり、鎌倉末期までに東密では野沢三十六流、台密では十三流に分岐する。これらの法流では、他流との差別化を目指して、伝法・許可・結縁灌頂以外にも、さまざまな「秘事」「大事」「灌頂」が考案され、その口伝・印信・切紙なども作られるようになる。このような動きは次第に顕教、さらに仏教の枠を超えて諸芸・諸学の伝授にも及んでいく。なぜなら、中世における〈知〉の閉鎖的な継承のありように、秘密伝授という密教の法式が最も適合的だったからである。

では、以上のような学芸の秘伝化において〈注釈〉はどのような役割を果たしていたのであろうか。これらの「家」「流派」は、その伝授の核となる〈正典〉を有している場合が多い。それには『日本書紀』『古今和歌集』といった文字通りの古典から、流祖の著作等まで含まれる。その場合、テキスト自体が秘典化することも多いが、それに加えて本文への注釈部分が秘事化する場合もあった。なぜなら、分裂し併存する「家」「流派」における独自の知識は注釈において現れるがために、かえって本文以上に重要となるからである。秘事となった注釈は、傍注、頭注、欄外注として本文の周囲に書き込まれるか、押紙として添付される。それらはまた独立した注釈書として再編されることもあった。秘事については印信・切紙あるいは口伝として秘密伝授が行われる。さらにこれらの秘事が集められ、秘密伝書を構成するようにもなるのである。

以下では、そうした中世的〈知〉の性格をよく表している和歌と神道書の注釈とその秘儀伝授について考えてみたい。

2　古今注と「日本紀」

『古今和歌集』の注釈は、仮名序《かなじょ》・真名序《まなじょ》への注記が平安中期より見えるが（いわゆる「古注」）（西村一九九七）、本格的な注釈が現れるのは院政期以降のことである（赤瀬一九八六、片桐一九八七)。その背景には歌の「家」の成立がある。六条藤家《とうけ》(顕季《あきすえ》—顕輔《あきすけ》—清輔《きよすけ》・顕昭《けんしょう》)、六条源家《げんけ》(経信《つねのぶ》—俊頼《としより》—俊恵《しゅんえ》)、御子左家(俊成《しゅんぜい》—定家《ていか》—為家《ためいえ》)である(西澤一九九六)。彼らは歌合を舞台に歌風を競い、古歌の解釈について論議するようになった。そして、このなかから歌論書や歌学書が登場する。俊頼『俊頼髄脳』、清輔『袋草紙』『奥義抄《おうぎしょう》』、藤原範兼《のりかね》『和歌童《どう》蒙《もう》抄』、顕昭『袖中抄《しゅうちゅうしょう》』などがそれである。

『古今集』についても、歌語の解釈や、本文の異同をめぐって、互いに自説を掲げて優劣が争われ、ついには『古今集』のみを対象とする注釈書も現れる。その最初が仁安二年(一一六七)成立とされる勝命《しょうみょう》(藤原親重《ちかしげ》、一一一二～九〇ごろ)『古今集序注』[*4]である(赤瀬一九八八、浅田一九九〇)。これは真名序のみの注釈であったが、続く治承元年(一一七七)に成った藤原教長《のりなが》(一一〇九～?)『古今集注』[*5]は、仮名序注のほか二二〇余首への注釈から成る。本書は後白河法皇の皇子で仁和寺門跡《にんなじもんぜき》であった守覚法親王《しゅかくほっしんのう》(一一五〇～一二〇二)に進講したものである。教長は崇徳院《すとくいん》の元近臣で、彼の講義はかつて崇徳上皇がその在京中に主宰した『古今集』注釈の会の「秘説」や、俊頼・清輔・基俊《もととし》等に学んだ成果をもとにしている。守覚はその後、寿永二年(一一八三)と文治元年(一一八五)に六条藤家の顕昭より『古今集』の講義を受けた(橋本一九七二〔一九二二〕)。それをまとめたのが『顕昭古今集注』[*6]で、これも抄出注ながら、さまざまな文献を引用しながら注釈を進めており、『古今集』に関する本格的な学問注釈の初発と評価される(紙二〇〇二、同二〇〇三、片桐二〇〇〇)。

さて、院政期歌学の『古今集』の注釈における関心の焦点のひとつが、和歌の起源である。周知のごとく、仮名序には「やまとうた」のはじまりについて、

この歌《うた》、天地《あめつち》の開闢《ひらけはじ》まりける時より、出来《いでき》にけり。

〔天浮橋《あまのうきはし》の下《した》にて、女神《めがみ》、男神《をがみ》と成《な》り給《たま》へる事《こと》を、言《い》へる歌《うた》なり〕

しかあれども、世に伝《つた》はる事《こと》は、ひさかたの天《あめ》にしては、下照姫《したてるひめ》に初《はじ》まり、

〔下照姫《したてるひめ》とは、天稚御子《あめわかみこ》の妻《め》なり。兄《せうと》の神の形《かたち》、岡《をか》、谷《たに》に映《うつ》りて、輝《かがや》くを詠《よ》めるえびす歌《うた》なるべし。これらは、文字《もじ》の数《かず》も定《さだ》まらず、歌の様《やう》にも有《あ》らぬ事《こと》ども也〕

あらかねの地《つち》にしては、素盞烏尊《すさのをのみこと》よりぞ、起《おこ》りける。ちはやぶる神世には、歌《うた》の文字《もじ》も定《さだ》まらず、素直《すなほ》にして、事の心分《わ》き難《がた》かりけらし。人《ひと》の世と成《な》りて、素盞烏尊《すさのをのみこと》よりぞ、三十文字《みそもじ》あまり一文字《ひともじ》は、詠《よ》みける。

〔素盞烏尊《すさのをのみこと》は、天照大神《あまてるおほむ》の兄《このかみ》也。女と住《す》み給《たま》はむとて、出雲《いづも》の国《くに》に、宮造《づく》りし給《たま》ふ時に、その所《ところ》に、八色《やいろ》の雲《くも》の立《た》つを見《み》て、詠《よ》み給《たま》へるなり。八雲《やくも》立《た》つ出雲《いづも》八重垣《やへがき》妻籠《つまご》めに八重垣《やへがき》造《つく》るその八重垣《やへがき》を*7〕

とある。〔　〕内の**太字ゴシック体**で記したのが古注である。

仮名序の和歌起源説について、本格的な検討を加えているのが、先に述べた『顕昭古今集注』（顕昭注）である。同注は、本文と古注を掲げたあと、「日本紀」の該当箇所を引いて、内容上の齟齬《そご》を指摘し、さらに先行する教長注の解釈についても言及する。そこで引く「日本

紀」とは『日本書紀』のことで、彼は『紀』との本文比較を行うのである。すなわち、天浮橋の下にて伊弉諾・伊弉冉二神が歌を交わしたことは『紀』にはない。下照姫についても、『紀』の天稚彦《あめわかひこ》の話を載せて比較し、古注に「あめわ神こ」と書くこと、『紀』で下照姫が詠じた「夷曲（ひなぶり）」を「えびすうた」と読んでいることに疑義を呈する。

続く素戔嗚尊のくだりは真名序の「然而神世七代。時質人淳。情欲無レ分。和歌未レ作。逮三于素盞烏尊到二出雲国一。始有二三十一字之詠一。今反歌之作也」（然れども、神の世七代は、時質に人淳うして、情欲分かつことなく、和歌いまだ作らず。素盞烏尊の出雲の国に逮《およ》びて、始めて三十一字の詠あり。今の反歌の作なり）を掲げ、『紀』の天地開闢、素戔嗚尊の八岐大蛇退治の段の本文、一書二、一書三、『古語拾遺《こごしゅうい》』を引き、古注において素戔嗚尊を天照大神の「この神（兄）」とすることを問題視しているが、さらに教長注の記す八岐大蛇退治譚について、『紀』との異同が多いことを指摘する。

このことを具体的に理解するために、以下に教長注の当該箇所を引いておこう[*8]。

尊《みこと》（素盞烏尊）は三尺の剣ばかりを佩《は》きて、出雲の国をとうとういまそかりけるに、草茂りて道もなき所をば、この剣して薙ぎつつをはしければ、この剣をば草薙《くさなぎ》となん名づけける。かくてかの国にたづね行きて見たまひけるに、遥かに良き家の見えけるを、指してをはしたりければ、つくり続けて人は見えず。こなたかなたとたづねたまふに、寝殿の北面と思しき所に、美しき姫君《ひめぎみ》ただひとり泣き居り、立ち寄りてたづねたまへば、言ふやう、

「我はこれ長者の一人娘なり。いつきかしづかれて過ぎつるほどに、夜《よ》更くる時、乾《いぬゐ》の方より鬼来たりて、夜に人ひとりを取る。従者眷属皆取られ、或いは逃げ去りにき。果ては父母も喰はれて、今宵我が喰はれなんとする」と言ひけるに、鬼の有様《ありさま》を問ふに、「恐しければ、細かには見ねど、乾の方より風うち吹き、雨降りて、二・三丈なる物の、頭《かしら》八つあるなり」と言へば、「安きことなり。したためてん」と尊《みこと》のたまひて、酒炭油《あぶら》などを尋ぬるに、「皆侍るらむ」とて、蔵の鍵ども取出《とりい》でたれば、蔵々《くらくら》をあたるに、物ども皆ありけり。取出でて、鬼の来たるといふ方《かた》に、角《かど》をあけて、炭を堤《つつみ》のやうに置きめぐらして、油をかけて、その内に、舟八つを据ゑて、酒を入れたたえて、そのとき少しかねて火を置きたれば、炭皆起こるほどに、いふがごとく雨降り、風吹きて、ものの来るを見れば、頭八つある大蛇《おろち》なり。火をうち見て、開けたる所より入《い》りて、八つの舟の酒を、八つの頭差し入れて皆飲みて、酔《ゑ》いにければ、いびき高くして臥せるを、尊、この草薙《くさなぎ》の剣して、頭より切りたまふに、尾《を》の方《かた》に物の触《さは》るを取出でたれば、これも剣なり。さて炭をかき覆ゐて、皆焼き失いつ。その後、かの姫君と住みわたりたまへば、従者ども伝え聞きて、皆来たりぬ。さて宮作りしたまうとき、内裏は九重に作るを、これ親王なれば、八重《やえ》に垣を作りたまうに、その所に、八色《やいろ》の雲の立つを見て、この哥を詠みたまひて、この雲はかの蛇の、八つの頭ありければ、これになずらへて、立てりけるなるべし。その後《のち》、罪許されて帰りたまふに、剣二つをば、天照大神《あまてるをほむかみ》に奉りたまへり。もとより佩きたまへるをば、草薙と名づけ、蛇の尾より出できたれるをば、村雲《むらくも》となん名づけられける。それより伝はりて、未だみかどの御守《をほんまも》りに、宝剣と名づけたるこれなり。今ひとつは尾張の熱田明神《(ママ)》と申《まう》すこれなり。二つが中に、これはそれといふことを知らず。草薙は蛇尾の剣に当たりては、少しはこぼれたりとぞ、いひつたふる。

顕昭が右の教長注と『日本書紀』の本文との相違として指摘するのは、①「(奇)稲田姫」を単に「姫君」とする、②大蛇を斬った剣を「十握剣」ではなく「草薙剣」とする、③「草薙剣」が蛇の尾に当たって刃が欠けた、④素戔嗚の「八雲立つ出雲八重垣妻籠めに八重垣作るその八重垣を」詠につき、内裏は九重であるのに対し素戔嗚は「親王」であるゆえ「八重垣」という、⑤「八雲」とは大蛇の頭が八つあったのに因む、等の箇所である。[*9]

教長注に限らず、院政期の歌学書に「日本紀(記)」として引かれる神話記事は、『日本書紀』のみを意味しているのではなかった。これらの諸書における「日本紀」とは、『紀』『記』『古語拾遺』『先代旧事本紀《せんだいくじほんぎ》』から、平安期に行われた日本紀講[*10]の記録、その際の日本紀竟宴《にほんぎきょうえん》[*11]の和歌・詩の詞書などを含む。さらには、典拠が詳《つまび》らかでない口承・書承の異伝もあった。教長が書き残しているのは、このような異伝である。

既に別でも述べたように、伊藤正義は、中世に流通するこれらさまざまな「日本紀」を「中世日本紀」とよんだ(伊藤正義一九七二)。「中世日本紀」は、歌学書等の注釈の一部として残され、〈正典〉たる『日本書紀』(及びその副次テキスト=准〈正典〉として『古事記』『古語拾

図7－1　柿本人麿像　伝藤原信実筆（鎌倉時代、東京国立博物館蔵）

遺』）の本文をとりまいている。参照する神話テキストを『紀』『拾遺』に限定する顕昭の姿勢は、むしろ特別である。[*12] しかし、彼の教長注への態度を見ると、『紀』との内容上の異同に言及するものの、それが捏造《ねつぞう》であるとか誤伝であると主張してはいない。つまり、『紀』本文が相対化されてしまっているのである。

　顕昭に見られるような、さまざまな書物を参照して和歌を注釈する文献主義的姿勢は六条藤家の特徴である。それに対し、御子左家の俊成は鑑賞主義的であって、博引《はくいん》することは少ない（片桐二〇〇〇）。その子定家も基本的には同じだが、六条藤家風の文献引証主義にも関心を示し、顕昭の『古今集』注釈を勘注《かんちゅう》（調査注釈すること）した『顕注密勘《けんちゅうみっかん》』を著している。六条藤家流は鎌倉時代に入ると、御子左家の下風《かふう》に立ち、歌の「家」としては衰退していく。しかし、その学風である文献主義的指向は、御子左家諸流のなかに引き継がれていくことになるのである。

　文献主義と並んで六条藤家が持っていた傾向として、秘説主義的態度が挙げられる。この傾向は歌神として柿本人麿の画像を掲げ、その前で儀礼を行い歌会を催す人麿影供《ひとまろえいぐ》を創始したのが、六条藤家の始祖顕季（一〇五五〜一一二三）だったことからも窺われる。[*13] さらに清輔の『奥義抄』は、最終巻に「下巻余」として難解な歌語二十四を掲げるが、その冒頭に、

此の巻に於ては、和歌の肝心目足なり。灌頂の人に非ざれば、輙《たやす》く開くべからず。件の灌頂は、器量及び年蘭を撰び、之を授くべし。玉津島姫明神御守護の巻なり。慎むべし、慎むべし。（原漢文）[*14]

とある。ここでいう「灌頂」が具体的にどのようなものだったのか分からないが、これが次節で述べる和歌灌頂の先蹤《せんしょう》であることは間違いあるまい。

3　和歌灌頂の世界

定家の子為家（一一九八〜一二七五）の代に御子左家は宮廷の歌道家としての地位を確立するが、その没後、二条・京極・冷泉三家に分裂し、それぞれが歌道における覇権を争うことになった。しかしそのことが、和歌の秘伝化をいっそう促進させた。さらに御子左家の傍系である為顕《ためあき》流・為世《ためよ》流・為実《ためざね》流や、俊成の弟子だった藤原家隆《いえたか》（一一五八〜一二三七）を始祖と仰ぐ家隆流（佐々木一九七四）、六条藤家の子孫の流れである九条流なども立ち、互いに影響しあいつつ、各々の秘伝書を作っていくのである。

このなかでも独特な伝書を生み出した流派に為顕流がある。為顕も為家の子であるが、関東に下って一派を立てた。『竹園抄《ちくえんしょう》』『古今和歌集序聞書《こきんわかしゅうじょききがき》』（通称『三流抄《さんりゅうしょう》』）『新撰帝説集』『玉伝集和歌最頂』『玉伝深秘巻《ぎょくでんじんぴかん》』等の為顕流に属するとされる伝書群は、密教や中世神道説の影響を濃厚に受けた秘説を多く含み、それが大きな特徴となっている。

ここで注意されるのは、先に述べたように御子左家流は元来鑑賞主義的な流派であって、六条藤家のような秘説主義的傾向が稀薄だったことである。そのため為顕流では、秘説の相承血脈に、俊成以前に経信・俊頼を置くことで、秘説相承の正当化を図った。たとえば『玉伝深秘巻』では「血脈年号奥書」として、後述する住吉明神から業平への秘事をめぐる相承を記すが、そこでは経信、俊頼、俊成、定家、為家、明覚《みょうがく》（為顕）、神垂の名が連ねられる。実は経信・俊頼からの相承は家隆流でも標榜されている。両流はどちらが経信正系であるかをめぐって、相当の対立があったらしい。このことは、為顕流の『三流抄』冒頭の次の一節より窺われる。

古今に三の流あり。一に定家、二に家隆、三に行家。
問ふ、家隆は俊成卿の弟子、俊成は定家の父也。何ぞ家隆の流とて別に有るや。
答ふ、俊成没後に定家・家隆は左右の翅なり。然りと雖も、家隆は定家の末を受たるに依りて、一義を成する事能はず。爰に、帥源大納言経信卿、住吉に参籠有りて、大明神に和歌の不審を祈請す。三七日満ずる夜、住の江の月隈なかりける夜、老翁出現して、経信に向ひて「何事を祈請し給ふぞ」と問ひ玉ふ。答へて云く、「吾に鳥羽の帝より、歌に七の大事と云ふ事を尋ねさせ給ふ。是諸家の人に尋ぬべきに非ず。仍りて、大明神に此の事を祈請す」と申さる。翁の云く、「何程の大事か承り給ふらん」と云ふ。経信一々に不審を申す。翁聞きて「安き理の事也。明神の御託宣を待つに及ばず」とて、七夜がほどに不審を開き聞かす。是を経信註して十二帖にして書付く。六巻をば『鳥風問答神頭風伝』と云ひ、今六巻をば『知顕集』と云ふ。今此の翁は明神の化現也。家隆、定家に義を違へんために、彼の風伝を尋ねで、此の義に付きて、定家の流に義をかへ（変）、文字読をかへ（変）て、二つの流とす。然れども経信より血脈相承なきにより、当流には家隆を吾家の末の物と号す。

（片桐洋一所蔵甲本[*15]）

右は経信に仮託される『和歌知顕集《わかちけんしゅう》』の相伝に関わる由緒で[*16]、事実、現存する『知顕集』の諸伝本は、為顕流系統と家隆流系統に分かれている。『三流抄』は為顕流の本なので、家隆流の相伝を、正式の伝授も受けずに意味や訓《よ》みを変えているに過ぎないとして、「吾家の末の物」として扱っている。『知顕集』の問題は、経信を秘説伝授の祖と仰ぐことがどちらから始まったかにもつながる問題となろう。これについて佐々木忠慧は、家隆流は経信→家隆という系譜を以て流派を形成し、『知顕集』も同流系が原型に近いとした。そして鎌倉後期に家隆流の正系が絶えたのちに、系譜を書き換えた上で、為顕流に吸収されたと主張する（佐々木一九七四）。一方三輪正胤は、『知顕集』の諸伝本の内容を比較し、為顕流が先行すると考え、したがって同流が経信に発し、俊成・定家に至る系譜とそれに基づく秘事を作り上げたのに対して、家隆流が迎合していったと、全く正反対の見解をとっている（三輪一九六八、同一九九四）。為顕流・家隆流の先後関係についてはともかく、両流とも秘説伝授に際し、灌頂作法、すなわち和歌灌頂を行っていたことに、ここでは注目しておきたい。和歌灌頂とはどういうものだったのか。神宮文庫蔵『和歌古今灌頂巻』（全三巻、明暦三年写）を中心に、その次第を解説しておく。[*17] 同書はその上巻の冒頭に灌頂次第が載せられている。それに基づき、作法の流れを記せば次の通りである。

①精進潔斎

②「諸ノ歌仙」を安置する。

③花を飾り、香を薫《た》きなどして壇を荘厳する。

④師は先に入場、啓白を捧げ、弟子を呼び入れる。

⑤弟子は師の左に座し、師に三礼して本座に着す。

⑥師は「八雲立つ…」「難波津に咲くやこの花冬籠もり今は春べと咲くやこの花」「ほのぼのと明石浦の朝霧に島隠れゆく船をしぞ思ふ」の三首（「八雲」「難波」「若々」三首本歌）を三遍詠じ、弟子の頭に花を注ぐ。

⑦弟子は三礼の後、この三首本歌を詠ず。

⑧弟子は、師に自らの歌を捧げ、受け取った師はそれを詠ずる。

⑨讃詞（和歌之仙受性于天　其才卓爾其鋒森然　三十一文字詞華露　鮮四百余歳来葉風　伝斯道

宗匠我朝賢　湿而無緇鑽之弥堅　鳳毛少匹麟角猶専　既謂独歩誰敢比肩）を唱える。

⑩師は席を下り、三首本歌を三遍詠ず。

⑪弟子も席を下り、師に向かって三礼し、灌頂作法を受ける。

ここでは「諸ノ歌仙」が何かはっきりしないが、同じく為顕流の伝書である『古今和歌集秘事』（書陵部蔵）、『金玉双義』（書陵部蔵）や、本書とは別の和歌灌頂の秘伝である『古今和歌集灌頂口伝』上「古今相伝灌頂次第」には本尊として住吉大明神・天照大神・柿下大夫人麿の図を懸けるとしている。また三首本歌のうち、「八雲」「難波」詠は仮名序に登場するもの、「若々（ほのぼの）」詠は『古今』自体では「読人不知」とされるも、後に人麿の作とされるものである。既に指摘されているように（山田一九六六、三輪一九九四）、人麿を本尊に掲げることからみても、本灌頂が人麿影供を淵源に持つことは明らかであろう。さらに為顕の著作である『竹園抄』[*18]に所載されている和歌披講《ひこう》の作法との類似も注目される。ここでは本尊に人麿と住吉明神の影像を掲げ、その前に花瓶・焼香・閼伽を置き、文台を据えてあり、これも人麿影供の影響が濃厚である。和歌灌頂は、このような先行する作法に密教の灌頂作法をアレンジして作られていったと思しい。

さて、⑪に続いて具体的な秘説伝授に入る。それは次の十の説である。

一、大和歌　二、六義六体　三、三曲　四、五句ノ五名体　五、日戸丸次第

六、言実体　七、五輪五仏和歌同体　八、父母二歌　九、三鳥三無　十、一松一

作法上は目録のみ伝授するだけだが、その内身は、六、九、十を除いて本巻中に収められており、ここでその具体的内容を知り得る。ただし叙述は錯綜していて、整序されて並んではいない。以下、その概要を略記しておく。

「一　大和歌」→「大」「和」「歌」三文字の解字説である。「大」は「一人」。「和」は「口千八」で「口」は「オサム」、「千」は「カズカズ」、「八」は「円満・満足」、総じて「ヤワラグ」、「歌」は「コトハ」。したがって「大和歌」とは「一人ノコトバヲヤワラグ」と読む。

「二　六義六体」→「六義」（風・賦・比・興・雅・頌）を五根（眼根・耳根・鼻根・舌根・身根）・五智（大円鏡智・平等性智・妙観察智・成所作智・法界体性智）・五蘊（色・受・想・行・識）・五章《（障カ）》（煩悩・業・生・法・所知）・五声（宮・商・角・徴・羽）・五時（華厳時・阿含時・方等時・般若時・法華涅槃時）に、「六体」（長歌・短歌・旋頭歌・根本歌・廻文・俳諧）を、六道（地獄・餓鬼・畜生・阿修羅・人・天）に配当する。

「三　三曲」→歌（大・和・歌）を阿・鑁・吽、空・仮・中、法身・報身・応身、あるいは三因仏性等に配当する。

「四　五句ノ五名体」→歌の五句を五大や五体に配する。

「五　日戸丸（ひとまる）次第」→人麿は「歓喜人丸（柿本人麿）」のほかに「翁人丸（実は大伴家持）」「努人丸（実は橘諸兄）」「不住人丸（実は在原業平）」であった。

「七　五輪五仏和歌同体」→「若々（ほのぼの）」詠をめぐる説で、歌の各句を受胎後の胎児の出生の五段階（胎内五位）に配し、さらに五仏（大日・阿閦・宝生・阿弥陀・不空成就）・五智・五転（方便究竟・発心・修行・菩提・涅槃）等に当てはめる。

「八　父母二歌」→「難波津」詠は父母の交合を意味する。

以上のような諸説が灌頂に伴って生み出されたのである。こうした為顕流の秘説展開については、『伊勢物語』注釈との関係をめぐって、次節でさらに述べたい。歌道諸流にとって『古今集』と並ぶ〈正典〉は『伊勢物語』であり、その注釈書は古今注と密接な関係を有していたのである。

4　『玉伝深秘巻』の秘説世界

『伊勢物語』百十七段は以下のような話である。

むかし、みかど、住吉に行幸したまひけり。

我見ても久しくなりぬ住吉の岸の姫松いくよへぬらん

おほん神、現形《げぎやう》し給て、

むつましと君は白浪瑞垣《みづがき》の久しき世よりいはひそめてき[*19]

この段をめぐって為顕流では、「みかど」を文徳《もんとく》天皇のこととし、業平《なりひら》がそれに供奉《ぐぶ》したとする。そして「我見ても」詠は業平の歌、「むつましと」詠はそれに対する返歌と解釈した上で、さらに独特な秘書伝授譚を作り上げている。たとえば『三流抄』では次のようにある。

> 文徳天皇、天安元年正月廿八日に住吉行幸あり。此時、業平御伴に参る時、玉壇に跪て社頭を礼し奉りしに、魂、天にかけり、恵風心に涼し。此時、一首をよみて大明神に奉る。
>
> 　吾みても久しく成ぬ住吉の岸の姫松いく世経ぬらん
>
> 此時、業平廿五歳也。此時、明神玉のとぼそを押開き、赤衣の童子と現じて、御返歌、
>
> むつましと君は白波みづがきのひさしき代より頌《いはひ》そめてき
>
> 此時、二巻の書を業平にたまふ。此書を業平が二男在少将滋春に伝ふ。（中略）抑、滋春、両巻の内一巻を伝へ、一巻をば伝へず。其一巻とは、阿古根浦をば伝へて、玉伝をば伝へざる也。業平、天照太神に玉伝を奉る。[20]

すなわち、天安元年（八五七）正月二八日、文徳天皇の住吉行幸に随行した在原業平は、住吉明神と和歌を贈答し、そのとき「玉伝」「阿古根浦《あこねうら》」の二巻を伝授された。後に業平は息子の滋春《しげはる》に「阿古根浦」のみ伝え、「玉伝」は天照大神に奉ったとする。『三流抄』はそのあと、清和《せいわ》・陽成《ようぜい》・光孝《こうこう》・宇多《うだ》の四代を経て、醍醐《だいご》（延喜《えんぎ》）のとき、粟田中納言藤原兼隆《かねたか》が勅使として伊勢神宮に参り、夢想のうちに大神より錦に包んだ巻物を賜ったと続けている。

　同様の説は為顕流のほかの伝書にも見える。『玉伝集和歌最頂』[21]は、住吉から伝授されたのは「玉伝」「阿古根浦」のほか「九章」があり、これも「玉伝」のみ、貞観《じょうがん》一三年（八七一）

五月に業平が伊勢神宮勅使として派遣されたおり、神宮に奉ったとする。また『新撰帝説集』[*22]では、「玉伝集」「阿古根浦」とも神宮に納めたとしている。

しかし何といっても詳細に記すのが、まさにこの「玉伝」の名を冠した『玉伝深秘巻』（以下『深秘巻』と略称）である（石神一九九一～九三、同一九九一、同一九九五、中川一九九一）。同書は、元来切紙・口伝が類聚されたもので構成も錯雑しており、諸本により異同も多い。しかし、為顕流の秘説世界を知る中核的なテキストである。

同書では、住吉よりの「玉伝」授受と神宮への奉上について、大略次のように明かす。そもそも「玉伝」とは住吉大明神より伊勢大神宮（正確には外宮）に進じたてまつるべく、業平に託されたものである。その内容は「世道のまつりごとは、和歌の善悪による」もので、その力で諸菩薩・三十一神等を法楽し、歓喜納受せしむれば、世も豊かになり、民衆も喜ぶことになる、というものである。この「玉伝」とは別に、業平のために「阿古根の浦の義」が贈られた。二月五日に「玉伝」を携えて伊勢神宮へ行き、夢のなかで神は示現して納受する。このとき住吉が外宮へと言付けた歌が「いにしへの男女の契りを忘れずは折々ごとにゆきて見ましを」というもので、それに対する返歌が「世にはなど伊勢の契りは朽ちせめや我こそゆきて見まくほしけれ」であった。さらに「汝御使、神妙なり」とて「たのめたゞ末の世までも珠数の緒の絶えずひさしき和歌の浦とは」の歌とともに、紺瑠璃の念珠を懸け回した扇を賜った、云々。

住吉と外宮を男女になぞらえた両神による贈答歌は『古今集』にも『伊勢物語』にもないが、これこそ本書のライトモチーフを示すものである。すなわち、外宮の返歌にある「伊勢の契り」を伊＝女、勢＝男と読むことで、「伊勢の契り」には男女の交接との含意があり、『伊勢物語』とは「男女（正確には女男）物語」であるというのである。以下これをめぐるさまざまな説が展開する。たとえば、

一、天照太神宮へ玉伝進じ奉るも伊勢の御歌に何《いづれ》の義あらんや。玉伝といふに付きて義を興せり。いわゆるところの開くをば玉門といふ。又、子門穴《しもんけつ》といふ。閉さば玉茎といふ。しかれば、伊勢とは男女といふ言葉なり。伊は開、勢は閉なり。されば、住吉と豊受《ほうじゅ》とは夫婦の御中なりければ、かくのごとくに御文通ふ。しかるに玉伝は一期の秘書也。此の玉伝を見ずして歌をよむ事、勿体なき事なるべし。[*23]

などといっている。

ところで、『深秘巻』には、住吉より業平に伝授され、その子滋春に伝えられた「阿古根浦」に関する口伝もある。[*24] 二箇所あるが、いずれも内容の中心は『伊勢』百十七段の歌の解釈である。「我見ても」詠が業平が住吉の化現なることを含意し（業平は住吉神なのだから、垂迹以来、住吉の姫松をずっと見続けているよ）、「むつましと」詠も住吉・業平は一体なのだから、本・末の差こそあれ「むつまし」いのは当然だということを意味している、とする。[*25]

阿古根浦の口伝の内容とは、「阿・古・根・浦」の字義解釈をめぐるものである。これは二

箇所ともに見え、前者では、阿古根浦に二義あり、一義は「伊勢太神宮あこねの郡の内」、二義には「阿」は阿字本不生[*26]、「古」はむかし日神が岩戸にこもりて一女三男を生んだ夫婦の契り、「根」は「日本根本の神を生み、万物を出生した」ること、「浦」は「日本の名」を意味するとする。

後者では、少し内容に齟齬があるが、次のように記されている。

阿古根浦とは、阿は無性の理、五行本有常住の義なり。古は天神七代をつかさどりしことをいふなり。根の浦とは、今天神の身を塵に交へて中将に化するをいふなり。これを阿古の浦の口伝といふなり。これ皆不生不滅の極理にてある事、尋ねてもともに知りがたし。されば伊勢とは阿古根といふなり。万物皆の混元なり。[*27]

『深秘巻』に見える「阿古根浦」伝は右記のごとくだが、滋春が継承したとされるこの秘伝を拡大し、『深秘巻』にも見えた伊勢＝女男説のモチーフを、さらに展開させているのが、滋春撰と称する『伊勢物語髄脳』である。同書は立川流[*28]の影響が指摘されるが、その内容は文芸注釈の域を逸脱し、一種の宗教テキストといった趣きを呈する。

さて、『深秘巻』を中心に展開した「玉伝」「阿古根浦」をめぐる秘事は、その伝授に際して灌頂作法が行われていた。それを示すのが『深秘巻』の異本『金玉双義《きんぎょくそうぎ》』所載「和歌伝授灌頂秘記　経信」である。略次第なので分からないことが多いが、これに基づいて再現すれば、以下の通りである。

まず、歌壇の中尊に住吉・天照大神・人麿の影像を掲げ、左に和歌曼荼羅、右に「三十六人」（おそらく三十六歌仙）を配する。道場の四隅は幡で餝《かざ》り、五人の侍者（伽陀《かだ》を読む人、楽人三人、式師一人）が控える。作法次第は文机の上に「秘密書」が置かれ、灌頂の師がまず天神・地神・住吉・人麿・三十六人・一切聖霊を勧請、次いで血脈・玉伝・阿古根浦口伝を伝授する（伊勢物語・古今集については「事に随ふべし」とある）。ついで「ほのぼの」詠、伊弉諾の歌、「月やあらぬ」詠[*29]を各々一〇遍ずつ唱える。

以上のように、中世の和歌注釈においては、宗教性濃厚な秘説が数多く生み出され、その伝授作法が作られていった。このような事態は歌道周辺にのみ起こったのではなく、中世における同時代的現象であった。その典型が中世神道における注釈と伝授作法である。

5 「日本紀」としての中世神道書

既に述べたように、院政期において『日本書紀』のまわりには注釈や異伝が取り巻く「中世日本紀」ともいうべきジャンルが形成されていた。さらに鎌倉時代以降になると、伊勢神宮や日吉山王、三輪山や室生山などにおいて、「神道書」と後世よばれるテキスト群が出現する。ただし同時代的には、これらはすべて同様なジャンルのものとみなされていたようである。

ここではその例として、文安六年（一四四九）の書写奥書を持つ天理図書館蔵『神皇正統記[*30]』丁帖所載の目録を挙げておく。

一、日本紀と云ふは三十巻の書なり。神代より持統天皇十年に至る記なり。天武天皇四年、一品舎人親王の撰なり。此第《（ママ）》の巻を神代の巻と云ふなり。此巻を上下に分て、天神七代上巻、地神五代下巻とするなり。凡そ日本紀は、入鹿の臣の誅さるる時、悉く焼失し畢んぬ。其の後、彼の親王、諸家の品を集て、誅さるる時古品の面影有るをば正字として、其の外家々の説を記され、一書と云ひて載せらるるなり。此の外日本紀の類多く之有り。

続日本紀〔四十巻。大宝元年より延暦十一年に至る記なり。桓武御宇の撰なり〕

日本後紀〔三十巻。延暦十一年より天長十年に至る。仁明天皇撰なり〕

続日本後紀〔二十巻。承和元年より嘉祥二年に至る。清和天皇御宇の撰なり〕

文徳実録〔十巻。嘉祥二年より建安三年に至る〕

三代実録〔五十巻。建安三年より仁明に至る。醍醐御宇の撰なり〕

外記番記〔光孝以後ノ国史。百三十巻〕

前代旧事本紀〔十巻。推古天皇御時、聖徳太子、蘇我宿禰を以て之を撰せらる〕

日域記〔吉備大臣ノ作。扶桑略記・古語拾遺同じ〕

弘仁格　延喜式〔律十巻、令十巻〕

管曹事類〔太子御作〕　太宗秘府〔十二巻。行基御作〕　金剛宝山記〔四十二巻。役行者作〕

天口事書〔一巻。作者を知らず〕

両宮形文深釈〔二巻〕　両宮本縁理趣摩訶衍抄〔三巻〕　中臣祓訓解〔一巻〕　大日本開闢本縁秘抄〔一巻。已上五部、弘法大師御作〕
麗気〔十八巻。延喜御製〕　神祇譜伝図〔一巻。或いは太子御作と云ふ〕　遷幸時代抄〔一巻〕
元々集〔八巻〕　神皇正統記〔四巻。以上、北畠准后作〕
神風和気〔二巻。慈遍法印作。此の法師、神道秘抄を夢想に蒙りて、大事の書を拝見しける人なり。故に日本紀に達して、旧事本記の註を六十巻に作ける由伝聞し、天台学者にて、彼宗六十巻に撰しぬるかと云々〕[31]

最初に『日本書紀』の由来を解説し（ただし、これは現行の漢文体の『書紀』以前に「仮名日本紀」が存在したと解釈している[32]）、続けて「日本紀の類」として、官撰国史より始まり、外記日記・格式、そしてさらには、我々が今日「神道書」とよぶ一連の書に及ぶ。

右に類似するものとして、関白流なる両部神道系流派の『神書目録関白流』がある。[33]同目録では『日本書紀』を冒頭に置き、以下『先代旧事本紀』『古事記』『古語拾遺』『続日本紀』『日本後紀』が挙げられた後、『麗気（記）』『（中臣祓）訓解』『神皇実録』『神皇系図』以下数十に上る両部・伊勢神道書が列記されている。つまり、『日本書紀』及びそれに連なる史書は、神道書と同じく「日本紀」あるいは「神書」の名の下に、同じ範疇で括られていたのである。

もちろんその頂点が、常に冒頭に置かれる『日本書紀』自体であることはいうまでもない。

しかし、特に鎌倉時代に述作される初期神道書の場合、空海、行基、最澄、円仁などの過去の祖師に仮託されることが多く、宗や流派の〈正典〉たることが企図されていた。外宮祠官による伊勢神道においては、神宮三部書、あるいは禁河十二部書といわれた、自分たちの先祖に仮託した一連の書がその中心に置かれた[*34]。また、天台系の山王神道では、最澄・円仁・円珍・安然の名を冠した秘書の引用集成という形式を持つ『山家要略記』などが根本伝書とされ、『日本書紀』はあくまで世間通有の「神書」という位置づけだった。つまり『日本書紀』は集合としての「日本紀」のなかで自ずから相対化されたのである。またいいかえれば、これらの創出されたテキスト群は、『日本書紀』の注釈、あるいは補遺としての役割を担っていたともいえるだろう。

そのなかにあって、両部神道（御流神道・三輪流神道）では、〈正典〉の第一は『日本書紀』であった。そのことを示すのが、次に掲げる両部神道系流派の二つの相伝書目録である（伊藤聡一九九九）。

①真福寺蔵『日本記三輪流』（天文十七年〔一五四八〕玄仙写[*35]）

日本記当流目録次第事

本書三巻、見聞上下巻、麗気記十八巻、天上巻、雲上ノ巻ト申也。梵天ヨリ降ルト申也。水鏡ノ巻キ上下巻　新改紀上下巻　信西入道経印信一通　血脈一通　神道継図一巻　魔王巻三巻　日本記秘伝一巻　馬台記見聞一巻。相伝重雑多当流十重也。則位後大事重　鹿嶋香取二重　則位重　十一面一重　十三重ハ別宗、灌頂三重。

②京都大学附属図書館蔵（菊亭文庫）『両部神書』（永禄十一年〔一五六八〕証尊写）

当流神書目録

本書三巻　見聞上下巻　麗気十八巻　水鏡上下巻　新改紀上下　鹿《魔カ》王巻十六巻　明鏡抄上下巻　継図上下巻　馬台記一巻併　見聞一巻　印信卅六通　本尊十一幅　生死皈死経一巻　本源経一巻　裏書一巻

当流不レレ入ラ共　神代二巻　日本記三巻　箱隠一巻　薄墨上下巻付印信

右にある「本書」とは『日本書紀』のことで「見聞」はその注釈書である。『書紀』が三巻となっているのは、相伝されるのが全巻ではなく、神代上下と神武紀（巻一～三）のみであったからであろう。『書紀』の現存伝本のうち、室町時代の書写である一峯本（北野天満宮蔵）や三嶋本（三嶋大社・國學院大學分蔵）等は、三巻構成を採っており、右の相承の実態と符合している。

6　『麗気記』注釈と麗気灌頂

右目録では『書紀』に次いで『麗気記』『水鏡』『野馬台詩（馬台記）』『新改紀』『魔王巻』といった伝書が挙げられている。[*36] さらに、書物とともに「血脈」「継図」「印信」といった相承の正統性を認証する文書が付されている。「本尊十一幅」とあるのは、その際に掲げられる神

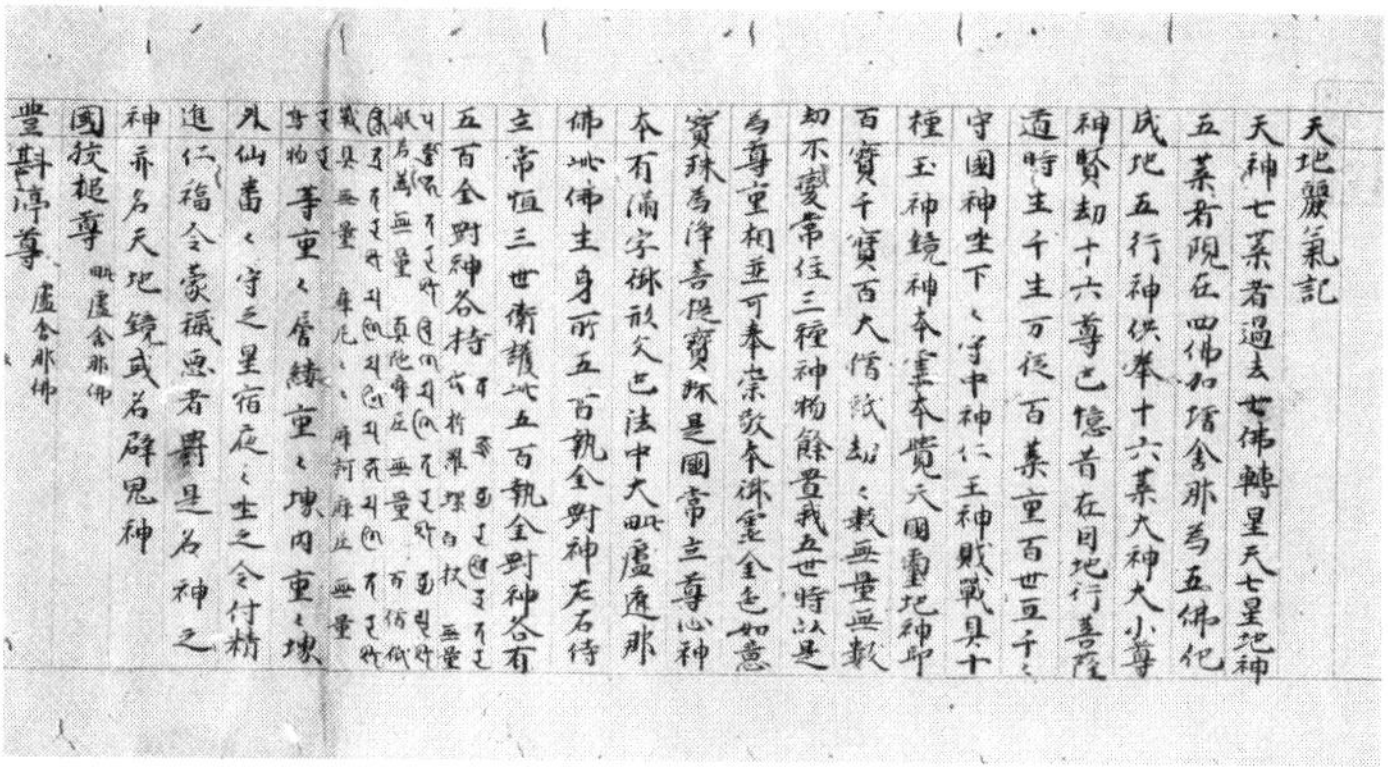

図７－２　『麗気記』（南北朝時代写、真福寺宝生院蔵）

体・神宝の図像を指していよう。つまり、『日本書紀』以下の相承に当たっては、伝授作法が伴っていたことを示しているのである。これこそが、先に述べた和歌秘説と同じく、神道において行われた灌頂作法、すなわち神道灌頂である。

　神道灌頂を考えるとき、その中核的なテキストとして位置づけられるのが、右目録で『日本書紀』に次いで名が見える『麗気記』である。[*37] 同書は本文十四巻・絵図四巻、都合十八巻より成り、およそ鎌倉中後期に成立したと考えられる。内容は、伊勢神宮に関する、真言密教に基づく諸説を集成したもので、神秘的解釈と独特な秘訓に満ち、容易に解読できないように作られている。そのため、複数の注釈書が早い段階より編まれている。『麗気制作抄』（康応元年〔一三八九〕以前成立）、良遍《りょうへん》『麗気聞書』（応永二六年〔一四一九〕成立）、聖冏《しょうげい》（一三四一～一四二〇）『麗気記私抄』、同『麗気記拾遺抄』、『神宮方神仏一致抄』等である。[*38]

その由来については、醍醐天皇が「秘密灌頂壇」に入り、神泉苑の龍女より伝授された伊勢神宮鎮座をめぐる「奥旨」（奥義）であると、『麗気記』自体に記される（「天照皇大神鎮座次第」）。注釈書の多くは、この「奥旨」が「天札巻」であるとする。「天札巻」とは『麗気記』巻一一に当たる「三界表麗気記」のことである。[*39] 本巻は二つの引用と三つの図より構成されている。引用は「宝山記」と「天札巻抄文」である。このうち「宝山記」とは、役行者撰として『麗気記』本文中にしばしば引かれる『金剛宝山記』で、光明大梵天王（＝天照大神）が、天地開闢以降、迷悟・有無の差別を立てて、忘れられてしまった法性《ほっしょう》法爾《ほうに》の道を知らしめんために、娑婆世界に降臨することを説く。次いで降臨した「大梵天王常恒説法」（梵天の永遠なる説法）として「天札抄」が引かれる。その内容は「男女」に授与された六つの五字真言に関するものである。『麗気制作抄』では、この「天札抄」が梵天より下された文で、皆梵字だったと注する。つまり、龍女から醍醐天皇への灌頂とは、これらの真言の授与を指すというのである。

その具体的な作法が麗気灌頂である。本書の成立時点においてのありようは分からないが、今日確認できる初見は、真福寺に所蔵される『二所皇大神宮麗気秘密灌頂印信』である。[*40] これは文和《ぶんな》二年（一三五三）五月二一日に中性院流の儀海《ぎかい》から有恵《ゆうえ》に伝授されたものである。有恵は真福寺開山能信《のうしん》の弟子で、師の意を受けて武蔵国高幡不動の儀海の下に赴き、諸書の書写を許され伝授等を受けているが、その一環として麗気灌頂を受けたときの印信である。真福寺所蔵の『麗気記』はそのとき伝授されたものと推定される。

真福寺本は、黄檗紙《おうばくし》の本文十四巻、絵図三巻で構成される。真福寺本について注目すべきこととして、黄檗紙の正本と同筆ながら紙質を異にする（楮紙打紙《ちょしうちがみ》）*41副本の存在がある。これらは「天地麗気記」「三界表麗気記」のみ巻子で、ほかは粘葉装《でっちょうそう》*42の一帖にまとめられている。そして正本は白文で書かれ、訓点等は一切ないのに対して、副本には綿密な訓点が施されているのである。訓点は秘事に属するものとして、正本とは別に書写を許されたのであろうと考えられる。*43

麗気灌頂に関する資料としてこれに次ぐのが、康応元年（一三八九）以前成立の『麗気制作抄』*44である。同書はその巻末識語に「書本云、已上十八巻伝授了。印信在レ之」とあることから、『麗気記』の伝授に伴って受者に付与された解説書というべきテキストであった。内容は「延喜御門御作也。其子細彼書第三」「同書灌頂事」「麗気灌頂印信」「利剣本尊事」「次即位事」「太祝詞事」「法神言事」「三光事」「登隅嶋事」「出雲十月神在月云事」「大仏殿事」「猿田彦神事」「仏神事」「神璽事」「天村雲命事」の各条と、『麗気記』各巻についての注記である。「同書灌頂事」には、麗気灌頂印信ともに、灌頂の次第が載せられている。すなわち、

①本尊（利剣本尊）を懸け、香花供具を備える。
②浄莚（荒薦）を敷き、師（阿闍梨）資（受者）、並び座し互いに再拝。
③師資再拝ののち、師は右手、資は左手を出して外五古印（親指・中指・小指は端を合わせて直立、薬指は外縛し、人差指は関節を曲げて鉤のようにする）を作り、金剛界五字明（縛《バ》・曰《サ》

羅《ラ》・駄《ダ》・都《ト》・鑁《バン》）を誦す。
④再拝して師は左、資は右に座し、師は左手、資は右手を出し外五古印を作り、胎蔵界五字明（阿《ア》・毘《ビ》・羅《ラ》・吽《ウン》・欠《ケン》）を誦す。
⑤師は右、資は左に座し、師は右手、資は左手を出して無所不至印（親指を並べ立て、人差指を曲げて親指の端に乗せ、中指・薬指・小指は端を合わせて直立する）を作り、五智明（鑁《バン》・吽《ウン》・怛落《タラク》・紇哩《キリク》・噁《アク》）を誦す。
⑥師は左、資は右に座し、師は左手、資は右手を出し、前と同様無所不至印を作り、胎蔵界五阿明（阿《ア》・阿引《アー》・暗《アン》・噁《アク》・噁引《アーンク》）を誦す。

というものである。この作法で特徴的なのは、阿闍梨と受者が手を絡ませてひとつの印相を作る所作を繰り返すことである。密教の灌頂ではそのようなことはしない。[*45] ここには陰陽和合的な含意の気配が認められる。

これ以後も麗気灌頂の実修を示す印信や次第書が今日でも多く残されているが、室町以降になると作法が複雑化し、三段階（三重）以上の構成を持つ次第書も現れる。さらに先の「目録」にあったように、『日本書紀』とセットで修されたものも登場する。『麗気記』『日本書紀』を合わせた講義・作法は、応永年中に良遍なる僧によって行われている。良遍は天台僧ながら御流《ごりゅう》神道の伝承者で、高野山において応永二六年、三一年と二度にわたり、『日本書紀』『麗気記』の講義を行っており、そのときの講義は『日本書紀聞書』『麗気聞書』『神代巻私見聞』に残されている。[*46]

応永二六年、彼は『書紀』講義を一度目は二月二一日より、二度目は同月二九日より行った。次いで同年三月八日より『麗気記』講義を行った。このとき彼は灌頂作法として「天札巻」授与を行っている。その次第は『麗気聞書』中「天札印信云弁座料簡」として残されており、それによれば、秘事の内容は四つの印契と二つの真言（四印二明）で、外宮作法・内宮作法に分かれ、先の『麗気制作抄』同様、師資座を代えて行われている。また、応永三一年六月一九日より二七日にかけて、『日本書紀』講義を、次いで麗気灌頂を行い、『麗気記』講義を行った。さらに一〇月一七日に「天札巻」の印信が授与された。良遍が相伝した灌頂は五重であったという。

7　日本紀灌頂

右の良遍による講義・灌頂で気づくのは、麗気灌頂についてのみ記され、日本紀灌頂については記載がないことである。記事が省略された可能性は少なく、おそらく麗気灌頂を以て『日本書紀』の灌頂作法、すなわち日本紀灌頂をも兼ねていたと考えられる。しかし、その後は日本紀灌頂を中心としたものも現れる。それが永正一〇年（一五一三）、神道阿闍梨《あじゃり》行慶《ぎょうけい》が弟子行与に対して行った神道灌頂で、仁和寺にそのときの一連の資料が残されている。[*47] この神道灌頂は日本紀灌頂で、麗気灌頂がその一部を構成しているのが特徴で、灌頂の中心が『麗気記』より『日本書紀』に移りつつあったことを示す。

その作法次第を残された資料より復元すると、以下の通りである。

1、加行（一〇〇日、既に灌頂を受けた者は五〇日、または三七日。一日三度）

①垢離屋へ入る

護身法／不動独古印、慈救呪／沐浴／浄三業印明／水懸文

②加行道場へ入る（本尊は日輪大師、または十一面観音）

六種供物備進／三〇〇度礼拝／着座／普礼／九条錫杖、般若心経読誦／行法（三光天子礼拝等？）

2、外道場作法

塗香、護身法、灑水／合掌、真言／教授、幣帛を振り、受者に渡す／教授、詠歌／教授、乞戒／教授、受者を覆面／受者、教授に左手を引かれ、右手に剣印を結んで入壇

3、内道場作法

①阿闍梨入場

本尊前で三礼／無言行道（三反）／高座に登り、行法／壇前に机を立て、大事等置く／門前に立ち、受者を召す

②受者入場（覆面）

投花／受者、覆面を脱し、小壇に至る／阿闍梨は西に、受者は東に向き合う／塗香、宝冠、灑水

③御即位法

④三種神器授与

大壇三回廻り、小壇へ戻る

⑤大日本紀灌頂

三種神器・印明・十種神宝授与／受者観念

⑥受者供養

散念誦／後供養

⑦大壇に至り諸大事授与

⑧麗気壇作法

麗気壇へ向かう／三種神器・印明・十種神宝授与／真言／観念／授大事／八祖・十二天奉礼

⑨出場

日本紀本尊は三種神器図（二幅で構成される）だが、これは真福寺本・神宮文庫本（守晨本）『麗気記』所載の三種神器図と一致する。[*48] このことはこの日本紀灌頂が麗気灌頂の系譜を引くことを示す。なお、ここでの麗気本尊は吽字蛇形図で、これは本来、田夫愛染法及び伊勢灌頂

（右）図７－３　日本紀本尊　神爾
（中）図７－４　日本紀本尊　宝剣
（左）図７－５　麗気本尊（すべて神道灌頂本尊図、室町時代、仁和寺蔵）

と関係する図像である（伊藤聡二〇一一）[*49]。

師資が座を替えながら、互いに手を合わせて印を結ぶ所作も麗気灌頂から受け継がれるが、ここでは日本紀灌頂にふさわしい変化が見られる。それを示すのが日本紀灌頂第二重の大事である。これは、天神七代・地神五代の印明伝授より成り、以下のように意義づけられている。

・天神七代の印は、師は西に、資は東に並んで座し、師は左手の人差指（頭指）を出し、資は右手の人差指（風指）・親指（空指）の爪を合《がっ》し、残る三指を師の頭指に巻き付け、師資でひとつの智拳印を結ぶ。師の人差指は国常立尊、資の親指は国狭槌尊、人差指は豊斟渟尊、中指は泥土煮・沙土煮尊、薬指は大戸道・大苫辺尊、小指は面足・惶根尊を表す。そして師自身は伊弉諾尊、資は伊弉冊尊であるとされる。

・地神五代の印は、師は東に、資は西に並び座し、これも二人にて、五鈷印（外五鈷印）を結ぶ。立て合した左右の中指は天照大神、左右の親指は正哉吾勝尊、左（資）の人差指は瓊々杵尊、右（師）の人差指は火々出見尊、立て合した小指は鸕鷀草不合尊を表す。

『日本書紀』神代巻冒頭のくだりが、かかる所作によって象徴的に表象され、原初の神話を再現してみせるのである。

おわりに――和歌注釈と神道注釈の交錯

以上、本章では、中世における注釈と秘儀との入り組んだ関係について、和歌注釈と神道書を採り上げて論じてきた。最後にこの両者の関係について述べて結びとしたい。『古今集』『伊勢物語』の注釈における秘説化について、中世神道説の影響がしばしば指摘されるが、実際のところ、ここで採り上げた『麗気記』などの説が直接摂取された形跡はあまり見えず、東密・台密の密教教理や、本覚思想、あるいは立川流などの所説の応用という色合いが濃い。

むしろここで注目されるのは、反対に和歌注釈の言説が、神道の秘説として取り込まれている現象である。この傾向は特に御流神道書に著しい。たとえば前節で引いた仁和寺所蔵の神道灌頂の印信のなかに、次のようなものがある（傍線は引用者）。

「阿古根大事」

日本秘事　阿古根浦口伝

延喜六年七月三日、左大臣藤原仲平、伊勢国阿古根浦に下行したりしに、十一二計りなる童《わら》は、何よりとも知らざるが出で来り、仲平《よし》に向ひて云けるは、誠やらん、当時都に日本紀と云物出で来り侍るやと云ければ、仲平さる事ありと云。又童云、抑を日本と云事、知り給□るやと申侍ければ、仲平、我知らずと云へり。童云、此は是我が国王として、神代より伝れり。愚なる哉、和国の人、日本の間に懐かれて、未だ之を知らず。日とは陽也。本とは陰也。然れば本来不生不滅の体、湛然寂静の理即日也。森羅万象より万法三世常住の理体、青・黄・赤・白・黒の五色、天地万物の其相、皆是れ本也。されは汝が色身も日本也。我等色身も日本也。一塵何物の日本の二字を離れたる、山河大地草木人畜も日本の二字を皆備ふと云へり。其時仲平合掌して云、日本の二字は承り侍りぬ。抑も何なる人にて御坐すと問ひ申せば、天照太神と云ひ給ひて、失せたまふと云云。能々是を信ずべし。深秘々々。

授与行与*50

永正十年癸酉九月廿二日

伝灯大阿闍梨法印行慶

すなわち、延喜六年（九〇六）七月三日、藤原仲平（八七五～九四五）が伊勢国阿古根浦に下向したおり、十一、十二歳くらいの童子がどこからともなく現れ、仲平に向かって「今、都に『日本紀』というものができたというのは本当か」と尋ねた。仲平が「そうだ」と応えると、また童子が「そもそも『日本』というのはどういう意味か知っているか」と問うた。仲平が「知らない」と応えると、童子は「これは国王として神代から伝わっている。愚かなことに和国の住民は『日本』によって懐かれていることを知らない。『日』とは陽、『本』は陰である。であるから『本来不生不滅』の体にして『端然寂静』の理とは『日』であり、『万法三世常住』の体にして『五色天地万物』の相とは『本』である。だからおまえの肉体も私の肉体も

『日本』であって、何者もそれから離れるものなく、自然も人も動物も『日本』の二字を備えているのだ」と説いた。仲平は合掌して「日本の二字の意味をうかがいました。あなたは一体どなたなのですか」と問うと、「天照太神」と言って消え失せた、云々。

以上の内容は、第四節で言及した阿古根浦秘伝の別伝とよく似ている。ここでは、伝本のひとつである内閣文庫蔵『古今秘伝抄』の該当部分を挙げる。

一、古今の秘事阿古《あこや》根の浦《うら》の大事、左大臣藤原朝臣仲平、延喜六年七月三日、伊勢国阿古根の浦に行たりしに十一、二計の小童、何くよりとも知らず、出来して仲平に向て云けるは、実にや、当時城に、古今集と云物出来て連ぬると云はと。仲平、さる事ありと答ふ。童の曰、抑、古今と云事は知り給ふやらん。若し知り給はずば教へ申さんと云ければ、仲平、我は古今と云事知らずと答ふ。童の云、是は国の御法也。神代より伝はれり。古と云は陽也。今と云は陰也。本来不生不滅、法性湛然、寂静之諸法、何か古にあらざる。今は三世常住之理体、青黄赤白黒の五也。天地万物、其の相、皆、今也。汝が色身も古今也。我身も古今也。一切万物何れか古今の二字に離たる。草木人畜生、皆、是、古今二字を備へたりと云。其時、仲平手を合て云く、古今の二字は承る。（中略）仲平云、汝は何なる人ぞやと問ひ給へば、童べ答ふ、我は天照《あまてるを》大神《ゝんかみ》の第三の王子風速命也とて、かき消す様に失せ賜ふ也。（後略）[*51]

右引用に付した傍線部からも分かるごとく、神道灌頂の「阿古根大事」とは、この和歌の

「阿古根大事」の「古今」をそのまま「日本」に置き換えただけのものだった。[*52] 藤原仲平とは、基経の子で、時平《ときひら》・忠平《ただひら》の兄弟に当たる人物である。『古今和歌集』の成立は延喜五年（九〇五）のことで、彼の在世中の出来事であり、右の所伝はそのことを前提としている。それに対して『日本書紀』の撰進ははるか昔であるから、作為としても、あまりにもあからさまである。これは単なる附会と取るよりむしろ、「古今（集）」は「日本（紀）」と読み換えることができるという含意を示しているのではないだろうか。

さらなる例を挙げよう。吉田神道の吉田家と同族の卜部姓平野家の伝書である『神道秘説八箇大事』（天理図書館〈吉田文庫〉蔵）は、先行する複数の神道書を抄出して「八箇大事」に仕立てた書だが、その「第七秋津嶋事」「第八千葉破」は『伊勢物語髄脳』の文章から意味を取って抜き書きしたものである。神道書のなかには和歌灌頂を神道灌頂のひとつとして載せていることがしばしばあるが、それらの多くが『髄脳』を主たる典拠としているのである（伊藤聡二〇一一）。

また、御流神道系の『伊勢仏神伝記』は『玉伝深秘巻』『伊勢物語髄脳』の伊勢二字説を敷衍した内容を持つ神道書で、その「第一　伊勢二仏事」の冒頭に、

二仏とは、伊は台蔵界の教主大日如来なり。勢は金剛界の教主大日如来なり。台蔵界は根本の女人なり。一切衆生を導く故に、極楽世界の能化主とは申すなり。過去現在未来三世の母なり。又金剛界の男子なり。過去当来未来に及ぶまでは根本三世常住の父たり。男女

の根本なり。[*53]

と説き、以下「伊・勢」についてのさまざまな説を列挙する。その他文中に「業平、住吉に参りし時、御示現に伊勢二字、明かに蒙りて」とか「今彼の伊勢物語を伊勢二門として」などとも見え、このことから同書が『玉伝』『髄脳』(ないし関連する伝書)を参看していることは明らかになる。[*54]

和歌と神祇信仰(神道)とは、院政期の「中世日本紀」の時代より、中世神道書や『玉伝深秘巻』等の特異な秘書を生み出した鎌倉時代を経て、古今伝授と吉田神道の室町時代まで継続的に関連し続ける。このように両者を常に結びつけたのは、ひとつには双方とも「日本」という「場」と結びついた言説・文芸であることである。神道も和歌も三国的世界観のなかにあって、中国の儒教・詩賦、印度の仏教・陀羅尼と対峙して、日本を表象するものとして位置づけられていた。ただ中世におけるこの世界観の特色は、三国を鼎立《ていりつ》したものとはされてはおらず、神仏習合、和歌陀羅尼という形で、「印度＝日本」対「中国」という関係で捉えられてもいたことで、背景には「大国」中国に対する「小国」日本の劣等感と対抗意識が混ざり合った意識があることはいうまでもない。

また二つには、性愛の問題である。和歌にとってのその重要さはいうまでもないが、中世の和歌注釈において、それを言説化していく際に多く依拠したのが「立川流」に代表される密教の性愛思想や天台本覚論であった。いっぽう中世において神祇信仰が「神道」として教理化を志向していく際にも、このような思想が多く参照された。なぜなら教理的基礎を持たない神祇信仰にとって、男女和合という具体的イメージは、重要な要素だったからである。[*55]

そして、和歌と神道が出会ったのは、注釈という「場」であった。その世界はまさに中世的〈知〉のありようを示す現場であった。和歌・神道、そして両者をつなぐ密教・天台の諸説が結びつき、ひとつの秘説世界を構成していく。中世はこのようにして独特な言説を生み出していったのである。

*1　この流れは、近世に至って（批判的に）継承され、和学から国学の潮流を形成していくことになる。

*2　中世の〈注釈〉を俯瞰した総合研究書としては、三谷邦明・小峯和明編『中世の知と学――〈注釈〉を読む』（森話社、一九九七年）、前田雅之編『中世の学芸と古典注釈（中世文学と隣接諸学5）』（竹林舎、二〇一一年）、同編『もう一つの古典知――前近代日本の知の可能性（アジア遊学155）』（勉誠社、二〇一二年）、同編『画期としての室町――政事・宗教・古典学』（勉誠出版、二〇一八年）が挙げられる。

*3　「口伝」とか「口説」「口授」という呼称は、一種の秘伝・秘書たることとの符牒であり、実際にオーラルな伝授のみであることは少ない。

*4　新日本古典文学大系『古今和歌集』所収。

*5　日本古典全集『古今和歌集』所収。

*6　『日本歌学大系』別巻四所収。

*7　新日本古典文学大系『古今和歌集』五頁。改行等の表記は私意に行った。

＊8　日本古典文学全集『古今和歌集』所収「古今和歌集註」二〜四頁。原文は一部漢字を交えるも、ほとんどカタカナで表記されているので、ここではひらがな交じり文に書き換え、さらに必要に応じて漢字を宛てて表記した。

＊9　ただし、顕昭が指摘している以外に、稲田姫の両親も既に食べられた、大蛇を鬼と呼ぶ、乾（西北）の方角から大蛇がやってきた、炭油などを用意させる等の話も『紀』にはない。ちなみに、鬼が乾からやってくるとするのは、中国から来た鬼門（北東）の説とは違う日本独特の考え方である。詳しくは三谷栄一「日本文学に於ける戌亥の隅の信仰」（同『日本文学の民俗学的研究』有精堂出版、一九六〇年）、平川南『日本の原像（全集 日本の歴史2）』（小学館、二〇〇八年）等参照。

＊10　①弘仁三（八一二）・四年、②承和六年（八三九）六月、③元慶二年（八七八）二月〜同五年六月、④延喜四年（九〇四）八月〜同六年、⑤承平六年（九三六）一二月〜天慶六年（九四三）、⑥康保二年（九六五）の都合六回行われた。詳しくは、太田晶二郎「上代に於ける日本書紀講究」（『本邦史学史論叢』富山房、一九三九年→『太田晶二郎著作集』三、一九九二年）、関晃「上代に於ける日本書紀講読の研究」（『史学雑誌』五三‐一二、一九四二年）、津田博幸『生成する古代文学』（森話社、二〇一四年）、神野志隆光『古代天皇神話論』（若草書房、一九九九年）、同『変奏される日本書紀』（東京大学出版会、二〇〇九年）参照。

＊11　日本紀講の後に行われた饗宴のこと。詳しくは彌富破摩雄「日本紀竟宴歌の研究」（『國學院雑誌』三六‐二〜一〇、一九三〇年）参照。

＊12　これはおそらく、典拠不明瞭な教長注に飽き足らなかった守覚法親王の意向ではないかと考えられる。東密諸法流の統合を企図した学僧であり、内外典にわたり旺盛な知識欲を向けた守覚の学問世界については、阿部泰郎・山崎誠編『守覚法親王と仁和寺御流の文献学的研究　論文編』（勉誠社、一九九八年）所収論文参照。

＊13　人麿影供については、片野達郎「「人麿影供」の変遷とその和歌史的意義」（『東北大学教養部紀要』四、一九六六年）、山田昭全「柿本人麿影供の成立と展開——仏教と文学との接触を観点に置いて」

（『大正大学研究紀要』五一、一九六六年）、菊池仁「和歌の伝授――人麿影供の〝場〟から」（『講座日本の伝承文学』二、三弥井書店、一九九五年）、佐々木孝浩「人麿の信仰と影供」（国文学研究資料館編『万葉集の諸問題』臨川書店、一九九七年）等参照。

＊14 『日本歌学大系』第一巻、三九九頁。

＊15 『中世古今集注釈書解題』二、二二三～二二四頁。原文は漢字カタカナ交じり。引用文は、それをひらがな交じりに直し、送り仮名も現在の用法に、一部の漢文的表記を開くなどの措置を施した。

＊16 もう一方の「鳥風問答神頭風伝」については、具体的に何に相当するのか定説はないが、『玉伝深秘巻』に「七歌鳥風問答の記　大納言経信記す」として引用文がある。ただし独立した書物として存在していたかは分からない。

＊17 三輪正胤『歌学秘伝の研究』（風間書房、一九九四年）所収翻刻及び、三輪が行ったその注釈である「和歌古今灌頂巻」（小川豊生編『日本古典偽書叢刊』第一巻、現代思潮新社、二〇〇五年）。

＊18 『日本歌学大系』第三巻所収。

＊19 日本古典文学大系本、一七八頁。

＊20 『中世古今集注釈書解題』二、二二九～二三〇頁。カタカナ表記はひらがなに訂した。

＊21 『日本歌学大系』第四巻所収。

＊22 錦仁・小川豊生「九州大学図書館蔵『新撰帝説集』――解題と翻刻」（伊藤聡・小川豊生・錦仁編『「偽書」の生成』森話社、二〇〇三年）

＊23 『中世古今集注釈書解題』五、五二七頁。

＊24 実は「阿古根浦（口）伝」なるものは、『深秘巻』のほか諸書に存在するが、その内容はさまざまで、大きく分けて業平に関係づけられるものと、藤原仲平が伊勢国阿古根浦に行ったときに受けた「古今」をめぐる秘事とするものがある。後者については「おわりに」で述べる。

＊25 さらにまた別の箇所では、神と業平との間で歌の贈答が行われたことが記される。ただ、これは伝授の経緯を示したものである。

＊26　密教の根本義を説明する言葉。「阿字」とは悉曇（梵字）の最初の文字で、万物の根源を象徴する。「本不生」の意味については古来さまざま議論があり、「本来不生不滅」「本有常住」「無自性無我」などと説明される。詳しくは、加藤精一「阿字本不生の系譜」（仏教民俗学会編『加藤精一先生古稀記念論文集　仏教と儀礼』国書刊行会、一九七七年）、宮坂宥勝「阿字本不生再考」（『智山学報』四七、一九九八年）等参照。

＊27　「玉伝深秘巻（抄）」（小川豊生編『日本古典偽書叢刊』前掲）九三頁。

＊28　密教の教理や作法に性的な解釈を加える言説の総称。特定の流派として必ずしも存在したわけではなく、東密諸流は多かれ少なかれ、そのような言説を抱え込んでいる。詳しくは、水原堯栄『邪教立川流の研究』（冨山房、一九六八年）等参照。

＊29　「月やあらぬ春や昔の春ならぬわが身一つはもとの身にして」（『古今集』恋五・在原業平）

＊30　宝玲文庫（フランク・ホーレーの収集書）旧蔵。写本、全四冊。

＊31　文章は書き下した。カタカナはひらがなに訂した。割書きは〔　〕で示した。

＊32　「仮名日本紀」については、関根淳「仮名日本紀」（同『日本書紀の誕生――編纂と受容の歴史』八木書店古書出版部、二〇一八年）参照。

＊33　櫛田良洪『続真言密教成立過程の研究』（山喜房仏書林、一九七九年）に宝菩提院蔵本（文亀元年伝授奥書）、阿部泰郎「真福寺本古事記の背景」（神野志隆光編『古事記の現在』笠間書院、一九九九年）に神宮文庫蔵『神道関白流雑部』（大永三年写）所収本による翻刻がある。

＊34　神道五部書とは近世になっていわれるようになった呼称である。

＊35　『大神神社史料』第六巻。真福寺善本叢刊『中世日本紀集』。

＊36　『新改紀』『魔王巻』について、何を指すかは不明。

＊37　『麗気記』については、大正大学綜合佛教研究所神仏習合研究会編著『校注・解説・現代語訳　麗気記Ⅰ』（法藏館、二〇〇一年）、原克昭『中世日本紀論考――註釈の思想史』（法藏館、二〇一二年）、伊藤聡「『麗気記』について」（『国文学解釈と教材の研究』四五‐一二、二〇〇〇年）、同『中世天照

大神信仰の研究』等参照。
＊38　『麗気記』注釈については、原克昭『中世日本紀論考――註釈の思想史』（法藏館、二〇一二年）、鈴木英之『中世学僧と神道――了誉聖冏の学問と思想』（勉誠出版、二〇一二年）参照。
＊39　「天札巻」については小川豊生「中世神話のメチエ――変成する日本紀と『麗気記』〈天札巻〉」（三谷邦明・小峰和明編『中世の知と学――〈注釈〉を読む』前掲）、同「儀礼空間のなかの書物――中世神話と偽書」（『説話・伝承学』八、二〇〇〇年）参照。
＊40　真福寺善本叢刊『両部神道集』所収。
＊41　楮紙を打って滑らかにした紙。
＊42　半紙を折って、折り目の端を糊付けした装丁。表裏両面に書くことができる。作法書などに多く採用される。
＊43　名古屋市博物館・真福寺大須文庫調査研究会編『大須観音――いま開かれる、奇跡の文庫』（大須観音宝生院、二〇一二年）所収「麗気記」伊藤聡解説。
＊44　神道大系『真言神道（上）』所収。
＊45　ただし、天台の戒灌頂では、同様に師資でひとつの印を結ぶ。これら二つの灌頂の関係が注目される。詳しくは、色井秀譲『戒灌頂の入門的研究』（東方出版、一九八九年）、舩田淳一『神仏と儀礼の中世』（法藏館、二〇一一年）参照。
＊46　『日本書紀聞書』（ただし第一聞書のみ）『神代巻私見聞』は神道大系『天台神道（上）』に、『麗気聞書』は神道大系『真言神道（上）』に所収。
＊47　灌頂指図・次第書六点、印信三十二通、本尊図三軸、付法状一通の一結が残っている。これらの資料の影印と翻刻は、阿部泰郎編〈名古屋大学比較人文学研究年報第二集〉『仁和寺資料【神道篇】神道灌頂印信』（名古屋大学文学部比較人文学研究室、二〇〇〇年）に収められる。
＊48　この点については、鈴木英之『中世学僧と神道――了誉聖冏の学問と思想』（前掲）に考察がある。
＊49　田夫愛染法及び伊勢灌頂については、伊藤聡『中世天照大神信仰の研究』参照。

*50 『仁和寺資料【神道篇】神道灌頂印信』(前掲)、七三〜七四頁。原文は漢字カタカナ交じり文だが、カタカナはひらがなに訂した。

*51 片桐洋一「古今秘歌集阿古根伝・古今秘伝抄」(岡見正雄博士還暦記念刊行会編『室町ごころ』角川書店、一九七八年)。原文のカタカナはすべてひらがなに訂し、送り仮名を補い、一部の漢文表記を開いた。また、私意により仮名の清濁を分け、衍字と思われる文字は省略した。

*52 「中略」の部分は、「抑、古今ニ六首ノ秘哥アリ。何者、……」で始まる「古今六首大事」に関する部分であり、当然ながら神道印信では一切省略されている。

*53 東寺宝菩提院本。読解の便宜のために、漢字ひらがな交じり文に訂し、文字を補った。忠実な原文からの引用は、伊藤聡『中世天照大神信仰の研究』四八二〜四八三頁参照。

*54 これらのことについて詳しくは、伊藤聡『中世天照大神信仰の研究』参照。そのほか、古今注から形式をまねて、秘伝に「定家」「家隆」「経信」などを冠した『神祇陰陽秘書抄』や、北畠親房や聖冏のような『日本書紀』『麗気記』注釈や神道書を編むと同時に古今注をも撰述した人物の存在などが指摘できる。

*55 たとえば『古今灌頂』に登場していた胎内五位図は、元来密教の瑜祇経注釈のなかから出てきた説だが、多くの神道書にも取り込まれている。

【参考文献】

赤瀬知子「初期の古今集注釈と和歌の家の展開——院政期から鎌倉期」(横井金男・新井栄蔵編『古今集の世界——伝授と享受』世界思想社、一九八六年)
同「院政期の古今集序注と日本書紀注釈書——勝命『真名序注』を中心に」(『文藝論叢〔大谷大学文藝学会〕』三〇、一九八八年)
浅田徹「勝命の歌学——古今序注を中心に」(『早稲田大学大学院文学研究科紀要別冊』一六〔文学・芸術

編〕、一九九〇年）
石神秀晃「『古今和歌集』注釈」（仏教文学講座八『唱導の文学』勉誠社、一九九五年）
同「玉伝深秘巻解題稿」（『斯道文庫論集』第二六輯、一九九一年）
同「宮内庁書陵部蔵「金玉双義」解題・翻刻（上・中・下）」（『三田国文』一五〜一七、一九九一〜九三年）
伊藤聡「中世寺院における日本紀享受」（『国文学解釈と鑑賞』六四-三、一九九九年）
同『中世天照大神信仰の研究』（法藏館、二〇一一年）
伊藤正義「中世日本紀の輪郭——太平記におけるト部兼員説をめぐって」（『文学』四〇-一〇、一九七二年）
片桐洋一「古今和歌集の注釈史」（『一冊の講座　古今和歌集』有精堂出版、一九八七年）
同「古典注釈の諸相——『古今集』を中心に」（『古今和歌集以後』笠間書院、二〇〇〇年）
紙宏行「『教長古今集註』の注釈史的研究」（『文教大学女子短期大学部研究紀要』四三、一九九九年）
同「『教長古今集註』注釈の方法」（『文藝論叢〔文教大学女子短期大学部現代文化学科〕』三六、二〇〇〇年）
同「『顕昭古今集注』注釈学の形成（上・下）」（『文教大学女子短期大学部研究紀要』四五・四六、二〇〇二・二〇〇三年）
同「始発期の『古今集』序注注釈と日本紀」（『日本文学』五二-一〇、二〇〇三年）、同「古今序注と日本紀——和歌起源言説の展開」（『文藝論叢〔文教大学女子短期大学部現代文化学科〕』四〇、二〇〇四年）
佐々木忠慧「家隆流の形成と終焉」（『宮城学院女子大学研究論文集』四二・四三合併号、一九七四年）
佐藤進一『日本の中世国家』（岩波書店、一九八三年）
中川眞二「中世古今集灌頂系秘書における神道享受——『玉伝深秘巻』を中心として」（『東山学園研究紀要』三七、一九九一年）
永村眞『中世寺院史料論』（吉川弘文館、二〇〇〇年）
二木謙一『中世武家儀礼の研究』（吉川弘文館、一九八五年）

西澤一光「古今集序注と十二世紀の言説空間——書物・歌学・王権をめぐって」(『青山学院女子短期大学部紀要』五〇、一九九六年)
西村加代子『平安後期歌学の研究』和泉書院、一九九七年)
西山松之助『家元の研究』(『西山松之助著作集』第一巻、吉川弘文館、一九八二年)
橋本進吉「法橋顕昭の著書と守覚法親王」(同『傳記・典籍研究』岩波書店、一九七二年↑一九二二年初出)
藤直幹『中世文化研究』(河原書店、一九四九年)
前田雅之編『中世の学芸と古典注釈(中世文学と隣接諸学5)』(竹林舍、二〇一一年)、同編『もう一つの古典知——前近代日本の知の可能性(アジア遊学155)』(勉誠社、二〇一二年)
三谷邦明・小峰和明編『中世の知と学——〈注釈〉を読む』(森話社、一九九七年)
三輪正胤「家隆假託書の検討——「和歌知顯集」「和歌口傳抄」をめぐって」(『大阪府立大学紀要(人文・社会科学)』一六、一九六八)
三輪正胤『歌学秘伝の研究』(風間書房、一九九四年)
山口敦史編『聖典と注釈——仏典注釈から見る古代』(武蔵野書院、二〇一一年)
山田昭全「柿本人麿影供の成立と展開——仏教文学との接触に視点を置いて」(『大正大学研究紀要』五一、一九六六年)

第八章　能と中世神道

はじめに

本章では、能と中世神道・中世日本紀との関わりについて論じる。能には神話や神々を題材にした作品が多いが、それらは古代信仰や記紀神話とは直接には結びつかず、中世神話や神道説と深い関係があったことが近年分かってきた。そのことを最初に論じたのが能の研究者だった伊藤正義である。伊藤は能作品や理論書を研究するなかで、そこで語られる神話や神祇に関わる事柄が、記紀のような古代神話ではなく、中世に現れた神話的叙述や神道書などに依拠すること、それは能作品ばかりか、和歌注釈、軍記、説話等の中世文芸全体に及ぶことに気づいた。彼はこの現象を「中世日本紀」と命名した（伊藤正義一九七二）。

「中世日本紀」論は、特に一九八〇年代以降、多くの中世文学研究者に受け入れられ、彼らをして、従来は文学研究の範疇に入らない神道書・宗教注釈書等の研究に向かわせた。中世神道研究も、従来までの神道史・神道学の分野ではなく、日本文学において進展したのである。もちろんこれは文学研究の一環として行われたのだが、このことは、文学研究周辺の思想史・宗門研究・美術史などの研究者を刺激し、日本文化研究の大きな潮流となっていった。

本章は、伊藤正義の切り開いた中世日本紀研究の一環として、幾つかの能作品を採り上げ、中世神道との関係を見てみたい。ここで対象とするのは、〈逆矛〉や〈龍田〉に出てくる滝祭神の問題、〈淡路〉の「種蒔く、種収む」の詞章について、それから〈三輪〉と三輪流神道に関わる話の三つである。各作品については、冒頭にその梗概と検討する詞章の一部を掲げ、内容に入っていきたい。

1 〈逆矛〉〈龍田〉と滝祭神

【梗概】

〈逆矛《さかほこ》〉

天皇に仕える朝臣一行（ワキ、ワキツレ）が龍田明神に参詣しようとするうちに日が暮れる。そこに老人（前シテ）と若い宮人（前ツレ）が現れて、一行を龍田の宝山に案内する。朝臣に問われるままに老人は宝山の由来を語る。この山は、国土創成のとき伊弉諾《いざなぎ》伊弉冉《いざなみ》両尊が天逆矛《あまのさかほこ》を納めた場所であり、自分はそれを守る当社の神「滝祭神《たきまつりのかみ》」であると告げて消える。夜更けになると天女（後ツレ）が現れて舞い、次いで滝祭明神（後シテ）が矛を携えて出現、諸冉両尊の偉業と矛の威徳を讃歎する。

〈龍田《たつた》〉

諸国を遊行する旅僧（ワキ）が、龍田川を渡って龍田明神に参詣しようとすると、一人の巫女（前シテ）が現れて渡ることを留め、別の道を案内する。夜になると巫女は自らは龍田姫なりと明かして消える。後半に入り神殿から龍田明神（後シテ）として再び現れ、国土創成の昔より、天逆矛を護る滝祭神とは当社のことなりと告げて舞う。

【該当詞章引用】

○『逆矛』（『解註・謡曲全集』巻一）

地（クリ）「抑《そもそ》も滝祭の御神とは即ち当社の御事なり。昔天祖の詔《みことのり》、末明らかなる御国とかや。シテ（サシ）「ここに第七代に当つて現れ給ふを、伊弉諾《いざなぎ》伊弉冊《いざなみ》と号す。地「時に国常立伊弉諾に託して宣はく、豊葦原千百《ちいお》五種の国あり。汝よく知るべしとて、則ち天の御矛を、授け給ふ。クセ「伊弉諾伊弉冊は、天祖の御教へ、直なる道をあらためんと、天の浮橋に、二神佇み給ひて、この御矛を海中に、さしおろし給ひしより、御矛をあらためて、天の逆矛と名づけそめ、国富み民を治め得て、二神の初めより今の代までの宝なり。その後国土治まりて、御代平らかになりしかば、滝祭の明神この御矛を預かりて、所も普ねしや、この御山に納めて宝の山と号すなり。シテ「抑も御矛の主たりし、地「名もいさぎよき滝祭の、神の社はいづくぞと、問へば名を得し龍田山、紅葉の八葉も、則ち矛の刃先より、照らす日影や紅の光さしおろす矛の露、天地すなほなる事も、こここそ宝身は知らず、国の宝の山高み、よくよく礼《らい》し給へや。

○『龍田』（『解註・謡曲全集』巻四）
地（クリ）「抑《そもそ》も滝祭の御神とは即ち当社の御事なり。シテ「昔天祖の詔、末明らかなる御国とかや。シテ「然れば当国宝山に至り、地「天地《あまつち》治まる御代《みよ》のめぐみ、民安全に豊かなるも、偏《ひと》へに当社の御故なり。

〈逆矛〉や〈龍田〉には、龍田神が、伊勢内宮にある滝祭神という摂社と同体である、と出ている。これについては夙《つと》に『謡曲拾葉集』に考証があり、近年でも竹本幹夫の研究もあって（竹本一九七九）、多くのことが明らかになっているのだが、ここではそれらを踏まえつつ、中世神道研究の側面から考察してみたい。

龍田とは奈良県生駒《いこま》郡三郷《さんごう》に鎮座する風神を祀る神社である。『日本書紀』天武天皇四年条に記載が見える古社で、『神祇令』にある風神祭はこの社の祭りである。平安期には二十二社のひとつにも入れられる。『百人一首』所収の在原業平詠「千早ぶる神代もきかず龍田川からくれなゐに水くくるとは」は、龍田神に因んだ歌として人口に膾炙する。いっぽう滝祭神は龍田社のような著名な存在ではない。伊勢皇大神宮（内宮）の社域内、五十鈴川の東岸にある内宮の所管社である。神殿などを建てないのが特徴である。初見は『皇大神宮《こうたいじんぐう》儀《ぎ》式帳《しきちょう》』で、「度会《わたらい》郡内管社四十処」のひとつに挙げられている。両社は場所も性格も全く違う、本来無関係な神社である。しかし、〈逆矛〉や〈龍田〉では、この二つが同一のものとされるのである。

従来から指摘されているように、〈逆矛〉で滝祭神と龍田を結びつけるのは、北畠親房《きたばたけちかふさ》の『神皇正統記《じんのうしょうとうき》』、あるいは『元元集《げんげんしゅう》』である。まず、『神皇正統記』と『元元集』の当該箇所を掲げておこう。

○『神皇正統記』神代

こゝに天祖《あまつみおや》国常立尊《くにのとこたちの》、伊弉諾・伊弉冉の二神《ふたはしらの》に勅《みことのり》してのたまはく、「豊葦原の千五百秋の瑞穂の地《くに》あり。汝《イマシ》往《ゆき》てしらすべし」とて、即《すなはち》天瓊矛《あまのぬぼこ》をさづけ給。此矛又は天《あま》の逆戈《さかほこ》とも、天魔返《アマノサカ》ほこともいへり。……又垂仁《すいにん》天皇の御宇《ぎょう》に、大和姫《やまとひめ》の皇女《くわうぢょ》、天照太神の御をしへのまゝに国々をめぐり、伊勢国の宮所をもとめ給ひし時、大田の命といふ神まいりあひて、五十鈴の河上に霊物をまぼりをける所をしめし申しに、かの天の逆矛・五十鈴・天宮の図形ありき。大和姫の命よろこびて、其所をさだめて、神宮をたてらる。霊物は五十鈴の宮の酒殿にをさめられきとも、又、滝祭の神と申は龍神なり、その神あづかりて地中にをさめたりともいふ。一には大和の龍田の神は、この滝祭と同体にます、此神のあづかり給へるなり、よりて天柱国柱といふ御名ありともいふ。昔磤馭盧嶋《おのころじま》に持《もて》くだり給しことはあきらかなり。世に伝《つたふ》といふ事はおぼつかなし。天孫のしたがへ給ならば、神代より三種の神器のごとく伝《つたへ》給べし。さればはなれて、五十鈴河上にありけむもおぼつかなし。但天孫も玉矛はみづからしたがへ給といふ事見《みえ》たり〈古語拾遺の説なり〉。しか

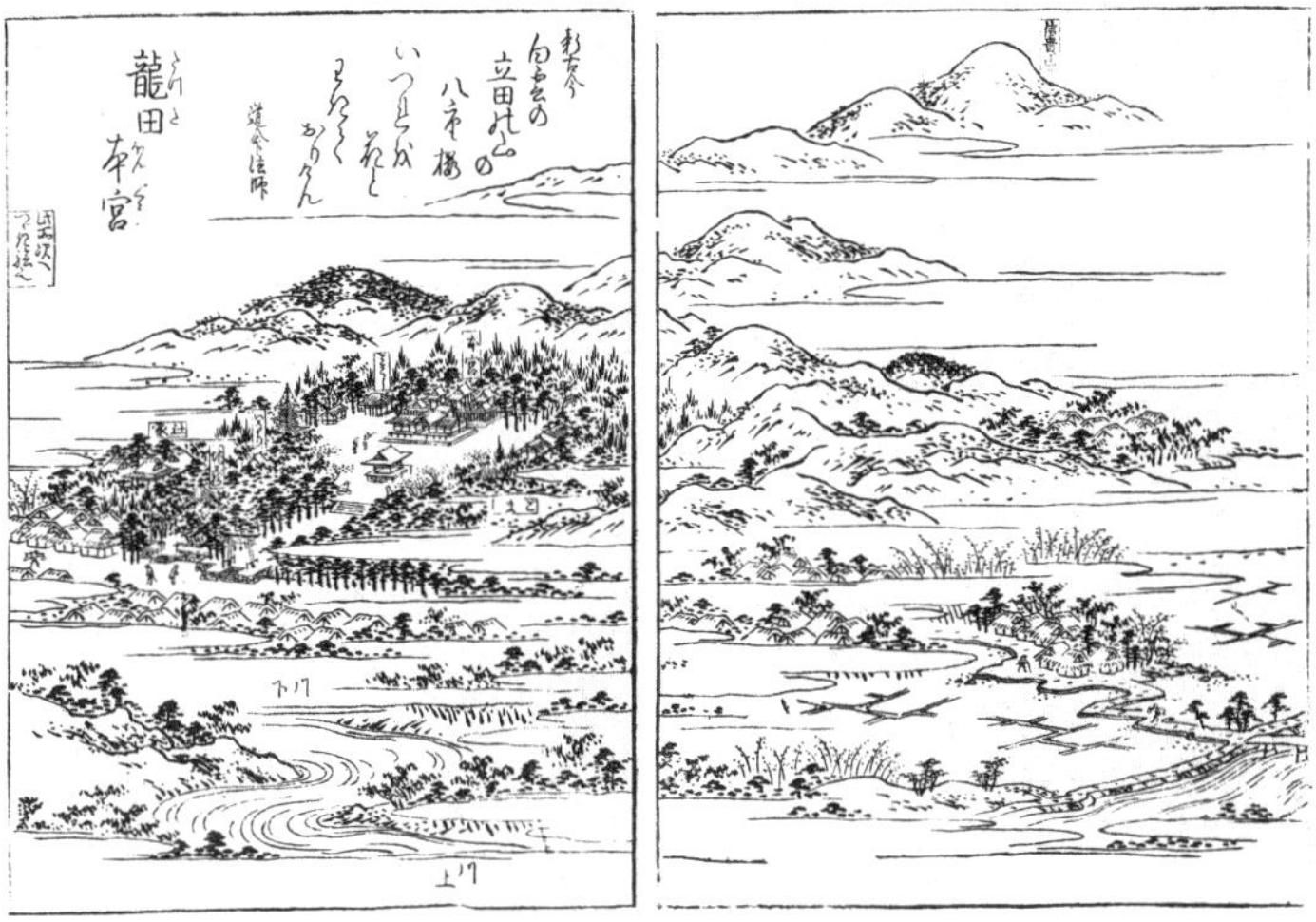

図８－１　龍田神社（『大和名所図会』巻之三）

れども矛も大汝の神のたてまつらるゝ国をたいらげし矛もあれば、いづれといふ事をしりがたし。宝山にとゞまりて不動のしるしとなりけむことや正説なるべからん。龍田も宝山ちかき所なれば、龍神を天柱国柱といへる、深秘《じんぴ》の心あるべきにや〈凡神書《しんしょ》にさまざまの異説あり〉。日本紀・旧事本紀・古語拾遺等にのせざらん事は末学の輩《ともがら》ひとへに信用しがたかるべし。彼《かの》書の中《うち》猶一決せざることおほし。況《いはんや》異書においては正《しやう》とすべからず。[*1]

○『元元集』神器伝受篇

倭姫命世記に曰く、滝祭神は宝殿無し。下津底に在《いま》す水神なり。一名は沢女神、亦た美都《みつ》波《は》神。〔或は曰く、滝祭神、広瀬・龍田神、則ち同体異名の水神なり。故に広瀬龍田の神名は、天御柱・国御柱と号す。是れ天逆戈守護の縁なり〕

亦た曰く、酒殿は天逆大刀・逆鉾・金鈴、之を蔵納す。
上件の瓊矛は、天神所持の独杵なり。所謂る天地に先だちて自然に成れる者なり。所在未だ審かならずと雖も、或るひとは滝祭の仙宮に納むと云ひ、或るひとは五十鈴宮の酒殿に納むと云ふ。神宮に留むこと已に是れ炳焉《へいえん》たり。強ひて疑を成すべからざる者なり。一に云く、磤馭盧嶋とは宝山なり。昔陰陽二神、天瓊矛を持し、降居せる地なり。彼の矛の神、天御柱国御柱に化成するか。更に問へ。

右『元元集』の記事のなかで、『倭姫命世記』からの引用は傍線部を引いた箇所のみで、それ以外は親房自身による注記である。

『神皇正統記』の記載によると親房は、逆矛が収められているのが滝祭神であるというのは、「おぼつかな」き説であるとして、懐疑的にとらえていたことが分かる。逆矛とは伊弉諾・伊弉冉尊が天浮橋より指し下ろした天之瓊矛《あまのぬぼこ》（天瓊戈）のことなのだから、両神とともに磤馭盧嶋（ふたりが降り立った最初の島）に持ち下ったはずであり、天孫がそれを伝えたのならば五十鈴川の河上にあるのは不審だというのである。

ただし、『神皇正統記』に先行する『元元集』では「神宮に留むこと已に是れ炳焉たり。強ひて疑を成すべからざる者なり」と全面的に神宮に伝わっていたことを認めている。これは『元元集』が伊勢神道家の度会家行《いえゆき》の直接的影響下で書かれたことに拠るのだろう。伊勢から関東に移ってから書かれた『正統記』では懐疑的な立場に変わったようである。

それはともかく、『元元集』の右の記事では、逆矛の所在について、滝祭神に納められているという説と、内宮の酒殿（内宮の脇にある、酒などを調進する場所）にあるという両説が神宮に伝わっていたことを明らかにしている。

この問題について、時系列に史料を並べて眺めてみると、興味深いことが分かってくる。最初に滝祭神と酒殿の場所について確認しておく。次頁掲載の伊勢内宮図（図8-2）は昭和初年の地図だが、神楽殿のちょうど脇のほうに酒殿があり、滝祭神は五十鈴川のすぐそばのところにある。その位置は、延暦年中に成立した『皇大神宮儀式帳』の記載[*2]より見て、平安前期より動いていない。もちろん『儀式帳』には、滝祭神と逆矛にまつわる説などは出てこない。

滝祭神がどういう社であるのか、これに関係することを初めて述べているのが、最初期の両部神道書のひとつ『天照太神儀軌』である。同書については既に何度も触れているので、ここでは直接関係する箇所のみを以下に引く。

十一の王子有り、以て仕者と為す。……第二を龍宮天子と名づく。難陀龍王なり。此には滝《タキ》原[*3]の宮と名づく。第三を水神天子と名づく。跋難陀龍王なり。此には滝祭《たきまつり》と言ふ。
……

右は内外両宮の別宮の異名を列記したくだりの一部で、滝祭神とそれに関係する別宮の滝原宮とを並べて、それぞれ跋難陀《ばつなんだ》龍王《りゅうおう》・難陀《なんだ》龍王《りゅうおう》ととらえている。跋難陀龍王・難陀龍王とは、仏教を守護する八大龍王を代表する二人の龍王で、しばしば一対で登場する。滝祭神・滝原宮

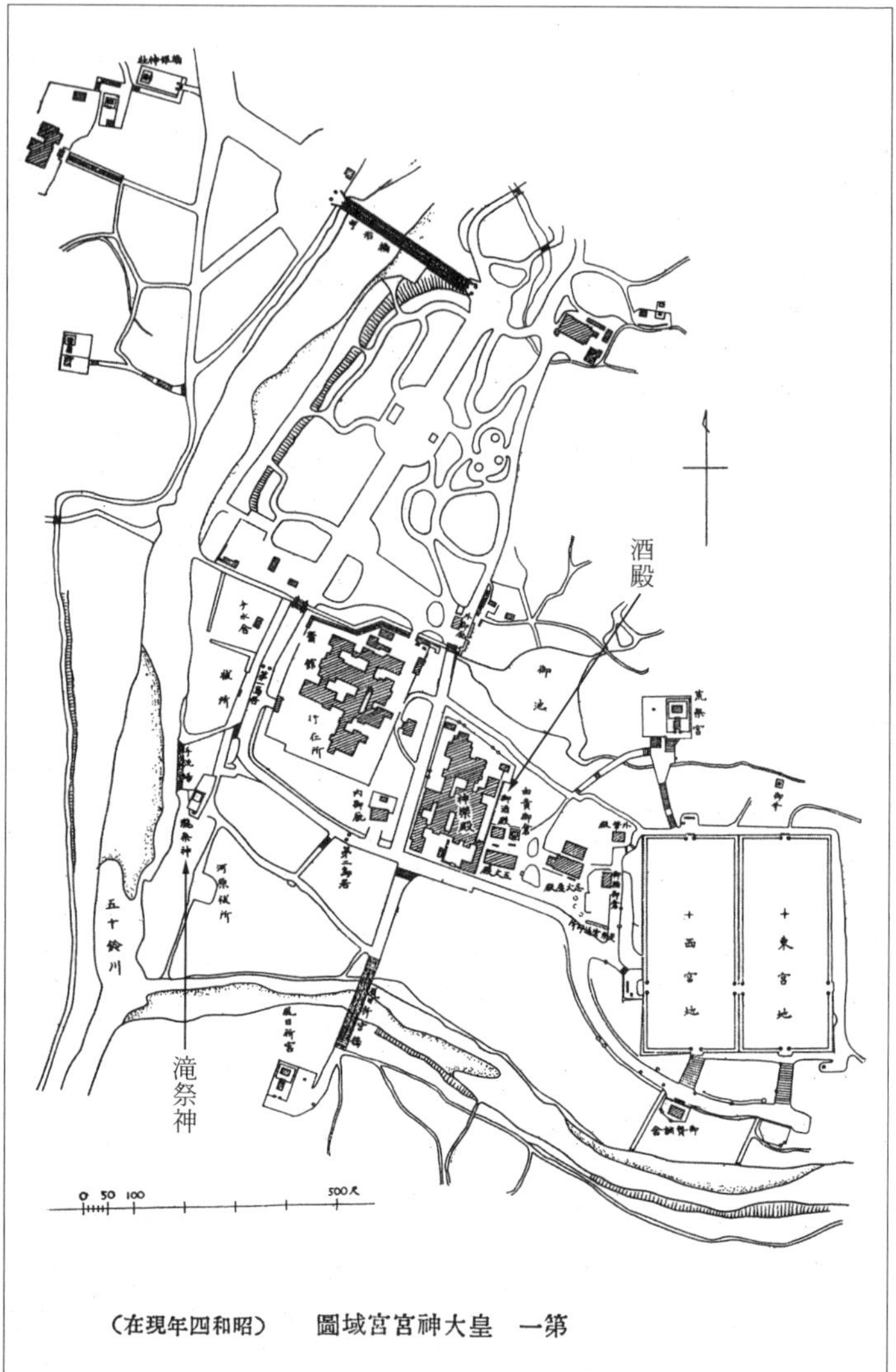

図８－２　伊勢内宮図（福山敏男『伊勢神宮の建築と歴史』）に一部加筆

とも、水神として二龍王と習合させているわけである。ただここでは、逆矛については何の言及もない。

伊勢神宮に関わる両部・伊勢神道書のなかで、最初に逆矛について記すのが『倭姫命世《やまとひめのみことせい》記《き》』である。同書は『宝基本記《ほうきほんぎ》』と並んで、最も早くできた伊勢神道書のひとつで、鎌倉中期には成立したと考えられる。神鏡を奉斎する場所を求めて五十鈴の河上まで来た倭姫命は、現れた土地神と問答を交わす。

> 倭姫命問ひて給はく、吉宮処有りや。答へて白さく、佐古久志呂宇遅の五十鈴の河上は、是れ大日本国《おほやまとのくに》之の中に、殊に勝霊地《あやしきところ》侍るなり。其の中に翁《をきな》世八万歳の間にも未だ視知《みしら》ざる霊物《あやしきもの》有り。照り輝くこと日月のごとくなり。惟れ小縁之物《をぼろげのもの》には在らじ。定めて主出現《ぬしいて》御坐むか。爾の時献ずべしと念ひて、彼の処に礼《うやま》ひ祭り申せり。即ち彼の処に往き到り給ひて、御覧じければ、惟昔《むかし》太神誓ひ願ひ給ひて、豊葦原瑞穂国の内に、伊勢加佐波夜《かざはや》の国は美《よき》宮処有りと、見そなはし定め給ひ、上天《あめのみや》よりして投降坐《なげをろしたま》ひて、天の逆太刀《さかたち》、逆桙《さかほこ》、金鈴等是也。甚《こへさ》に於懐《みこころ》喜びて、言上《ことあげ》給ひし。*4

すなわち、天照大神が、瓊々杵尊《ににぎのみこと》が降臨するに際して地上に「天之逆太刀、逆桙、金鈴等」を伊勢の地に投げ下ろした、とある。これが、伊勢の地が天照大神の聖地に選ばれるきっかけになる象徴的な事件としてとらえられている。

『倭姫命世記』にはまた、酒殿と滝祭神についての記事もある。まず前者については、「酒殿

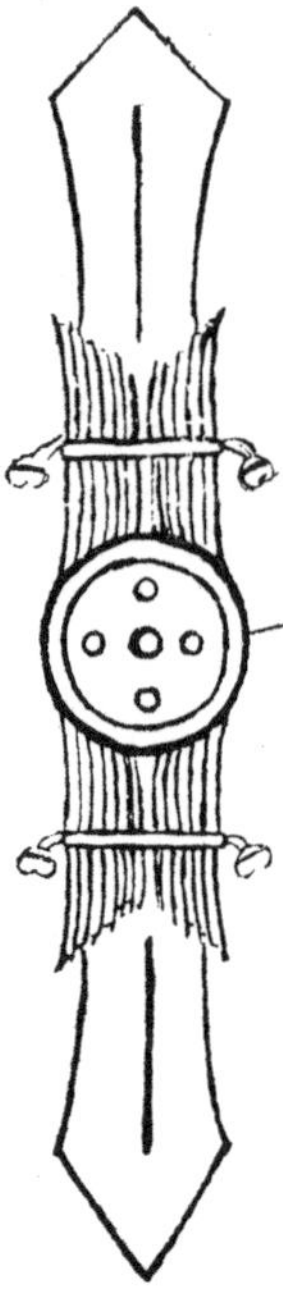

図8－3　中世神道における逆矛のイメージの例（『神風伊勢宝基珍図天口事書』）

「天逆太刀。逆鉾。金鈴蔵納す」」とあり、逆矛が酒殿に納められたとする説は同書が初見となる。後者については「滝祭神「宝殿無し。下津底に在り。水神なり、一に沢女神と名づく。亦た美都波神と名づく」」とあるのみである。注目されるのは、「酒殿」の前にある「風神」の条に「一に志那都比古神と名づく。広瀬龍田と同神なり」とあることである。ただ、酒殿と滝祭神とを結びつけるような記述はない。

なお、この時期において逆矛についての図像的イメージも固まっていくようで、『神風伊勢宝基珍図天口事書』という、『倭姫命世記』と同時期にできたと思われる仮託の書物にも、図像が載っている（図8－3）。両部神道系の『天地霊覚秘書《てんちれいかくひしょ》』（弘安年間成立）にも、内宮の酒殿に「天逆鉾・逆太刀・金鈴等」が納められているとあり、[*5] 酒殿説が主流になっていたことが分かる。

ところがそれとは大きく違う説を述べているのが、『大和葛城宝山記《やまとかつらぎほうざんき》』である。初期の両部神道書のひとつだが、『中臣祓訓解《なかとみのはらえくんげ》』等仙宮院周辺で成った諸書とは傾向を異にし、南都との関わりを示唆する内容を持つ。[*6] 同書では逆矛について次のようにある。

此の宝杵、則ち常世宮殿の内に奉納す。俗に五百鈴川滝祭霊地と云ふ、底津宝宮是れなり。是を滝宮城と名づく。亦た仙宮と号するなり[*7]。

すなわち、「宝杵」（逆矛）が滝祭神に納められているとし、さらに滝祭について、「滝（龍）宮城」とも「仙宮」とも呼ばれる、と記述しているのである。

龍宮に経典や宝物が納められるという説は古くから見られるものだが、ここでは滝祭神を龍宮と重ねることで、逆矛の宝蔵とみなすわけである。滝祭を龍宮とするのは、先に述べた『天照太神儀軌』にあった滝祭・滝原＝跋難陀龍王・難陀龍王説を敷衍《ふえん》させたものと思われる。『大和葛城宝山記』という書は、伊勢神道形成の中心人物だった度会行忠の『古老口実伝《ころうくじつでん》』には最重要著作のひとつとして採り上げられていて、おそらくその辺りが滝祭神と逆矛を結ぶ説が浮上してくるきっかけとなるだろう。本書の影響を受けたと思われるのが『麗気府録』で、先ほどの説を圧縮した記述が見える[*8]。

以上のような両部・伊勢の両秘書に見られる滝祭神説をまとめていくのが、度会家行の『類《るい》聚神祇本源《じゅうじんぎほんげん》』内宮別宮篇である。家行は北畠親房に伊勢神道の諸説を伝授した人物である。家行は今述べたような著作を引きながら、滝祭と広瀬龍田が一体であることを以下のように説く。

或いは曰く、滝祭神と広瀬・龍田神は、則ち同体異名、水気神なり。故に広瀬龍田神名、天御柱国御柱と号す。是れ天逆戈守護の縁なり。彼の神名神祇式祝詞に具さなりと云々。

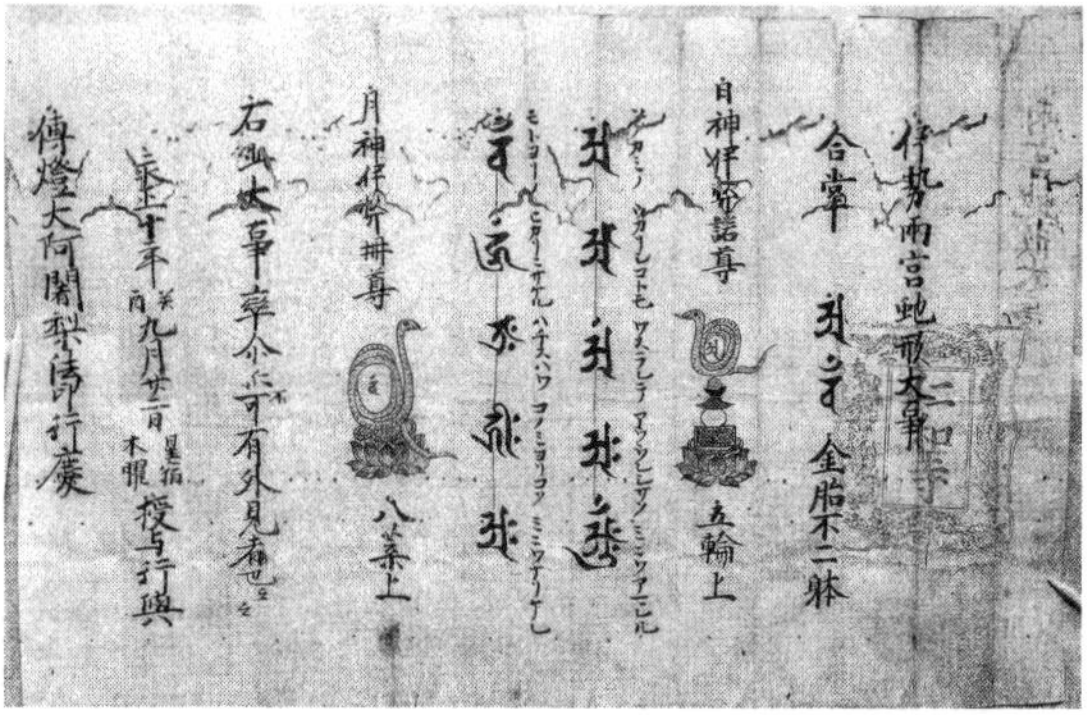

図8－4　伊勢両宮蛇形大事（神道諸大事、仁和寺蔵）

その根拠として『延喜式』の「龍田風神祭」の祝詞が挙げられており、彼はこれを踏まえて、滝祭神と広瀬・龍田の一体説を考え出したものと分かる。[*9] その際、先に見た『倭姫命世記』の「風神」の条も参照されたことであろう。親房は『元元集』のなかで、家行のこの説を不審がりながら引いていたが、結局これがその後、龍田神と滝祭神同体説の根拠となっていくのだと考えられる。

滝祭神＝龍田説がこのように成立し、親房を経由して外部に出ていき、さらに〈逆矛〉の素材となるわけだが、伊勢神宮ではその後もさらなる展開を見せている。能とは関係がないものの、簡単に触れておこう。伊勢神宮周辺では、滝祭神に逆矛が納められた話や龍田との一体説よりも、やはり元来の酒殿説のほうが有力だったようである。ただ、逆矛はその後、神宮の本殿の下に敷設される心御柱とも同一視されるようになるが、その際、心御柱を龍が守っているという説が出てくるのである。

さらに、鎌倉末期の両部神道書には、心御柱＝逆矛をとりまいている龍神が、伊勢両宮と同体の龍蛇であるというような説が現れる。『鼻帰書《びきしょ》』[*10] だとか『天照太神口決』[*11] などである。一例として挙げた図像（図8－4）にあるように、外宮が五輪の上に、内宮が八葉蓮華の上に蛇の姿で描かれていて、神の本体が蛇神であることが示される。さらに外宮の酒殿に弁才天が祀られることも、この関係によって説明できる。中世において弁天は龍蛇神とされていたからである。伊勢神宮では、このようなかたちで逆矛をめぐる諸説が展開していったわけである。

ただ、能で採り入れられたのは、伊勢神宮の逆矛をめぐる秘説展開の過程における段階での説、すなわち滝祭と結びつける『大和葛城宝山記』の説が家行によって整理されて、それが親房を経由して流れ出した説だったのである。

ところで、中世神道における逆矛をめぐる説は、他にもある。たとえば、「香取」にまつわる説である。すなわち、天照大神が逆矛を降ろしたときに、翁が逆矛をつたって登ってきた。これが日本の地主神であって、その本地は薬師如来だったとする説などが、仁和寺所伝の神道灌頂の印信に残っている。[*12] このように、中世日本紀の世界には、逆矛をめぐってさまざまな説があり、そのなかの一説が能のなかに採り入れられたのである。

2 〈淡路〉の「種蒔く、種収む」

【梗概】

朝臣一行（ワキ、ワキツレ）が玉津島《たまつしま》明神参詣の帰路、淡路島に渡ると、老翁（前シテ）と若者が田の水口に幣帛《みてぐら》を立て、ここが伊弉諾《いざなぎ》伊弉冉《いざなみ》両尊を祀る当国二宮《にのみや》だといい、国土創成のあらましを語って消えた。夜になると伊弉諾尊（後シテ）が出現して舞い、淡路島ができた由来を説く。

【該当詞章引用】

『淡路』（『解註・謡曲全集』巻一）

ワキ「謂《いわ》れを聞けばありがたや。かかるめでたき国土の種を、普《あま》ねく受くる御恩徳、唯この神の誓ひよのう。シテ「事あたらしき仰せかな。国土世界や万物の、出生あまねき御神徳、ひとへに当社の誓ひなり。ツレ「然れば開けし天地の、伊弉諾と書いては、シテ「種蒔くと読み、ツレ「伊弉冊と書きては、シテ「種を収む。ツレ「これ目前の御誓ひ、シテ「その上神代は遠からず、ツレ「今目の前に、シテ「御覧ぜよ。地「種を蒔き種を収めて苗代の、種を収めて苗代の、水うららにて春雨の、天より降れる種蒔きて、国土も豊かに千里栄《さこ》うる富草の村早稲《わせ》の秋になるならば、種を収めん神徳あらありがたの誓ひやなありがたの神の誓ひやな。ワキ「猶猶《なおなお》、二柱の謂れ懇ろに御物語り候へ。シテ「懇ろに申し上げうずるにて候。地（クリ）「それ天地開闢の初めと謂つぱ、混沌未分漸く分れて、清く明らかなるは天となり、重く濁れるは、地となるとかや。シテ（サシ）「抑も天に五行の神まします。木火土金水これなり。地「既に陰陽相分れて、木火土の精伊弉諾となり、金水の精凝り固まつて伊弉冊と現る。シテ「然れども、未だ世界ともならざりし前を伊弉諾といひ、地「国土治まり万物出生する所を伊弉冊と申す。即ちこの淡路の国を初とせり。

次は〈淡路〉である。〈淡路〉のなかに、伊弉諾・伊弉冉について、伊弉諾を「種蒔く」、伊弉冉を「種収む」、そしてその場所が淡路だ、という詞章が出てくる。ここではこの表現に注目したい。

淡路島については、『日本書紀』神代巻上に以下のようにある。

伊奘諾尊・伊奘冉尊、天浮橋の上に立たして、共《とも》に計《はから》ひて曰《のたま》はく、「底下《そこつした》に豈《あに》国《くに》無《な》けむや」とのたまひて、迺《すなは》ち天之瓊《あまのぬ》（注略）矛を以て、指し下して探《かきさぐ》る。是に滄溟を獲き。其の矛の鋒より滴瀝る潮、凝りて一の嶋に成れり。名けて磤馭慮嶋《おのごろしま》と曰ふ。二の神、是に、

彼の嶋に降り居して、因りて共為夫婦《みとのまぐはひ》して、洲国を産生《う》まむとす。（中略）
産む時に至るに及びて、先づ淡路洲を以て胞とす。意に快びざる所なり。故、名けて淡路洲と曰ふ。[13]

すなわち、伊弉諾・伊弉冉尊が「共為夫婦（みとのまぐはひ）」をして最初に産んだものが淡路島だというのである。『先代旧事本紀』陰陽本紀では、淡路というのは「吾恥《あれはづ》」という意味だ、とある。[14] また、仕事を終えた伊弉諾が淡路を「幽宮《かくれみや》」として隠れた、という記述が記紀に出てくる。ここでは、『紀』神代上のくだりを示しておこう。

是の後に、伊奘諾尊《いざなきのみこと》、神功《かむこと》既に畢《を》へたまひて、霊運当遷《あつし》れたまふ。是《ここ》を以て、幽宮《かくれみや》を淡路の洲《くに》に構《つく》りて、寂然《しづか》に長く隠れましき。

中世になると、磤馭盧島と淡路島が同体視される。たとえば、南北朝期成立の春瑜本『日本《にほん》書紀私見聞《しょきしけんもん》』には以下のようにある。

山跡とは、昔伊弉諾・伊弉冉の二神、始めて天降下りたまひて淡路嶋に住み給ふ。其嶋を磤馭盧嶋と名づく。其の時は草木もいと生せず、大地もいまだかたまらずして、只砂にて在りけり。是をふめば、和かにして、其の跡、皆あらはに見えけり。故に山跡と云へり。[15]

淡路島と伊弉諾・伊弉冉をめぐって、中世日本紀、中世神道の世界ではさまざまな説が出てくるが、その一例として、永禄一〇年（一五六七）書写の高野山大学図書館蔵・持明院寄託『日本記聞書』を挙げよう。

……又云く、伊弉諾尊・伊弉冊尊の人を作り始め玉ふに依て、歌に曰く、

神の世の　みとのまぐはい　せし時は　人を作りし　かやひめのたね

かやひめ則ち龍女なり。十六歳にて、龍宮の宝如意宝珠を取りて、中天竺に参り、世尊に是を奉る。仏、宝に愛でて、吉女とて、天の小鉾を下して、海原《アマノハラ》を捜《サク》りたまふ。其の鉾の滴り、凝り固まって、一嶋になるより、山河草木万物を生みたまふ也。又磤馭盧嶋《アマノコホコノロ》にて、二神降りたまふ也。かの嶋にて夫婦《フサイ》の契りをなすを、天の逆鉾と云ふ也。又云く、何故に釈迦を此国に下さんや。答へて曰く、中天竺にあり。中天竺、今は伊勢国と云々

一、伊弉諾は釈迦、伊弉冊は龍女也。此の七代より先に生ると云々。されば、淡路国幽なる宮を構へて、長く陰れたまひぬ。淡路国の郡、下の社と申す是也。日本最初の惣社也。二神住みたまふ也。……[16]

この書では、「龍女成仏」と関連づけて、伊弉諾を釈迦、伊弉冉を龍女とし、この二神が隠れた場所が淡路だ、といっている。

「龍女成仏」とは、『法華経』提婆達多品を典拠とする話で、女性でかつ龍蛇たる七歳の龍女が、釈迦より授記を受け未来の成仏が約束される。[17] これは『法華経』の功徳が女性にも及ぶことの証明と考えられて拡がり、法華信仰の重要な要素となった。ここでは伊弉諾・伊弉冉の夫婦の契りを、釈迦と龍女の授記と重ねるのである。性的関係を成道のメタファーとして捉える立川流などに見られる中世の常套的指向がここにも見出せる。

同様のより露骨な例として、叡山文庫蔵・天海蔵『天地灌頂記』(永禄一一年写)では次のようにある。

伊勢二字の事

高間原とは、女人の腹に未だ子を宿さざるを云ふ。天の逆鉾を以て、須弥を突き崩して、世界と成すを淡路嶋と云ふ。夫婦和合の振舞ひを成す。是を三十二相と云ふ。天より雨下り、地に草木生ず。皆天の気也。須弥を突き崩して嶋と成すは、天の気を下すを云ふ。天神七代、雲の中に在りて、其の形なし。是は母の胎内に入らざる時を云ふ。地神五代と云ふは、胎内に入るを云ふ。父の婬は骨と成り、母の婬は皮肉となる。父の婬は白、母の婬は赤。赤白和合して人と成る。[*18]

淡路島は伊弉諾・伊弉冉が「共為夫婦《みとのまぐはひ》」を行った所ということで、男女の営みの始まりをシンボリックに述べたものだとし、受胎して孕む、というプロセスを淡路島は表している、というのである。

『淡路』の「種蒔く、種収む」というのもこうした言説と連動しているのだが、すでに、黒田彰が指摘しているように、〈淡路〉が直接影響を受けているのは、『三流抄』『玉伝深秘巻』などの古今注の説である。以下にその例を挙げる。

○『古今和歌集序聞書』(『三流抄』)

又問ふ、国常立は天神の始まり、伊弉諾は天神の終り也。何ぞ一体二名と云ふや。

答へて云く、天に五神あり。是は五行の自性虚空遍満の体にて、未だ事顕はれざりし時、五行の面々の魂を天神と云ふ。されば、国常立尊とは木神、国狭槌尊は火神、豊斟《とよくむぬ》は土神、渥瓊《うひちに》は金神、大戸《をほとち》は水神也。是れ五性のみ有りて体無し。

問ふ、体無き神に於て、何ぞ其の名を付けんや。

答ふ、彼の自性の体の時は名なし。人の世と成りて、昔の事に今名を付くる也。

又問ふ、今、此の五神は天の五行の性と見へたり。今の神は何人ぞや。『日本紀』に云く、「空中に物あり。形葦芽の如し。神と成る。是れ始め也」と云ふ。今、是れ面足尊《おもたるの》也。今、此の尊は五行の性、丸がれて一露と成りて、国土と成るべき形、虚空に現じたるを面足と云ふ。心は始めて形を顕はす義也。〈ヲモタル〉とは、おもてあしのあらはれて見へたる時を云ふ也。伊弉諾とは、彼の露の堅まりて、五行の形顕れて見へたりしかど、未だ国土もならざりし時、伊弉諾と云ふ。されば、『日本紀』に伊弉諾と書きて、「種を蒔く」とよむ。是は国土の種と成るべき体を顕はすを云ふ也。伊弉冊と云ふは、凝固《こりかたま》れば露国土と定りて、万物を出生する時を云ふ也。伊弉冊と書きては、「種をおさむる」とよむ也。天の五行の種を納めて国土と成るを云ふ也。されば国常立、伊弉諾は各別なりと云へども、性は一体也。此の心を顕さんが為に、俊頼、伊弉諾の哥を国常立に始ると云ふ也。*19

○『毘沙門堂本　古今集注』第一巻・仮名序注

問ふ、日本にをひて天地の開と云ふ事如何。答ふ、天に七神あり。所謂

国常立尊《くにのとこたちのみこと》　国狭槌尊《くにさつちのみこと》　豊斟渟尊《とよくむぬのみこと》　泥土瓊尊《うひちにのみこと》　大戸之道尊《おほとのみちのみこと》　面足尊《おもたるのみこと》　伊弉諾尊《いさなきのみこと》
則ち是なり。問ふ、此の神、何より来るぞや。答ふ、此に付きて二義あり。日本記には、無象神といへり。古語拾遺には、実に此の如くの神、空中に有りと云へり。此は有象神なり。無象神と云ふは、何の義や。答ふ、無象神とは、天に五行の性あり。此は虚空遍満周遍法界の体也。此は色体もなき五行の性ばかりあるなり。此に五のタマシヰあり。木になるべきタマシヰ、水になるべきタマシヰ、土となるべきタマシヰ、火金又同じ。此五の魂の周遍の性を、天の五神とする也。此の五の性、自然に和合して、一の体をあらはす也。此を面足尊と云ふ也。是を日本記に、「空中に物有り、形葦貝《あしかい》のごとし」と云ふ也。此は五行の性を堅めて面足とす。此の面足尊、陰陽二を分て、伊弉諾伊弉冊の二神と成る也。五行即陰陽なる故也。木火土は陽也。金水は陰也。されば、五行をかためて一神とし、一神より二を分て、イサナキ・イサナミの二神とする也。此時うるはしく、色体五根等を具足せり。此の二神空中に住みて、「此の下に国なからむや」とて、アマノニヒホコをおろして、大海《あをうなはら》をさぐるに国なし。ひきあぐる鉾のしずく落ちて、こほり堅りて、一の嶋となれり。淡路嶋これ也。[*20]

○『玉伝深秘巻』

そも〱伊勢物語といふは、両部を伊勢の二字におさめたり。されば胎金を男女の道に作りなすなり。伊は胎女なり。勢は胎男なり。伊といふは万法をおさめて一如とす。しかれば胎蔵には七百余尊をこめて一女とす。しかればば伊をばおさむとよむ也。勢は金界也。勢をば種を蒔くとよみたり。されば金界は種を蒔く三尊三摩耶《ママ》の形なり。金界の種をもつて胎界にははらめるなり。

この義をもつて金胎両部を伊勢二字に作れり。物語といふは実相なり。迷悟共に作らんために物語とはいふなり。むかし男といふは、我身をいふなり。これ住吉の化身なり。本地は観音なり。本地をいへば、無始常住の仏なるゆへに昔といふ。男とは金剛界なり。大日の義也。かるがゆへに男といふ。女といふは有常がむすめなり。これ胎蔵界の尊なり。[*21]

これらを見ると、「種蒔く、種収む」という詞章に関して、『三流抄』では伊弉諾・伊弉冉を「種を蒔」「種をおさむ」というふうに訓《よ》むとする。『玉伝深秘巻』では「伊勢」という語とからめて、「伊」は「おさむ」、「勢」は「蒔く」というようになっているが、おそらく『玉伝深秘巻』が古く、これをもとに『三流抄』の説となり、〈淡路〉に採り入れられたのだと考えられる。

如上《にょじょう》の古今注の説が中世神道説から来ているかというと、必ずしもそうではなかろう。むしろ、古今注から新たに出てきた説が、中世日本紀関係の著作、神道書に取り込まれていったと思われる。

その例としては『神祇本迹本懐抄』という中世神道系のテキストがある。本書は誠に面白い本で、「定家伝云」とか「家隆曰」というかたちで秘伝を述べており、明らかに古今注と神道書が合体したようになっているものである。そのなかに以下のようにある。
○『神祇本迹本懐抄』
定家伝云、第六面足尊、始テ姿空ヨリ出テ、葦之根ノ白クツクミタル様ニテアリ。五行自性、始テ堅テ一ノ露ト成ル。国土ヲ作ル初也。此露漸々ニ下テ、堅テ風上ニユラレケリ。此時ヲ伊弉諾尊ト云也。日本記ニハ種ヲ蒔ト読リ。此露太海之上ニ堅テ、一嶋と成也。伊弉冊尊云也。日本記ニハ種ヲ納ト読也云云。[*22]
このなかで、「日本記ニハ」というかたちで「伊弉諾」「伊弉冊」を「種ヲ蒔」「種ヲ納」と訓むとしている。おそらくこれは『三流抄』などの説に由来すると考えられる。
このほか、『神懐録』という神道書にも、すこし詞章は違うが、伊弉諾と伊弉冉というそれぞれの語を関連づけて、伊弉冊《イザナミ》(伊弉冉)の「弉」のところを「種子ヲ収ル」と訓む、という言い方で使われていて、同趣旨の説が展開している。[*23]
かように和歌注釈の世界と中世神道の世界とは相互に照応しあっており、神道説が古今注に影響を与えるばかりではなく、ある場合には古今注の言説が神道書のなかに流れ込んでいったものである。「種蒔く、種収む」というのは、まさにその象徴的なフレーズとして流通していったのである。

3　〈三輪〉と三輪流神道の説話形成

【梗概】
大和国三輪に住んでいた玄賓《げんぴん》僧都（ワキ）の許へ、毎日、仏前に供える樒《しきみ》と閼伽《あか》の水を持ってくる女（前シテ）があった。ある日、女は僧都に対して衣を一重戴きたいと頼んだ。僧都がこれを与えて、住家を尋ねると、二本の杉のほとりだと申して消えた。里人が三輪社の神木に僧都の衣が懸かっていると知らせに来たので、僧都がそこに行くと、果たして神木の枝に衣が懸かっており、その裾には和歌が記されていた。やがて三輪明神（後シテ）が現れて、三輪の神話を語り、さらに天の岩戸のことなどを語った。

最後に採り上げるのは〈三輪〉である。作者は不明だが、金春禅竹《こんぱるぜんちく》（一四〇五～七一）とする説が有力視されている。玄賓（?～八一八）と神との邂逅のモチーフが三輪山神婚説話（いわゆる蛇婿譚）や玄賓説話[*24]を踏まえている、ということは古くから言われていることである（『謡曲拾葉抄』）。さらに、閼伽井《あかい》のあたりで女と出会うという設定については、小田幸子により、三輪流神道の慶円《きょうえん》説話との関係が指摘されている（小田一九八一）。ただ、この論考の段階では慶円説話がいつでき上がってきたのかというのがはっきりしないこともあって、十分に追究しきれていなかった。近年、三輪流神道に関する研究が進み、〈三輪〉の背景にあるこの説話の形成についてもある程度分かってきたので、新しい成果を踏まえて、〈三輪〉と三輪流神道との関係を検討しようと思う。

三輪流神道の根本秘伝といわれているのが、三輪の慶円上人と三輪明神が出会ってお互いに灌頂を受け合う、互為灌頂《ごいかんじょう》とよばれるものである。それは以下のような秘伝である。すなわち、三輪上人慶円が三輪山で練行《れんぎょう》していた折、あるとき閼伽井の水を汲みにいくと、三輪神が石上に出現し、灌頂の大事を請うた。上人が印明《いんみょう》を伝授すると、三輪神はこの印明は自分がかつて拘留孫仏《くるそんぶつ》から受けた印明と全く同じであるとして、そのときの印明を慶円に授けた。これを互為灌頂という。

慶円は平安末から鎌倉の中期まで三輪山を拠点に活躍した人で、三輪上人とよばれた。彼を祖とするのが三輪流である。ここでいう三輪流とは、神道の流派ではなく、広沢《ひろさわ》方の密教の法流を指す。彼の死後、行状記が弟子の塔義によって編まれた。『三輪上人行状』という。そこには十五の話が収められているが、その多くが「即身成仏印明」というものを神や魔・天狗に伝授するという内容である。

「即身成仏印明」とは、「若凡若聖（若くは凡、若くは聖）」から始まる、五十四句（あるいは五

十二、六十七）から成る偈《げ》である。[*25] 即身成仏義言、瑜祇切文《ゆぎきりぶみ》ともいわれ、ひとたびこれを唱えれば、即身成仏できると言われる偈頌《げじゅ》である（伊藤聡二〇一一、同二〇一三）。

その初見は覚鑁《かくばん》の『五輪九字明秘密釈《ごりんくじみょうひみつしゃく》』にあり、もっぱら覚鑁と結び付けられて知られているが、東密の多くの法流で相伝されており、特に三輪流ではこの印明を根本秘伝として重視している。伝授も、覚鑁とは別の経由で受けたことになっており、栄海の『ゲンビラ鈔』では高野御室覚法法親王《かくほうほっしんのう》に発する法流から伝授されたとしている。『三輪上人行状』のなかでも、覚鑁の霊というものが出てきて、自分が「成仏印言」の伝承者というふうに言われてしまっていることに苦情を述べる説話がある。つまり、覚鑁所伝の正統性を彼自らに否定させるという手の込んだことをしているわけで、ライバル意識の程が窺われよう。

『三輪上人行状』所収話のうち、三輪流の内部で特に重要視されたのが、八幡大菩薩と室生の龍女に伝授する説話である。とりわけ今回の話に関わりが深いのが龍女の話で、それは以下のような内容である。

慶円は、室生での千日参籠を志し、毎日、宿所から修行場へ通っていたところ、ある日美しい女人が現れ、彼女から「即身成仏の印言を伝授してもらいたい」と頼まれた。ところが、彼女は薄衣で隠しているので顔がよく分からない。それで慶円が、「お名前が分からないと伝法できない、名を明らかにせよ」と言うと、「善女である」と言った。そこで授けてやると、その女は「過去七仏から受けたものとほぼ同じである」という。「正体を見せてほしい」と慶円がさらに頼むと、空中に飛びあがっていく。そのとき見えた右手の小指は爪の長さが一丈ばかりで、龍穴の方に飛んでいった。[26] つまり、女人は室生の龍女であったというのである。「善女」との返答から「善女龍王」のことだと分かる。この話はその後『八幡愚童訓《はちまんぐどうくん》』に引かれているし、虎関師錬《こかんしれん》『元亨釈書《げんこうしゃくしょ》』にも収められ、広く知られた説話となっていく。

さて、三輪流にとって神道的要素は元来は法流内の秘説の一部に過ぎなかったのだが、おそらく室町中期から三輪流は神道に特化した流派となっていく。その際、慶円が善女龍王から伝授を受けたという右の話を起源説に据えて、神道流派化していったと考えられる。ただ、三輪山に発する流派なのに室生の龍女では不都合なことから、神が三輪の明神に変えられていったのである。このことにより、なぜ本来男性神であったはずの三輪神が女神とされているのかの理由が氷解する。元来が室生の龍女の話であるのだから、女神でなくてはならなかったわけだ。

神道流派化していく過渡的なテキストが、三輪流の伝書のひとつ高野山増福院蔵『三輪大事《みわだいじ》秘記《ひき》』である。同書は、その本奥書に康正二年（一四五六）とあり、おおよそ室町中期以前に成立したものと思しい。そのなかには『三輪上人行状』を典拠とする一連の説話、例の室生の善女龍王の話なども掲載されているのだが、最後に『行状』にはない不思議な話が載っている。それは次のようなものである。

或る時後夜、三輪山寺の閼伽井の上、貴女現じ給ひて云く、上人に所望の事在りと云々。

上人問ひて云く、誰人に御坐すぞや、貴女答へて云く、我は此の山杦なり。我れ久しく塵を同じくして、毘婆支仏に受け奉る脂字の偈、忘るる事あり。「観我大日」已下なり。願くは上人、誦して我に授け給へと云々。其の時上人、若凡若聖の偈を誦し給ふ。明神同じく誦し御ます。即ち塔印鑁の明を授け奉る。明神又た上人に授け奉ると云々。明神仰せて云く、我れは毘婆支仏より相伝の印明を上人に授け、上人は我に授けて、互ひに師資となることそ本意なれとて去り御さむと欲す。上人言く、御躰を拝し奉らんと欲す如何。答ふ。我が躰杦なりと云々。上人猶ほ強ひて御所望の間、一丈の青鬼形を現じ見せしめ給ふ。其の時上人悶絶すと云々。

すなわち、三輪山寺の「閼伽井」の上に貴女が現れて、上人に「自分はかつて毘婆支仏《びばしぶつ》から伝授を受けたのだが、偈の「観我大日」以下部分を忘れてしまったので、そこについて改めて教えてもらいたい」と頼む。それで伝授をしてやると、「自分がかつて受けたのと同じであった」といい、反対に毘婆支仏から受けた偈を上人に伝授したという。もっとも、双方は同じ偈なので同一のものを伝授しあうことで、神との縁を結んだということになる。これが後に互為灌頂と称されるようになるのである。

基本的に話の骨子は室生の龍女の場合と同じなのだが、ここでは三輪山の貴女となっており、しかも神出現の場が橋上ではなく、閼伽井なのである。〈三輪〉との関係を想起しないわけにはいくまい。

さらに後の増福院蔵『三輪流神道秘要』（本奥書は元和三年〔一六一七〕）では、三輪流神道の根本秘伝として完全に固まる。ここでは、先の室生の善女の話も載せるのだが、続けて以下のような所伝が「有人云」として記されている。

根本に三輪の流と名づくる事は、三輪の大明神、貴女に現じて上件の灌頂の印明を御所望之在り。仍て上人、之を授け給ふ。其の時貴女御悦あって、言はく「毘婆尸仏に遇ひて受け奉る初めと替らず。即身成仏の法路、之に過ぐべからず」と云々。其の時上人貴人女に対して言さく「願はくは、我に毘婆尸仏の印明を授け給へ」と、あながちに御所望あり。其の時、如法に御じたいありけれども、しきりに御所望ある故に、貴女、彼の印明を上人に授け給ふ。謂く無所不至の閉印に脂の明なり。此のごとくに互に授法為します。之に依り彼の大明神の御印明なる故に、殊に三輪流と名づくるなりと云々。此の義、世間に流布せざるなり。能々秘すべし、秘すべし。

ここにおいて、三輪流神道の互為灌頂の説話が完成したことを知りうる。

〈三輪〉での主人公は玄賓だが、三輪流神道のこの説話を下敷きにしたことはほぼ間違いない。しかも、本来室生の龍女だった貴女が、三輪神に代わった（正確には三輪神とする説話が加わった）のが一五世紀中期以降であるとすると、この時期は作者に擬される金春禅竹の活躍時期と重なる。禅竹が中世神道説と深い関わりがあったことは夙に指摘されるところで（伊藤正義一九七〇、高橋二〇一四）、三輪流神道の形成期に、その関係者と接触した彼が、この段階の所伝を摂取したと考えられるのである。ただ、主人公が慶円では文芸として成り立たないので、同じく三輪にゆかりの玄賓に代えたのであろう。

よしんば〈三輪〉の作者が禅竹以外の者だったとしても、三輪流神道と接点があった人物の作であることは動かない。そのことは、作品の最後の地歌の「思へば伊勢と三輪の神　思へば伊勢と三輪の神　一体分身のおんこと」の詞章からも窺える。三輪神と伊勢（天照大神）を同体とみなすのは、三輪流神道成立に先行し、三輪山周辺における独自の神道説を形成する起点となった『三輪大明神縁起』を初出とする。文保二年（一三一八）以前成立の同書は、伊勢神宮・三輪山双方に進出していた叡尊門流の述作で、[*27]その冒頭「天照大神本迹二位事」において、天上の天照大神と三輪山の大神明神と神道山（伊勢内宮の鎮座地）の皇太神が「一体三名」だと説いている。さらに続く「伊勢大神与三輪前後事」では、天照大神＝仏部＝法身、三輪明神＝金剛部＝報身、皇太神＝蓮華部＝応身と胎蔵界の三部と仏身の三身に配当する説明を行っている（伊藤聡二〇一六b）。〈三輪〉はこの説を素朴な形で踏まえていると考えられるのである。

おわりに

以上、能の〈逆矛〉・〈龍田〉、〈淡路〉、〈三輪〉の三つを採り上げ、その詞章や内容をめぐって、中世神道の所説がどのように関係しているかを見てきた。他にも取り上げるべきものは幾つかあるかと思う。しかしながら、これだけでも能の作品が中世神道説・中世神話の世界とまさに地続きだったことが理解できよう。能も神道説もまさに中世という時代が生み出した表現・言語芸術であって、その創造力の跳躍の方向は類似していた。しかも実際に相互に影響しあって展開したのである。そしてこの二つを結び付けていたのが、これまた中世的な古今注・伊勢注の中世注釈であった。

文芸研究において中世神道・中世神話が欠かせないことを最初に提起したのは冒頭でも述べたように能研究者の伊藤正義であったが、神道研究の側からすると、中世神道を追究していくことにおいて、能や中世注釈をはじめとする文芸作品が、神道書や儀礼書以上に除外することはできない不可欠な対象であることが、近年ますます明らかになってきている。本章はそのことを具体的に提示したものである。

＊1　岩波文庫本
＊2　『皇大神宮儀式帳』「管度会郡神社行事」（神道大系）
　滝祭神社［在二大神宮ノ西川辺一。無二御殿一］
＊3　尊経閣本。原漢文。
＊4　『度会神道大成　前篇』七一頁。原漢文。
＊5　『天地霊覚秘書』（真福寺善本叢刊『両部神道集』）
　（外宮酒殿神の裏書）

＊6　内宮酒殿神体、天逆鉾『三古形・独古形・鈴也』・逆大刀・金鈴五十鈴是也。出妙法音。御鎮坐以後、帰本宮。等也。……

同書については、川崎剛志「『金剛山縁起』の基礎的研究」（『金沢文庫研究』三一七、二〇〇六年）参照。

＊7　中之島図書館本。原漢文。

＊8　『天地麗気府録』（神道大系『真言神道（上）』）

天瓊矛者独古変成也。
天逆戈［大梵天王矛也］
天逆大刀［大梵天大刀］
件神宝蔵ニ滝祭仙宮一者也〔亦号ニ常世郷一、是滝宮也〕

＊9　「龍田風神祭」（新訂増補国史大系『延喜式』神祇）

龍田爾称辞竟奉、皇神乃前爾白久、志貴嶋爾大八嶋国知志皇御孫命乃遠御膳乃長御膳止、赤丹乃穂爾聞食須五穀物乎始氐、天下乃公民乃作物乎、草乃片葉爾至万氐不成、一年二年爾不在。歳真尼久傷故爾、百能物知人等乃卜事爾出牟神乃御心者、此神止白止負賜支。此乎物知人等乃卜事乎以氐卜止母、出留神乃御心母無止白止聞看氐、皇御孫命詔久、神等乎波、天社国社止忘事無久遺事無久、称辞竟奉止思志行波須乎、誰神曽天下乃公民乃作作物乎、不成傷神等波、我御心曽止悟奉礼止宇気比賜支。是以皇御孫命大御夢爾悟奉久、天下乃公民乃作作物乎、悪風荒水爾相都都、不成傷波、我御名者天乃御柱乃命、国乃御柱乃命止御名者悟奉氐、吾前爾奉牟幣帛者、御服者明妙・照妙・和妙・荒妙五色乃物、楯・戈・御馬爾御鞍具氐、品品乃幣帛備氐、吾宮者朝日乃日向処、夕日乃日隠処乃龍田能立野乃小野爾吾宮波定奉氐、吾前乎称辞竟奉者、天下乃公民乃作作物者、五穀乎始氐、草乃片葉爾至万氐、成幸閇奉牟止悟奉支。是以皇神乃辞教悟奉処仁、宮柱定奉氐、此乃皇神能前爾称辞竟奉爾　皇御孫命乃宇豆乃幣帛令捧持氐、王臣等乎為使氐、称辞竟奉久止、皇神乃前爾白賜事乎、神主祝部等諸聞食止宣。

＊10　『鼻帰書』（神道大系『真言神道（下）』）

四明ニ須弥八龍一。……御心ノ柱ノ下ニ天然法爾不思議ノ我等カ心法ノ須弥ニ顕レテ、二青白ノ二龍アリ。

青ハ東胎蔵、白ハ西金剛、内外両宮ニ有レ之。付レ之常良云、八大龍王此社頭アリ。其故ハ、殿舎ノ跡内外宮ニ四処也。此四処ニ金胎二龍、カソフレハ八大龍王ト云也云々。此義ハ且一義也。只内宮ニ青蛇、外宮ニ白蛇、金胎ヲ掌《ツカサト》ル也。……青白ノ二蛇、又異事ナク我等カ三毒不二ノ蛇形ト同体也。

＊11 『天照太神口決』（同）

経八大龍王ト云ハ、内宮ニ四ツ、外宮ニ四ツ、合テ八大龍王也。此ヲ云二フ神体一ト。大乗ノ意ロハ我等カ三毒ヲハ喩ルナリレ龍ニ……

一、弘教和尚ニ示シ給事、此秘密、今度愚身不思議ニ感得スルハ、併直ニ神体拝見ス。外宮ハ石五輪ニ、空輪ノ上ニ白龍、是金剛界。内宮ハ八葉蓮花ノ上ニ白龍、是台蔵界。内宮ハ両部不二ノ体、花形ハ色法、白龍ハ心法、色心不二之体也。一切衆生ノ一念未生ノ前ノ体、自性皆是神体也。万法如レ此。可レ得レ意也。仏法ヲ忌給フ心、此義也。

＊12 香取付大事

天照太神、天ノ逆鉾ヲ指シ下シテ大海捜リ給シ時、老翁逆鉾ニスカリ上リシヲ、天照太神、問云ク、汝ハ誰ソト問給フ時、老翁云ク、空劫ヨリ此国地主也、答給ヲ、能々奉見給ヘハ、薬師如来ニテ御座。サテ此国ヲ薬師開闢ノ国ナル間、浄瑠璃世界トモ云、亦蓬来ノ嶋ト云云。薬師ノ浄土ナル故ニ、東方浄瑠璃トモ云也。月氏ヨリニハ東方ナル故ニ、東方義アリ。此国ヲハ金剛・𑖪𑖽世界ト云云。亦不動世界・大日世界トモ云。此嶋ノ形力大日ナル故ニ、三災壊劫二相。トモ不破ナリ。金剛ノ最ハシメ故、金ノ義アリナリ。此国ハ三国最初ノ所ナリ。薬師開闢ノ国ナル故、神ノ世ノ持此国ミ戈ノコロ嶋ト云ケルハ、此義ナリ。口伝云、唵コロ〱嶋ト云ケルヲ、秘テをのころ嶋トハ申ケリ。此国ハ薬師・観音ノ浄土ナル也。天照・大師一体ノ理、爰ニ見タリ。可秘々々。

『仁和寺資料【神道篇】神道灌頂印信』名古屋大学比較人文学研究室、二〇〇〇年）／永正十年〔癸酉〕九月廿二日　授与行与／伝灯阿闍梨行慶　（仁和寺蔵神道灌頂印信のうち。

＊13 日本古典文学大系本

＊14 『先代旧事本紀』陰陽本紀（新訂増補国史大系本）

先ず淡路州を生み、胞と為す。意快からず。故、淡道州と曰ふ。即ち吾恥《あれはづ》と謂ふなり。

＊15 神道資料叢刊十『日本書紀私見聞』一一一頁。

＊16 原文は漢字カタカナ交じり文。句読点を付し、カタカナはひらがなに訂し、適宜漢字や送り仮名を付して読解の便を図った。参考に引用の原文を左に掲げる。

……又云伊弉諾尊伊弉冊尊ノ人ヲ作リ始シメ玉依テ、歌曰、神ノ世ノミトノマクハヘセシ時ハ人ヲ作シカヤヒメタネ　カヤヒメ則チ龍女也。十六歳ニテ龍宮ノ宝如意宝珠ヲ取テ、中天竺ニ参リ、世尊ニ是ヲ奉ル。仏宝ニメテ、ヽ吉女トテ天ノ小鉾ヲ下シテ、海原《アマノハラ》ヲ捜《サク》リ玉フ。其ノ鉾ノ滴リコリカタマツテ、一嶋ニナルヨリ、山河草木万物ヲ生玉フ也。又磤馭盧嶋《アマノコホノロ》ニテ、二神ヲリ玉フ也。カノ嶋ニテ夫婦《フサイ》ノチキリヲナスヲ、天ノサカ鉾ト云也。又云、何故ニ釈迦ヲ此国ニクタサンヤ。答テ曰ク、中天竺ニアリ。中天竺、今ハ伊勢国云云

一、伊弉諸釈迦、伊弉冊龍女也。此七代ヨリ先ニ生ル、ト云々。サレハ、淡路国幽ナル宮ヲカマヘテ、長ク陰レ玉ヒヌ。淡路国ノ郡リ下ノ社ト申是也。日本最初ノ惣社也。二神住玉フ也。……

＊17 授記とは、過去仏が未来に成仏する者に対して、その証明を与えることで、成仏を遂げる際の不可欠な前提とされる。詳しくは田賀龍彦『授記思想の源流と展開——大乗経典形成の思想史的背景』（平楽寺書店、一九七四年）参照。

＊18 カタカナをひらがなに訂して送り仮名を補った。原文は伊藤聡『中世天照大神信仰の研究』五〇八頁参照。

＊19 片桐洋一『中世古今集注釈書解題』二、二三二頁。カタカナをひらがなに訂して送り仮名を補った。

＊20 八木書店刊影印本、九～一〇頁。カタカナをひらがなに訂して送り仮名を補った。

＊21 片桐洋一『中世古今集注釈書解題』五、五三五～五三六頁。

＊22 蓬左文庫蔵本。

＊23 同書は、天神七代地神五代の神名の字義を解釈したもので、両部神道系の一書だが、成立年次等は不明である。詳しくは、伊藤聡『中世天照大神信仰の研究』四七八～四七九頁参照。

＊24　名利を嫌った玄賓は三輪に隠棲していたという。『江談抄』には弘仁五年に律師に任ぜられたとき、辞退して「三輪川清き流に洗てし衣袖は更に穢さじ」と詠ったとある。また『発心集』巻一－一「玄敏僧都遁世逐電の事」には次のようにある。

昔、玄敏僧都と云ふ人有りけり。山階寺のやむごとなき智者なりけれど、世を厭ふ心深くして、更に寺の交はりを好まず。三輪河のほとりに、僅かなる草の庵を結びてなむ思ひつつ住みけり。桓武の御門の御時、此の事聞こしめして、あながちに召し鋳出しければ、遁るべき方なくて、なまじひに参りにけり。されども、なほ本意ならず思ひけるにや、奈良の御門の御世に、大僧都になし給ひけるを辞し申すとて詠める。

三輪川のきよき流れにすすぎてし衣の袖をまたはけがさじ

となむ、奉りける。……

＊25　参考に『ゲンビラ鈔』所収本より全文を挙げておく。

若凡若聖　得灌頂者　手結塔印　口誦脂明　観我大日　無疑惑者　現在生間　頓断無明
及五逆罪　四重八重　七逆越誓　謗方等経　一闡提等　無量重罪　皆悉断滅　無有少罪
即身成仏　永離生死　常利楽衆　無有間断　十方如来　常随守護　三世諸仏　皆与授記
設造衆罪　悉成善行　設無智観　現証仏果　凡諸所有　挙手動足　皆成密印　所有言語
便成真言　所有心念　自成定悉　万徳自厳　若結一遍　即越常結　一切諸印　若誦一遍
亦過恒唱　無量真言　若観一念　定勝三世　入無量定　修習妙観　若有衆生　聞此功徳
不作信者　当知是人　定入無間　能摧仏種　諸仏無救　何況余人

＊26　『三輪上人行状』（『続群』九上、返点私意。一部増福院蔵『三輪大事秘記』により補訂）
建暦元年辛未八月二十四日御物語、室生参二籠千日一、泊二九百九十余日一。自二宿所一参二籠(龍)神一、将レ度二河橋一、其中間、忽然貴女一人来謁。引二被薄衣一、不レ顕二面貌一。即成レ怖立煩、欲レ帰之処、女曰、我為受法、於是出現。願授二即身成仏印信一云々。予問(曰)、誰人御坐哉。伝法次第、必彰二名字一。時称二善女一。即授二彼印明一畢。女曰、過去七仏内証法呂伝来如レ此。更無二相違一。深以信許。

貴哉。我為二利生一、住二此幽崛一云々。予言、正奉レ拝二見御体一如何。答、我恐怖形。輙不レ可レ示。

然而宜随二命旨一。言畢騰二空中一、立二右手小指一。其爪長一丈許。放二五色光明一、飛二去龍穴之方一。

倏然隠没。奇異勝レ事、具不レ能レ述。

＊27 同書は長く叡尊自身の作とされていたが、私は西大寺第二世だった宣瑜が撰者だったと考えている。詳しくは伊藤聡『中世天照大神信仰の研究』六一六〜六一九頁参照。

【参考文献】

伊藤聡「勧修寺蔵『大日如来金口所説一行法身即身成仏経』――翻刻と解題」（『勧修寺論輯』八、二〇一二年）

同『中世天照大神信仰の研究』（法藏館、二〇一一年）

同「「若梵若聖偈」の形成と享受」（『アジア遊学』一六一、二〇一三年）

同『神道の形成と中世神話』（吉川弘文館、二〇一六年a）

同「三輪流神道と天照大神」（『大美和』一三一、二〇一六年b）

伊藤正義『金春禅竹の研究』（赤尾照文堂、一九七〇年）

同「中世日本紀の輪郭」（『文学』一九七二年）

同『謡曲集（中）』各曲解題「龍田」（新潮日本古典集成）

同『謡曲集（下）』各曲解題「三輪」（新潮日本古典集成）

小田幸子「作品研究『三輪』」（『観世』四八‐九、一九八一年）

鈴木佐内「三輪流神道印信における慶円説話」（『和洋国文研究』三九、二〇〇四年）

高橋悠介『禅竹能楽論の世界』（慶應義塾大学出版会、二〇一四年）

竹本幹夫「作品研究『龍田』」（『観世』四六‐一、一九七九年）

田中貴子『聖なる女――斎宮・女神・中将姫』（人文書院、一九九六年）

西村聡「能『三輪』考」（『皇學館論叢』一二-四、一九七九年）
味方健「作品研究　逆矛」（『観世』六四-一、一九九七年）
村山修一ほか『三輪流神道の研究』（名著出版、一九八三年）
山本ひろ子「『鼻帰書』をめぐって（一）――酒殿と弁才天」（『春秋』一九九〇年四月）

終章

以上、八章（及び二つの附論）にわたって、中世神道の諸相を辿ってきた。本書が目指したのは、現在の我らの宗教観が、如何に中世神道と結びついているかを明らかにすることであった。しかしながら、読み進めてこられた読者は気づかれたことと思う。中世神道の言説は、現代の我々とは極めて異質な語彙・発想法・論理を以て構築されている。中世に特有な思想のかたちを知るためには、一見すると荒唐無稽で牽強付会に満ちたテキストと対峙し、その脈略と理路とを辿りながら、そこに彼らの世界を復元しなければならない。そのため多様かつ意味の把握しづらい資料を数多く盛り込むことになった。だが、中世神道へアプローチするためには、このような方法以外にはないのである。

各章の内容については、ここであらためて再説することはしないが、いくつかの事柄について補足的に述べておきたい。

序章において、近年の中世神道研究の進展について解説したが、実際のところ分からないことは甚だ多い。まず、鎌倉期に伊勢神宮周辺で多くの神道書が出現したことは、第一章や第四章で述べたところだが、これらが一体誰によって述作されたのかはほとんど分かっていない。もちろんこれらの多くは仮託書という形式を採ったこともあり、意図的に執筆者の痕跡を消しているのだが、それは基本的に成功しているのである。本文でも述べたように、伊勢神道の神宮三部書については度会行忠《わたらいゆきただ》が述作に関わっていたことが決定的となり、また『麗気記』についても三宝院御流の法脈に連なる者の関与の可能性が濃厚になるなど、徐々にその担い手の像が結ばれつつあるが、まだ多くが不明である。また、これも本文中に指摘したように、両部・伊勢神道の教説には舶来の禅文献や『老子』注釈が大きく影響していたのだが、一体どのようにして、それらの説が神宮周辺にもたらされ、あのようなテキストになっていったのかも、分からないままである。

神道灌頂についても、第一章・第七章で解説したが、実際に実施された状況はほとんど分かっていない。指図・印信・本尊・次第書といったものは残されているが、実施の記録といったものに乏しく、伝法の具体的な様子が知り得ないのである。また、作法の細部の復元についてもまだ本格的には着手されていない。ただ、近世に行われた神道灌頂については、実施の詳細な記録や使われた道具を含めて残されている例が複数あり、これらを参考にしながら、中世の実態に迫っていくことは、今後可能かと考えられる。

吉田神道についても、第六章で兼倶の神道を詳述したところだが、吉田神道の思想的研究は、現在では比較的低調である。かつて、戦前から戦後にかけて、吉田神道の研究は、ほかの中世神道と比べて最も盛んであった。近年は近世における吉田神道の動向は比較的多くの研究が出ているが、兼倶自身も含む室町時代の動きについては、新しい研究に乏しい。加えて、近世の吉田研究にしても幕藩体制の神社政策との関わり等、制度史や政治史方面にもっぱら関心が向けられ、思想内容を対象としたものは少ないのである。吉田兼倶の思想や事蹟については、史料的にも発掘の余地が相当あり、今後さらなる研究が俟たれる。その意味で、先ごろ小川剛生により、兼好法師が吉田卜部氏の一門だったという通説が、兼倶による系譜の改竄の結果だったと明らかにされたことは（小川『兼好法師――徒然草に記されなかった真実』中公新書、二〇一七年）、停滞気味の兼倶研究を一歩進めた成果であった。

このように、中世神道研究は発展途上である。本書はその現状も含めて、最新の成果を示しながら、中世神道の世界を開示しようとしたものである。

さて、「神道」は目下の政治・社会動向のなかで、再び現代史の表舞台に出てこようとしている。かかる状況において中世神道の研究は、どのようなスタンスを取るべきなのであろうか。もちろん、中世神道は過去の「神道」であるから、現代の問題とは一線を画し、敢えて切り結ぶ必要はないとの意見もあろう。しかし、中世神道について追究することは、現代の「神道」

を考えることと無関係であるべきではないと、私は思っている。本書を閉じるに当たって、中世から近世・近代へ向かう神道の推移を述べることで、中世神道と〈今〉との接点を示しておきたい。

近世神道は、吉田神道によって確立した枠組みから出発した。新しい要素として加わったのが儒教である。本来、儒教が在地信仰と特別な関係を取り結ぶ必要などないのだが、日本の儒者の多くは、儒教と神道とを関係づけることを指向した。それが儒家神道である。

朱子学や陽明学など、新しく日本に導入された新儒学を担った近世儒家たちにとって、これらが日本の風土と適合性があるのかは重大問題であった。そのために応神天皇の時代と信じられていた儒教渡来以前から、その徳目と同質なものが日本に根付いていることを証明しようとした。このときに見出されたのが神道である。本書で述べてきたように、長い間神道は仏教との関係において形成されてきたものだったのだが、都合のよいことに、近世初頭の神道は、吉田神道によって仏教的要素の部分的な引き剝がしが行われ、代わって儒教や道教の教説が付加されていた。そこで儒者たちは、それを土台にして自分たちの神道説を組み立てていった。一方、吉川神道や伊勢神道などの神道者の側も、中世神道の影響圏から離脱するために、儒教的要素を積極的に加味した。このようにして、儒者と神道者とが共同するかたちで儒家神道が形成されていったのである。

ここで問題となるのは、儒教―神道の関係と、中国―日本との関係のずれである。儒家神道は神道を以て儒教の亜種であることを主張する立場だが、中国と日本の関係はそれと等価にできない。神道はむしろ中国に対する優越を説くのであり、これは中世神道においても見られたことである。儒家神道においては、中国・日本ともに徳性において他国より優れているとした上で、中国に対する相対的優越の根拠を天皇に求める。すなわち王朝交替を繰り返す中国に対し、神孫である王統が代わることなく継続していることを道徳的優位の理由とするのである。

また、近世の文献実証学の発達は、仏典や道家文献の切り貼りで成り立っている中世神道書の記述を暴くことで、その虚構を批判した。しかしそれは、骨格部分を中世神道によっていた儒家神道諸派の教理の根底を揺るがすことになった。さらに、儒教と同質の「道」があることを以て神道を評価する儒家神道の主張に対しては、最初徂徠学派によって、神道の「道」と儒教の「道」とは何の関係もないとの批判が起こり、次いでこの批判を取り込んで、儒教と神道を切断して日本固有の道を指向する国学が台頭する。

ただ、宣長の「からごころ」批判によって頂点に達する、中国的なものを排除する指向は、学問である国学においては遂行可能だが、宗教である神道では難しい。そこで、儒教的徳目を天皇と接続して日本的に粉飾しながら、新しい神道の形、すなわち天皇教としての神道に再編されていくことになるのである。

このような動向は、江戸時代まではもっぱら言説のレベルで行われたことであって、古代以来の神仏習合・本地垂迹的信仰は一般的なものとして定着していた。ところが、明治維新に至るや、国家の施策として神仏分離が強行され、さらにそれに伴う廃仏毀釈によって、神仏習合的信仰は表面上は一掃されてしまった。現在「神道」とよばれているものはこのときに成立する。ここにおいて中世神道的なものは終焉を迎えることになったのである。

国家神道の時代を経て、今日まで続く近代の神社神道は、往々にして古代からの連綿たる信仰の継続を強調するが、それは近世以降に作り上げられた虚構《フィクション》であって、中世にはそれとは異なる信仰と教説が存在していた。本書は、そのような中世神道の世界を描き出すことで、この列島における信仰世界の多様性と重層性を提示しようと試みたものである。その多様性・重層性は、神道が必ずしも天皇にのみ収斂していくものではなかったことを教えてくれる。

もっとも、そのことを以て、中世神道を過大に評価してはならない。なぜなら、排外主義や日本中心主義といった神道に常につきまとう特徴は、中世においても認められるのであり、さまざまな外来的要素をコラージュしながら、なおかつ〈日本固有〉なるものを追い求めたのもまた中世神道の姿だったからである。

あとがき

本書は、私にとって四冊めの単著となる。『中世天照大神信仰の研究』（二〇一一年）、『神道の形成と中世神話』（二〇一六年）が専門書だったのに対し、『神道とは何か――神と仏の日本史』（二〇一二年）は一般読者に向けて書いたものであった。本書は内容的に後者に属するもので、中世神道に関することがらを、なるべく分かりやすく伝えることに努めた。ただ、序章でも述べたように、もとは別々に書かれた論文や解説等をまとめて一書と成したものであるので、各章に長短があり、記述にも重複が見られる。できるだけの修正を行い、内容上にも一般読者を意識して多くの点で変更を加えた。特に引用については、あるいは現代語訳に置き換え、原文を引く場合でも、漢文は書き下しにし、和文はカタカナをひらがなにしたほか、文字の大小を統一するなど、読みやすく理解しやすいものになることに努めた。仏教や神道に関わる用語等についても、必要に応じて解説を加えたので、各章において内容・形式ともに大きく変わっている。

以下に、各章の初出を示す。

序章　書き下ろし

第一章　"Shinto" in the Muromachi Period, *Japanese Religions*, vol.42 Nos.1 & 2, 2017（日本語論文「室町時代の神道」）

第二章　『日本史小百科　神道』（東京堂出版、二〇〇二年）所収「中世の神観念」

附論Ⅰ　Lands and People Drifting Ashore: Distorded Conceptions of Japan's Place in the World According to Medieval and Early Modern Japanese Myths, Fabio Rambelli (ed.), *The Sea and the Sacred in Japan: Aspects of Maritime Religion*, Bloomsbury Academic 2018（日本語論文「漂着する土地・人――中世・近世神話における自国意識の屈折」）

第三章　「中世の天照信仰――特にその太陽神イメージをめぐって」（鈴木健一編『天空の文学史―太陽・月・星』三弥井書店、二〇一四年）

第四章　「中世神道――空海入定後の両部神道」（歴史読本編集部編『今こそ知りたい！　空海と高野山の謎』ＫＡＤＯＫＡＷＡ、二〇一五年）

第五章　「夢告と観想――鎌倉時代における僧たちの伊勢参宮」（ジョン・ブリーン編『変容する聖地　伊勢』（思文閣出版、二〇一六年）

附論Ⅱ　「神祇信仰の場と「文」――中臣祓の変容」（河野貴美子他編『日本「文」学史』第一冊、

勉誠出版、二〇一五年）

第六章　「吉田兼倶の「神道」論」（『現代思想　二〇一七年二月臨時増刊号　総特集：神道を考える』青土社、二〇一七年）

第七章　「秘儀としての注釈」（『岩波講座日本の思想　第七巻　儀礼と創造』岩波書店、二〇一三年）

第八章　「中世神道と能」（『能と狂言』一四、能楽学会、二〇一六年）

終章　書き下ろし

この本の刊行に当たっては、中央公論新社の高橋真理子さんに本当にお世話になった。高橋さんとは、二〇一二年に出した中公新書『神道とは何か――神と仏の日本史』に次いで二度目のお付き合いである。そもそも、本書の企画も、高橋さんからお声がけいただいたのがきっかけだった。心より感謝申し上げる。

また、第一読者として、いろいろと意見をしてくれた、妻の柴佳世乃にも併せてお礼をいっておきたい。どうもありがとう。

二〇二〇年一月

伊藤　聡

第六章　吉田兼倶の「神道」論
図6－1　吉田兼倶像　江戸時代前期、國學院大學図書館蔵

第七章　秘儀としての注釈
図7－1　柿本人麿像　伝藤原信実筆　鎌倉時代、東京国立博物館蔵（『古今和歌集一一〇〇年記念祭 歌仙の饗宴』出光美術館、2006年、67頁）
図7－2　『麗気記』　南北朝時代写、真福寺宝生院蔵（『大須観音――いま開かれる、奇跡の文庫』前掲、100頁）
図7－3　日本紀本尊　神爾　神道灌頂本尊図、室町時代、仁和寺蔵（『特別展 神仏習合――かみとほとけが織りなす信仰と美』前掲、186頁）
図7－4　日本紀本尊　宝剣　神道灌頂本尊図、室町時代、仁和寺蔵（同上、186頁）
図7－5　麗気本尊　神道灌頂本尊図、室町時代、仁和寺蔵（同上、187頁）

第八章　能と中世神道
図8－1　龍田神社　『大和名所図会』巻之三（『大和名所図会』前掲、262頁）
図8－2　伊勢内宮図（『伊勢神宮の建築と歴史』福山敏男、日本資料刊行会、1976年、附図解説15頁）
図8－3　中世神道における逆矛のイメージの例　『神風伊勢宝基本珍図天口事書』（『度会神道大成 前篇』神宮司庁、1957年、161頁）
図8－4　伊勢両宮蛇形大事　神道諸大事、仁和寺蔵（『名古屋大学比較人文学研究年報◎第二集　仁和寺史料【神道篇】神道灌頂印信』名古屋大学文学研究科・比較人文学研究室、2000年、28頁）

図版一覧

第一章　中世神道の歴史

附論Ⅰ　漂着する土地・人
――中世・近世神話における自国意識の屈折

【や行】

【ら行】

【わ行】

【な行】

【は行】

【ま行】

【さ行】

【た行】

書名索引

【ま行】

【や行】

【ら・わ行】

人名索引

【あ行】

【か行】

伊藤 聡

1961年、岐阜県生まれ。早稲田大学大学院文学研究科博士課程満期退学（東洋哲学）。博士（文学）。現在、茨城大学人文社会科学部教授。専門は日本思想史。主な著書に『中世天照大神信仰の研究』（法藏館、2011年、第34回角川源義賞［歴史研究部門］）、『神道とは何か——神と仏の日本史』（中公新書、2012年）、『神道の形成と中世神話』（吉川弘文館、2016年）、『中世神話と神祇・神道世界（中世文学と隣接諸学 第3巻）』（編著、竹林舎、2011年）、『「偽書」の生成——中世的思考と表現』（共編、森話社、2003年）など。

神道《しんとう》の中世《ちゅうせい》——伊《い》勢《せ》神宮《じんぐう》・吉田《よしだ》神道《しんとう》・中世《ちゅうせい》日本《にほん》紀《ぎ》

〈中公選書〉

著 者 伊《い》藤《とう》 聡《さとし》

2020年3月10日 初版発行

発行者 松田陽三

発行所 中央公論新社

〒100-8152 東京都千代田区大手町1-7-1

電話 03-5299-1730（販売）

03-5299-1740（編集）

URL http://www.chuko.co.jp/

DTP 市川真樹子

印刷・製本 大日本印刷

Published by CHUOKORON-SHINSHA, INC.

Printed in Japan ISBN978-4-12-110106-8 C1014

定価はカバーに表示してあります。

中公選書　新装刊

101 ポストモダンの「近代」
――米中「新冷戦」を読み解く
田中明彦著
権力移行は平和的に進むのか。気候変動、貧困問題に世界は対応できるのか。「新しい中世」の提唱から二〇年余、最新の知見と深い洞察が導く国際政治の現在と未来像を提示する。

102 建国神話の社会史
――史実と虚偽の境界
古川隆久著
天照大神の孫が地上に降りて日本を統治し始めた――。『古事記』『日本書紀』の記述が「歴史的事実」とされた時、普通の人々は科学や民主主義との矛盾をどう乗り越えようとしたのか。

103 新版　戦時下の経済学者
――経済学と総力戦
牧野邦昭著
二つの世界大戦という総力戦の時代、経済学者たちの主張や行動はどのような役割を果たし、戦後体制へどんな影響を与えたか。第32回石橋湛山賞受賞作に最新の研究成果を加筆。

中公選書　新装刊

104
天皇退位　何が論じられたのか
――おことばから大嘗祭まで

御厨　貴編著

二〇一六年七月のNHKスクープと翌月の天皇ビデオメッセージから三年。平成の天皇は退位し、上皇となった。この間に何が論じられたのか。残された課題は皇位継承だけではない。

105
〈嘘〉の政治史
――生真面目な社会の不真面目な政治

五百旗頭　薫著

政治に嘘がつきものなのはなぜか。絶対の権力というものがあるとすれば、嘘はいらない。世界中に嘘が横行する今、近現代日本の経験は嘘を減らし、嘘を生き延びるための教訓となる。